ZIYUANXING JINGJI DE SHENDU JIEXI
Yi Guizhou Sheng Bijie Diqu Wei Li

Teng Fei

# 资源型经济的深度解析
## ——以贵州省毕节地区为例

滕飞 著

商务印书馆
The Commercial Press
2014年·北京

## 图书在版编目(CIP)数据

资源型经济的深度解析——以贵州省毕节地区为例/滕飞著．—北京：商务印书馆，2014
ISBN 978-7-100-10199-8

Ⅰ.①资… Ⅱ.①滕… Ⅲ.①区域经济发展—研究—毕节地区 Ⅳ.① F127.732

中国版本图书馆CIP数据核字（2013）第184742号

所有权利保留。
未经许可，不得以任何方式使用。

**资源型经济的深度解析**
——以贵州省毕节地区为例
滕 飞 著

商 务 印 书 馆 出 版
（北京王府井大街36号 邮政编码 100710）
商 务 印 书 馆 发 行
北京瑞古冠中印刷厂印刷
ISBN 978 - 7 - 100 - 10199 - 8

2014年9月第1版　　开本 787×1092 1/16
2014年9月北京第1次印刷　　印张 12¾
定价：49.00元

# 序

中国经济经过几十年的持续高速增长，取得了举世瞩目的成绩。但是高速增长也暴露出一些问题，这些问题在资源富集的欠发达地区尤为凸显。对于欠发达地区来讲，当地矿产和能源的开发，容易成为短期经济增长的主要内容，但如果只顾短期利益，忽视生态建设和资源保护，导致生态状况的恶化和资源的过度开发，将会影响经济长期增长的内生动力。

在此类地区，看似简单的资源比较优势，其作用发挥却受到很多条件的制约，因此，资源富集的欠发达地区发展路径，具有其复杂性和系统性，无法照搬一般化的发展模式。现实中，如何协调地区资源开发和经济可持续发展，如何将短期的资本行为转化为长期的财富创造力，如何实现经济发展同生态环境的和谐共生，这对于资源富集的欠发达地区来讲，既是重要的理论问题，也是重要的政策问题。

本书以贵州省毕节地区为例，对煤炭资源富集的欠发达地区经济发展进行了深入研究。毕节地区是国务院批准的"开发扶贫、生态建设、人口控制"的试验区。我自2003年起，接替钱伟长副主席担任毕节试验区专家顾问组组长，并多次带领各民主党派专家学者深入当地，帮助推动试验区的改革与发展。作为我指导的博士生，本书作者滕飞跟随我一起也多次到毕节地区进行调查研究。他搜集和整理了大量第一手资料，本书的基本内容正是他这段时期思考和研究的成果。毕节地区属于典型的煤炭资源富集的欠发达地区，其经济发展模式有着较强的代表性。基于该地区的深入研究对破解资源经济地区的发展问题有着较好的借鉴意义，所以我多次鼓励他在调研的基础上，再深入一步，就资源比较丰富的欠发达地区的可持续发展问题进行探讨，以便较详细地总结出一些规律性的理论问题供学术界讨论。

该书采用区域经济学、资源环境经济学的综合研究方法，利用各种科学分析工具，对贵州省以及毕节地区经济发展进行了较系统的研究。在对煤炭资源开发与经济发展的整体关系的考察中，该书对资源承载力进行了科学计算，对经济学中的"资源诅咒"问题及其传导机制进行了新的研究。值得一提的是：在资源开发对经济发展的作用机制研究中，本书从经济增长的三个主要方面——供给因素、结构因素和制度因素——进行了多角度考察。其中，供给因素中对生产效率的计算、分解和比较分析，结构因素中对经济结构、产业集聚和循环经济的分析，制度因素中对资源分配制度中的价值补偿研究等内容，实现了对一个资源富集的欠发达地区的资源开发对经济发展影响机制的全面解析。

滕飞的这本著作的大部分内容，已作为博士论文以优秀成绩在2009年答辩通过，他毕业后留在北京大学光华管理学院工作。在留校工作三年多的时间内，他继续就这个问题深入探讨，并于最近补充修改成书稿，交给商务印书馆出版。为此，我欣然为这本书撰写了序言，希望他在欠发达地区资源经济学研究领域内有新的研究成果，对中国相关地区的持续、稳定、健康的发展提供好的借鉴作用。

# 前 言

煤炭资源富集的欠发达地区是我国集生态脆弱、环境敏感、资源重要、经济贫困、社会复杂于一体的特殊区域，其经济发展机遇与挑战并存，该类地区也是对国家社会经济发展、资源安全保障、生态环境改善以及反贫困目标实现都具有重要意义的目标区域，因此煤炭资源富集的欠发达地区的可持续发展有着重要的战略意义。本书以贵州省及其毕节地区为例来研究煤炭资源富集的欠发达地区的经济运行特征以及合理发展模式。首先考察了煤炭资源开发与经济增长的整体关系及其产生原因，然后以经济增长动力的供给因素、需求因素和制度因素为主线，研究了煤炭资源富集的欠发达经济的形成原因、内在机制以及发展方向。

首先，本书计算了研究区域（贵州省及其毕节地区）的相对土地资源和经济资源的承载力及其超载状况，刻画了贵州省及其毕节地区资源开发和经济发展的基本情况，对煤炭资源富集的欠发达地区的生产条件和经济现状进行了系统总结。

其次，在对煤炭开发和经济整体发展水平的研究中，本书采用贵州省地区层面的面板数据，对我国"资源诅咒"问题的相关研究进行了拓展和创新。现有研究大多基于对我国省级层面面板数据的计量分析，来证明"资源诅咒"在我国的存在性以及传导机制，但是此类研究并没有很好地控制造成经济发展滞后的非资源因素。本书则通过数据的选取，较好地避免了这一问题。通过计量分析，认为我国煤炭开发政策因素以及价格因素对煤炭地区经济发展的外生影响高于煤炭资源开发本身对经济的影响，因此在不同的时间段煤炭产业对经济增长的影响性质是不同的。进而分析了"资源诅咒"传导机制的一般性问题以及在我国所具有的特殊性，认为现阶段煤炭资源开发并没有内生为区域经济发展的内在动力，政策的冲击又影响了煤炭开发地区经济发展的可持续性，所以我们需要在规避"资源诅咒"的同时，提高资源开发政策的科学性和可持续性。

第三，在对经济增长供给因素的研究中，本书集中讨论了全要素生产率的相关问题，综合采用参数方法和非参数方法对全要素生产率进行了估算与分解。通过对贵州省地区层面和毕节地区行业层面全要素生产率及其分解的研究，探讨了不同类型生产效率与煤炭开发政策以及经济增长的关系。首先，技术效率和技术进步效率之间显著的消长关系，说明资源开发地区扩大生产、提高生产可能性边界后，由于经济对技术的消化吸收滞后，将会导致粗放开发的趋势；其次，在煤炭价格市场化之前，煤炭开发地区的生产可能性边界受到前两期煤炭产量的正相关影响，而在煤炭价格市场化之后，煤炭开发地区的生产可能性边界更多受到市场价格的正相关影响；再次，1998年煤炭行业的限产压库的宏观政策导致了区域生产可能性边界的退步，这种退化趋势一直延续到2002年（随着西部大开发的进展而恢复），不过这段时期的宏观政策提高了资源开发的集约化水平。通过对区域与行业层面全要素生产率的比较分析，以及通过对各工业行业全要素生产率的增长率分布趋势的研究，本书对资源开发地区结构红利在宏观经济以及工业内部的存在性提出了质疑，认为资源产业发展的同时并没有实现区域资源的优化配置，资源产业主导的经济没有促成人力和资本从低效率行业向高效率行业的流动，资源经济对经济的带动效应更多体现在自身产值的增长上。

第四，在对经济增长的结构因素的研究中，基于对毕节地区产业结构演进规律的把握，甄别了其支柱产业和主导产业，并结合区域比较优势提出了协调产业发展的方向。现代经济的发展需要主导产业带动产业集群共同形成推动经济发展的合力，而对资源富集的欠发达地区来讲，其经济发展还需要遵循以循环经济为理念、以生态工业为载体的产业集群发展模式。本文对煤炭资源富集地区的循环经济模式和生态工业的构建进行了讨论，具体分析了相关地区发展循环经济的运行模式和支撑体系。

最后，对经济增长的制度因素的研究，本书主要关注的是煤炭资源收益分配制度。基于产权理论、外部性理论和制度经济学的相关理论,明确了以四种权利主体(所有权主体、矿业经营权主体、发展和环境权主体以及公共管理权主体)为利益相关者的收益分配模式。基于资源收益的分配框架,系统研究了我国现行煤炭收益分配体系,从权利类型和利益主体两个方面深入分析了目前分配机制的合理与不合理的地方,并提出了改进方向。通过对毕节地区居民的收入构成和就业区域的分析,研究了矿区居民利益分享机制的现状,并在此基础上提出了完善煤炭资源收益分配制度、居民参与机制以及能源基金的管理机制等方面的政策建议和未来的努力方向。

# 目 录

**绪 论** ·································································· 1
  一、资源合理开发对欠发达地区发展有着重要意义 ·················· 1
  二、资源合理开发是区域经济发展的重要研究对象 ·················· 3
  三、本书的研究思路、结构框架与理论基础 ·························· 6
  四、本书研究的技术方法和数据来源 ································· 10
  五、各章主要内容和创新之处 ········································· 11

**第一章 煤炭资源富集的欠发达地区的发展概况与相对资源承载力** ····· 13
  第一节 概念的界定与研究区域的选择 ······························· 13
    一、欠发达地区与煤炭资源富集区 ······························· 13
    二、研究区域的选择 ··················································· 16
  第二节 贵州省与毕节地区煤炭开发与经济发展概况 ············· 17
    一、贵州省的经济发展与煤炭资源开发 ·························· 17
    二、毕节地区经济发展与煤炭资源开发 ·························· 17
  第三节 贵州省资源承载力状况研究 ································· 20
    一、相对资源承载力分析方法与指标选择 ······················· 20
    二、数据处理与相对资源承载力的计算 ·························· 22
    三、相对资源承载力和超载状况分析 ····························· 23
  小 结 ·············································································· 28

**第二章 煤炭开发与欠发达地区经济增长——对"资源诅咒"的再考察** ···································································· 31
  第一节 "资源诅咒"文献回顾和评述 ································ 32

一、国外文献回顾 ………………………………………… 32
　　二、国内文献回顾 ………………………………………… 33
第二节　数据的选择与描述 …………………………………… 37
　　一、数据的选择 …………………………………………… 37
　　二、数据的统计描述 ……………………………………… 42
第三节　计量分析 ……………………………………………… 44
　　一、对 1978—1995 年数据的计量分析 ………………… 44
　　二、对 1996—2005 年数据的计量分析 ………………… 47
第四节　煤炭资源开发对经济增长的影响机制 ……………… 50
　　一、资源开发地区经济发展滞后的一般性因素 ………… 50
　　二、我国煤炭资源开发地区经济发展滞后的具体因素 … 56
　　三、资源开发的利弊比较分析 …………………………… 60
小　结 …………………………………………………………… 63

第三章　煤炭开发与经济效率——基于经济增长供给因素的研究 … 65
第一节　全要素生产率的文献回顾和技术方法 ……………… 66
　　一、文献回顾 ……………………………………………… 66
　　二、研究技术与方法 ……………………………………… 68
第二节　基于区域层面的生产率研究——以贵州省为例 …… 74
　　一、数据的选取和整理 …………………………………… 74
　　二、数据描述 ……………………………………………… 76
　　三、区域全要素生产率的分解 …………………………… 78
　　四、煤炭开发、生产效率与经济增长 …………………… 84
第三节　基于行业层面的生产率研究和结构效应——以毕节地区为例 … 91
　　一、结构效应的文献回顾 ………………………………… 91
　　二、数据的选取和整理 …………………………………… 93
　　三、行业全要素生产率的分解与比较 …………………… 95
　　四、结构效应分析 ………………………………………… 98
小　结 …………………………………………………………… 103

## 第四章 产业结构与循环经济——基于经济增长结构因素的研究 105

### 第一节 煤炭资源富集的欠发达地区产业结构特征 106
一、相关文献回顾 106
二、毕节地区三大产业结构的演化与特征 107
三、第二产业结构性特征与支柱产业 109
四、煤炭资源开发地区产业的一般性特征 111

### 第二节 主导产业的选择与产业协调 112
一、主导产业的相关研究和选择标准 112
二、煤炭开发地区主导产业的选择 114
三、主导与非主导产业的协调发展 119

### 第三节 循环经济与生态工业 121
一、产业集群、循环经济与生态工业 121
二、煤炭富集的欠发达地区的循环经济模式与生态工业设计 123
三、煤炭资源地区循环经济的集聚结构和支撑体系 128

小 结 136

## 第五章 煤炭收益分配与居民生活——基于权利和分配制度的研究 137

### 第一节 煤炭资源的价值构成和权利主体 138
一、非可再生资源的价值构成 138
二、资源收益分配的权利类型与权利主体 140

### 第二节 当前煤炭资源的权利安排以及收益分配 144
一、煤炭资源收益分配体系 144
二、基于权利类型的煤炭收益分配 146
三、基于利益主体的煤炭收益分配 149

### 第三节 煤炭资源收益分配与居民生活 155
一、煤炭开发地区居民的收入与就业特征 155
二、矿区居民资源收益分配机制现状 158
三、煤炭资源收益的合理分配与欠发达地区居民福利增进 161

小 结 167

## 结论与展望 · · · · · · 169
　　一、全文结论 · · · · · · 169
　　二、研究的不足之处与展望 · · · · · · 171

## 参考文献 · · · · · · 173
　　专　著 · · · · · · 173
　　论　文 · · · · · · 176

## 附　录 · · · · · · 184

## 后　记 · · · · · · 190

# 绪 论

## 一、资源合理开发对欠发达地区发展有着重要意义

### （一）我国经济发展现状和新的时代要求

随着我国社会经济的不断发展，一些深层次的问题和矛盾逐渐突显出来，如发达地区和落后地区经济发展不平衡的矛盾、能源矿产资源的短缺问题、贫困地区反贫效果达不到脱贫致富的要求等，而这些问题和矛盾在资源富集的欠发达地区得到了集中体现。资源富集的欠发达地区是国家反贫困战略实施的重点区域，是克服地区发展不平衡矛盾的关键区域，又是保障国家资源安全的主力区域。尤其是在新时期，中央政府提出了以发展为第一要义、以"以人为本"为核心的科学发展观，要求以统筹兼顾的方法实现全面协调可持续的发展。资源富集的欠发达地区的发展成为能否落实这些大政方针的试金石，因此这些地区能否尽快实现资源、环境、经济以及人口等因素的相互协调和可持续发展显得尤为重要。

为了解决上述各种矛盾，促进我国经济社会协调发展，我国陆续出台了一系列政策和措施，其中包括，新时期扶贫开发纲要、西部大开发、建设节约型社会以及新的能源开发和节能减排政策等。针对落后地区自然环境恶劣的状况，从2000年至2005年，中央财政已累计投入2 000多亿元用于西部地区的生态环境建设和保护；针对西部贫困地区资源分布富集的状况，一大批具有标志性的骨干工程相继建成投产，三峡工程、西电东送、西气东输、西煤东运以及大型能源基地的建设为西部地区的经济发展增添了动力。而这一系列发展战略的效果、效率和对当地民生的拉动水平与层次仍需要进行科学而深入的研究和评价。

## （二）煤炭资源开发的稳定发展是中国能源安全的重要保障

中国是世界第一产煤大国，煤炭产量占世界的38%。煤炭是中国的主要能源，煤炭产业的发展关系到国家能源安全和国民经济的全局。煤炭资源开发地区为国家的经济建设提供了大量的能源、资源以及各种原材料，是我国能源供应的主体，为我国提供了67%的一次能源，其产业本身也为国民经济发展做出了重要贡献。因此，煤炭资源开发地区，尤其是煤炭资源富集的欠发达地区的经济发展和社会的繁荣安定是保持煤炭资源可靠供应的重要保证。

作为十分重要的战略资源，要保障煤炭资源科学地、可持续地生产和供给，一方面需要从产业的全局进行统一的规划和部署，另一方面则需要保证资源开发可以保障开发地区的经济发展和社会繁荣。我们通常更注重前者，相关的产业政策也比较完善，对后一方面并没有给予专门重视和有针对性的政策安排，而更多地依靠地方政府和产业自身的作用来保障区域经济的发展，甚至有的时候宏观上统一的能源战略和产业政策与区域经济的健康发展是相冲突的。这些都是为了保障能源安全亟须研究和解决的问题。

## （三）煤炭资源开发对推动欠发达地区的经济发展有着重要作用

我们可以把中国的贫困地区大致分成两种类型。一类是各种自然资源极度贫乏，不适宜人类生存和经济发展的地区。此类地区的自然资源的人口承载量过高，无法支持当地居民解决温饱、发展生产的需要[①]。而大多数贫困地区属于另一类，其经济发展的劣势是相对的，它们有着某些资源优势而没有得到合理的开发利用。对于这样的贫困落后地区我们需要做的是研究合理开发的模式，在资源承载力允许的情况下，保护性地开发当地资源，以提高资源富集的贫困地区的发展能力，走上可持续的发展道路。煤炭资源富集的欠发达地区就属于后一类地区。

目前，煤炭资源主要聚集区——山西、陕西、宁夏、内蒙古四省交界的边

---

① 2002年我国尚剩余的2 820万极端贫困人口中有800万人（占28%）居住在不适宜人类生存、条件恶劣的地区。资料来源：亚洲开发银行驻中国代表处，《关于建立农村"低保"制度，全面解决农村温饱问题的建议》，2007年。

缘区域，四川、云南、贵州三省的交界区，以及新疆北部——都是贫困集中连片的区域，所以研究目前资源开发对这些地区经济发展的具体影响，探讨科学开发当地煤炭资源以推动经济发展的方法，对我国欠发达地区的经济发展、统筹区域协调发展以及实现反贫困政策目标都有着重要的意义。

**（四）煤炭资源开发没有有效发挥推动欠发达地区经济发展的作用**

"富饶的贫困"是对资源富集的欠发达地区特征具有代表性的描述。丰富的资源在很多地区并没有为资源地带来巨大的财富，反而阻碍了当地经济的发展，这在学术界被称作是"资源诅咒"或是"资源陷阱"。我国也在一定程度上存在这个问题。

煤炭资源富集的欠发达地区普遍遇到经济表现不佳、产业结构单一、资源开发加剧生态破坏、收入分配和价值补偿不公、政治决策不科学、贫困问题严重等突出问题。造成这些问题的原因有两大方面。一方面是内生于经济结构中的问题，譬如，煤炭产业对其他产业的挤出效应、对经济结构的扭曲、煤炭贸易以及不合理的价格对经济产生的不利影响等。另一方面则是外生的不利影响。例如制度环境、发展战略、政策因素甚至人文观念等对经济发展的负面作用。

国际经验表明，一些国家和地区通过合理开发和利用煤炭资源走上了富强的道路，而也有很多国家和地区没有很好地抓住资源开发的机会，陷入了"资源陷阱"。因此，研究煤炭资源富集的欠发达地区经济增长、产业结构、收益补偿等问题，对相关地区扬长避短、消除制度和人为的不利因素、规避市场内生抑制作用有着重要的意义。

## 二、资源合理开发是区域经济发展的重要研究对象

本书研究的是特定类型区域的经济发展，需要综合发展经济学、资源经济学和制度经济学等多个领域的理论进行研究，而且涉及多种理论方法和实证技术。为了论述的方便，各部分具体的文献综述将在相关章节中进行，在这里只简单回顾一下以欠发达资源富集区为研究对象的文献。

### （一）资源开发与经济增长

从世界范围来看，许多资源富集的国家和地区经济发展状况并不理想，这种现象被经济学界赋予了一个专有词汇："资源诅咒"（Resource's Curse）。Gelb（1988）、Auty（1990）较早关注了这一现象，并为后来的研究提供了假说检验的基础。Sachs 和 Warner（1995，1997，1999，2001）发表了多篇文章，对"资源诅咒"假说进行了开创性的实证检验。他们以 95 个国家为样本，发现了资源出口额占 GDP 的比重与经济增长率之间存在显著的负相关关系，即使在控制了土地、资本以及人口等多个变量之后，仍然得出了支持"资源诅咒"存在的结论。另外也有学者如 Gylfason（2000）、Sala-i-Martin 和 Subramanian（2003）也从各自的数据支持了"资源诅咒"的结论。

国内学者对"资源诅咒"现象和机制的实证研究在 2000 年之后逐渐展开，大都借鉴国际研究中的工具和国内省级层面的数据对"资源诅咒"的存在性和发生机制进行实证研究。徐康宁和韩剑（2005），通过构建以能源资源为代表的资源丰裕度指标，考察了我国不同省份之间资源禀赋与经济增长的相互关系，采用描述统计的方法揭示了两者存在负相关关系的现象。张菲菲等（2007）以省级面板数据为基础，选取水、耕地、能源、矿产等五种资源，验证了 1978—2004 年中国不同种类资源丰裕度与区域经济发展之间的相关关系。研究指出，除了水资源外，耕地、能源、矿产和森林四种资源的丰裕度与区域经济发展水平都呈现负相关关系，而且遭遇"资源诅咒"的省份绝大多数位于西部地区和东北地区。

但是也有学者对"资源诅咒"假说提出了质疑，具有代表性的是 Stijns（2005）的研究，他们对用自然资源出口密集度来度量资源丰裕度的方法提出质疑，进而利用人均能源、矿产的储量和产量作为资源丰裕度的度量，并单独考察了煤炭资源，发现资源丰裕度与经济增长在 20 世纪七八十年代存在正相关关系。邵帅等（2008）通过 1991 年到 2006 年的省际面板数据对西部地区的能源开发与经济增长之间的相关性及其传导机制进行了计量检验和分析，表明西部地区能源开发与经济增长之间存在显著的负相关关系，但是实施西部大开发战略之前，能源开发的诅咒效应没有明显产生，而实施大开发后诅咒效应明显出现。说明在中国所谓"资源诅咒"的发生机制并不完全在于资源开发本身，我国的外生政策冲击对资源开发和经济增长的关系起着很大的影响作用。

**（二）资源开发模式与经济发展**

有很多资源型国家和地区并没有陷入资源陷阱，而通过对资源开发的合理安排，凭借资源优势发展了经济，增进了福利。所以，一大类研究便是针对各种类型的资源开发模式进行的利弊分析和理论总结。

Auty（1996）、Sarraf 和 Jiwanji（2001）研究了博茨瓦纳如何在资源开发中通过资源收益储备等方式合理开发本国资源。Auty（1998）、Rosser（2004）研究了印度尼西亚如何通过外汇政策避免了石油开发中的荷兰病效应。Davis 等（2001）的研究表明，很多资源富集国家通过建立自然资源基金来管理资源收益和储备，并且用来保障代际之间的公平，认为自然资源基金的运行并没有统一模式，但要随着资源开发的进程不断的评估和平衡。另外还有一系列相关的研究，大都以一国的管理制度为对象，研究了各种资源开发和管理模式的利弊。

也有学者对垄断性的资源开发模式进行了研究。Bradbury 等（1985）认为，资源开采部门和相关城镇处于垂直一体化的大公司的控制之下，工矿城镇与其服务的工业中心之间是一种变相的剥削关系。人力资源、自然资源和资本从前者流向后者，使资源地区经济结构扭曲，并在空间、部门、时间上都表现为极端的不平衡。资源开发地区仅仅获得了有限的资源开采的直接收益，而大量的深加工则是在外部发达地区实现的。Bradbury 在对加拿大和澳大利亚资源型城镇进行实证研究后，提出了解决问题的对策，其主要思想是建立早期预警系统，制定财政援助，建立社区赔偿基金和专项保险机制等。

**（三）区域和省（区）煤炭能源研究状况**

煤炭资源开发的重要作用和特殊影响力延伸到了我国基本经济区域单元——省（区）。对于煤炭集中分布的省（区）而言，煤炭产业是经济发展战略中至关重要的组成部分。基于资源分配特征，其对中西部省（区）能源战略的影响最为突出，而中西部又是贫困集中连片发生的地区，所以成为省（区）能源研究的主要热点。《西部可持续发展的能源战略》[①]（韩文科等，2003）是具有代表性的研究。此类文献在研究西部能源战略的时候有一些共同的着眼点：（1）国家能源安全；（2）经济社会协调可持续发展；（3）西部大开发机遇；等等。"西煤东运"、"西电东送"建设项目和发展是西部能源建设的重点，以《西电东送工程：区域效应评价》（陈秀山等，2007）为代表的相关研究对此进行了理论和实证上的研究，并对相关能源开发战略的利弊进行了细致分析。

还有学者以特定区域为研究对象，如邓可蕴（2001）对农村地区能源开发的理论与实践的研究。程志强（2007）等以鄂尔多斯为代表研究了煤炭资源开发地区可持续发展问题。代表性成果是"中国能源战略研究"课题组撰写的《中国能源战略研究（2000—2050年）》，它立足于全国，将全国划分为华北区、东北区、华东区、华中区、华南区、西南区和西北区，对这七大区域的煤炭等相关能源的发展战略进行了专题研究。

另一个热点是省（区）能源战略研究。有一批文献以欠发达的省（区）为代表进行了煤炭产业现状和规划的研究。山西是我国典型的煤炭产业集中而经济相对落后的省份，对它的研究则相对集中。以《山西能源开发战略与可持续发展》[②]（王宏英，2003）为代表的一系列研究，以省（区）经济为主线研究了能源优势如何转变为现实经济优势以实现可持续发展。

## 三、本书的研究思路、结构框架与理论基础

### （一）研究思路

本书研究煤炭资源富集的欠发达地区的经济增长和发展，从理论上讲就是研究经济增长和发展的相关问题，所以首先回归到经济学的经济增长理论和发

---

[①] 韩文科、高世宪、朱兴珊、张有生：《西部可持续发展的能源战略》，《宏观经济研究》，2003年第1期。

[②] 王宏英：《山西能源开发战略与可持续发展》，经济管理出版社2003年版。

展经济学理论基础来寻找理论根基与研究思路。

经济学中研究经济增长的理论可以划分为新古典经济增长理论、结构主义发展理论、新增长理论（内生增长理论）以及制度经济学理论等基本思路，这些理论和思路都从各自角度对经济增长的源泉以及内生机制进行了系统研究（梁昭，2000）。如图0.1所示，其中，劳动力、全要素生产率以及资本是新古典主义增长理论关注的经济增长要素；人力资本、R&D等因素是新增长理论关注的经济增长的内生机制；经济结构和资源配置是结构主义发展理论所重点研究的经济增长要素；制度经济学则强调了制度因素对发展中国家和地区经济增长的重要性。

同时还应看到，经典经济理论主要研究的是经济增长的动力和源泉，而经济发展与经济增长并不是一个概念。本书认为，研究资源富集的欠发达地区的经济发展问题，处理好经济发展、资源开发和环境保护的关系更加重要。所以，可持续发展理论是在指导相关地区经济发展时必不可少的思路，在本文分析经济结构和产业集群时将重点运用循环经济等相关理论。

另外，对经济增长动力的研究，其着眼点在于国民经济的生产环节，而社会福利的实现还在很大程度上体现在分配环节上。在经济总量给定的情况下，

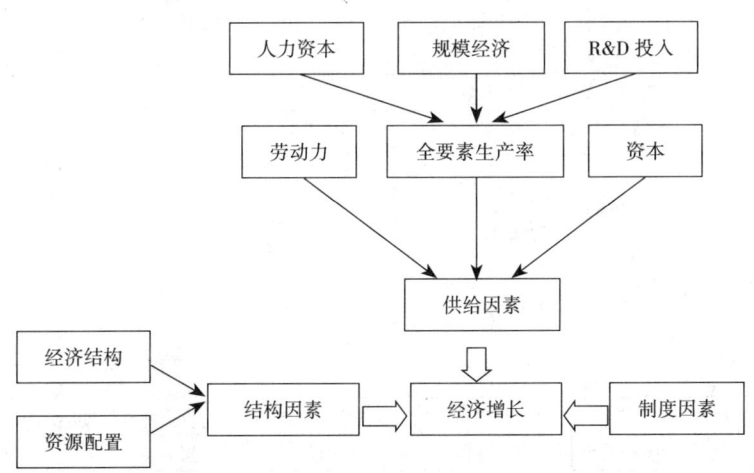

图0.1 研究经济增长问题的理论框架归纳

分配成为反贫困的一个有力武器,煤炭资源收益的分配对于当地经济发展的实现和居民生活水平的提高有着更直接的意义。所以,在经济增长的制度因素方面,本书关注的是煤炭资源及其收益的产权和分配制度。

**(二)结构框架和理论基础**

基于对经济理论和常用分析工具的掌握,并结合资源富集欠发达地区的特点以及本书研究区域的数据情况,在图 0.2 给出了本书的研究框架和理论基础,并给予具体说明。

第一章,首先对煤炭资源富集地区和欠发达地区这两个概念进行了界定,并指出了两者之间在空间分布上的相关性。进而介绍了研究区域(贵州省及其毕节地区)在煤炭资源开发和经济社会发展方面的概况。最后计算了贵州省各地区的相对资源承载力水平,对欠发达程度和资源开发状况进行了基础

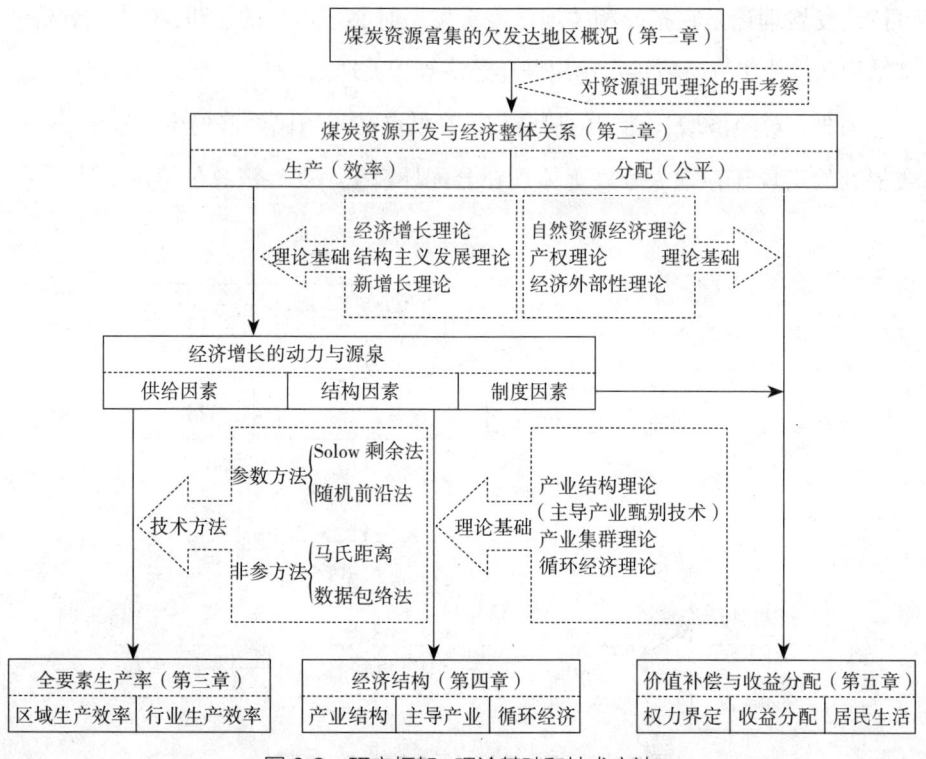

图 0.2　研究框架、理论基础和技术方法

分析。

第二章主要是基于对煤炭资源开发和经济发展的整体关系的研究。首先通过对"资源诅咒"问题的再考察，分阶段回答了我国煤炭资源开发政策和煤炭产业对区域经济的影响。然后从一般到特殊讨论了煤炭资源开发对经济影响的传导机制，其中重点讨论了我国煤炭资源富集的欠发达地区的开发与相关区域经济发展的特有关系。最后通过现有研究对资源开发的"利"和"弊"进行了比较分析。

第三章从全要素生产率的计算和分解切入，对资源富集的欠发达地区经济增长中的供给因素给予系统解析。该章对贵州省地区层面和毕节地区行业层面的全要素生产率进行了分解和多角度的研究，讨论了煤炭开发政策对不同类型的生产效率的影响，以及不同类型生产效率对经济增长的作用。通过地区和行业间的生产率差异的比较，该章讨论了煤炭资源富集的欠发达地区经济结构效应的表现形式。第三章对我国煤炭开发政策效应的评价提供了一种评价方法和政策启示。第三章采用的理论是经济增长理论和生产理论。

第四章通过对经济结构、主导产业和产业集聚的循环经济模式的分析，讨论了资源富集的欠发达地区经济增长中的结构因素。该章首先在对毕节的经济结构深入分析的基础上总结了煤炭资源开发地区产业结构的一般性特征。然后对贵州省和毕节地区的主导产业进行了多角度的甄别，并讨论了主导产业发展与经济结构优化的关系。最后，基于循环经济和生态工业理论，探讨了煤炭开发区域循环经济的运行模式和支撑体系。第四章采用的理论有经济发展阶段理论、产业集群理论和循环经济理论等。

第五章立足于煤炭收益的分配，研究了资源富集的欠发达地区经济发展中的制度因素。该章首先基于煤炭资源的价值构成和权利主体给出了煤炭资源收益分配的分析框架。然后，基于贵州省的分配政策和相关数据，基于价值和权利的构成，分析了煤炭资源分配中所存在的问题、差距和改进方向。最后，讨论了资源产业发展与矿区居民生活的相关性，提出了针对提高真实生活水平的政策建议。这一章采用的理论是资源经济学理论和公共财政理论等。

## 四、本书研究的技术方法和数据来源

### （一）技术方法

第一章采用相对资源承载力的估算方法，计算了贵州省和毕节地区的土地资源和经济资源的相对承载能力。

在第二章中，主要采用了计量经济方法，利用贵州省各地区层面的面板数据，对煤炭开发与经济增长的关系进行了实证研究。

在第三章对地区层面和行业层面的全要素生产率进行计算时，采用了两大类方法：一类是参数方法，同时在利用参数方法的时候还采用了两种模型假设，一种是新古典主义的 Solow 模型，采用传统的索罗剩余方法来刻画生产率，另一种是采用随机前沿生产函数的方法来计量全要素生产率；另一类是非参数方法，采用 Malmquist 距离指数与数据包络方法相结合的方法估算并分解了地区层面和企业层面的全要素生产率。

第四章采用了产业结构比例分析方法、主导产业的甄别方法（其中具体运用了产业关联度方法、收入弹性基准、生产率上升基准等方法）来对产业结构进行评价并对主导产业进行甄别。同时利用循环经济与生态工业理念探讨了煤炭产业循环经济的物质能量流程。

第五章采用权利和收益匹配的原则，构建了分析资源收益分配的理论框架，通过对资源收益索取权利的划分对资源收益的分配进行了系统研究。

### （二）数据来源

在贵州省和毕节地区的实地调研分别于 2007 年 4 月和 2008 年 1 月两个时间段进行，在这个过程中搜集和整理了大量统计资料，包括贵州省各个地区的宏观经济数据、毕节地区 1978 年以来的统计年鉴和行业数据、财政局和税务局提供的财税数据、经贸区提供的毕节规模以上企业数据、乡镇企业局提供的乡镇企业数据以及环境部门提供的各类环境和地质方面的资料等，这些成为本书研究主要的参考数据。还利用历年的《中国统计年鉴》《贵州统计年鉴》，整理了例如物价、投入产出表方面的宏观层面的数据。另外，充分利用了其他学者在已有研究中所整理的数据资料，例如北京大学中国经济研究中心刘明兴整理的《1970—1999年中国经济增长数据》,等等。

## 五、各章主要内容和创新之处

首先是研究角度的创新。通过对经济增长动力和源泉的归纳与总结,提出从供给因素、结构因素和制度因素等方面来全面研究一地区的经济发展,为相关区域经济的研究构建了一个理论分析框架。

其次是对我国"资源诅咒"及其传导机制研究的理论创新。对于"资源诅咒"相关问题的研究,国内外的文献各抒己见,没有达成完全一致。本书认为数据的选取和变量的控制对研究结论有着重要影响,而在分析我国资源诅咒问题的时候,贵州地区层面的面板数据有着其他地区所不具备的优势,可以减少由于控制变量的有限性而导致的计量偏差。利用贵州各地区的面板数据,对"资源诅咒"问题进行了再考察,刻画了"资源诅咒"在我国存在和发生的特有的政策性因素,及其传导机制在不同时间和空间里的不同表现特征,并给出了我国煤炭资源开发地区"资源诅咒"发生的政策性解释。

第三是通过对全要素生产率的分解和分析,创新和拓展了对资源开发政策与区域经济增长关系的理论研究。尽管有文献研究了全要素生产率与资源开发的关系,但是并没有研究通过对生产率的分解来详细衡量煤炭资源开发政策对经济效率的具体作用机制,尤其是西部大开发对区域经济的影响机制。本书通过对贵州省和毕节地区全要素生产率的分解研究(包括地区层面和行业层面),细致解析了资源开发政策对相关地区经济效率的影响机制,科学衡量了资源开发对不同区域和行业发展的影响作用。同时,基于结构红利的思想,通过对区域层面和行业层面全要素生产率的比较分析以及对行业层面全要素生产率分布变化趋势的研究,对煤炭资源开发地区的结构红利的存在性提出了质疑。认为目前的煤炭产业所产生的资源锁定和黏带效应,阻碍了生产要素的高效流动,抑制了经济中结构效应的发挥。

第四,煤炭资源开发地区要发展循环经济是很多研究达成的共识,但是国内文献对煤炭循环经济的研究更多停留在产业链的规划阶段。本书通过对主导产业的科学甄别、主导产业与非主导产业的关系协调、产业集群的构建、循环经济与生态工业模式以及支撑体系等一系列由表及里的分析思路，紧密联系煤炭资源富集的欠发达地区的特征，系统讨论了类似地区产业结构和产业集群的发展循环经济的方向与支撑体系。

第五是对资源收益分配理论框架的拓展和完善。目前关于煤炭资源收益分配和价值补偿的国内研究更多停留在"零敲碎打"的资源费税的评价与设计阶段，而个别针对非再生资源价值构成及其价值补偿的系统研究则限于对资源产权的价值补偿的研究，但此类价值补偿只是涉及资源收益分配的一部分。本书扩展了资源收益权利主体的范围及其相应权利的界限，基于制度经济学的相关理论，系统地构建了资源收益分配的理论框架，并以此为基础全面评价了当前煤炭资源收益的分配体系，并提供了相关的政策建议。

# 第一章
# 煤炭资源富集的欠发达地区的发展概况与相对资源承载力

## 第一节 概念的界定与研究区域的选择

### 一、欠发达地区与煤炭资源富集区

欠发达地区是一个相对的、历史的区域范畴,其基本含义是指某一地区经济与社会在发展程度上较低或发展不充分。对于欠发达地区的划分,我国在"七五"期间粗略地划分为东部发达地区和中西部欠发达地区。西部大开发战略进一步强化了这种划分理念。

欠发达地区的形成有其自然、历史、政治、经济、文化和社会等众多方面的原因,并具有一些鲜明的特征。从经济发展角度来看其基本特征是:经济绩效发展能力低,经济总量小,增长较慢;资金、技术、人才等生产要素投入少,效率低;产业结构层次低,产业间联系和协调能力低;市场化进程滞后,市场体系不健全,市场发育不成熟、配套改革落后,对外开放程度低,等等。从政府职能和治理角度来看其特征是:地方财力薄弱、基础设施投入不足、城镇建设进程滞后、社会事业不发达等。从人力资本积累角度来看:人力资本不足,获取和交流知识、能力的渠道缺乏,知识贫困,思想观念保守,开拓创新意识不强、活力不足。目前,针对欠发达地区发展存在两种主要的开发模式(刘卫东,2003):一是输血型,主要通过扶贫和财政转移支付等措施改善欠发达地区人民的生活水平；二是造血型，主要依靠市场机制和必要的政府干预，使落后地区产生"造血"机能。

本书研究的煤炭资源富集的欠发达地区是欠发达地区的一种，是指同时具有煤炭资源富集和经济社会欠发达两种分布特征的地区。图1.1给出了我国"八七"扶贫计划中确定的国家贫困县的地理分布，图1.2则是我国煤炭资源分布图。对照两图可以看到，煤炭资源主要聚集区——陕西、宁夏、内蒙古三省交界的边缘区域，云南、贵州两省的交界区，以及山西吕梁地区和新疆北部部分地区，这些地区同时也都是贫困集中连片的区域。根据2007年的《大型煤炭基地煤炭资源、水资源和生态环境综合评价》，我国13个大型煤炭基地[①]基本都分布在生态环境先天不足、经济发展落后的地区，而煤炭开发可能加速水土

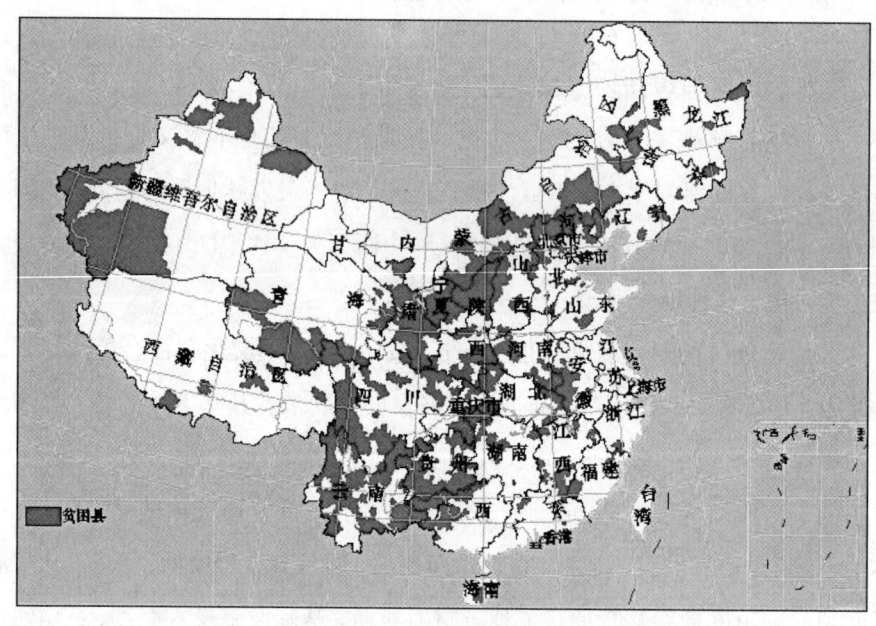

图1.1 国家"八七"扶贫计划贫困县分布图

资料来源：农博网（http://www.aweb.com.cn）转引自《国家八七扶贫计划》。

---

[①] 国家大型煤炭基地由神东、陕北、黄陇、晋北、晋中、晋东、鲁西、两淮、冀中、河南、云贵、蒙东（东北）、宁东等13个大型煤炭基地组成，包含98个矿区。

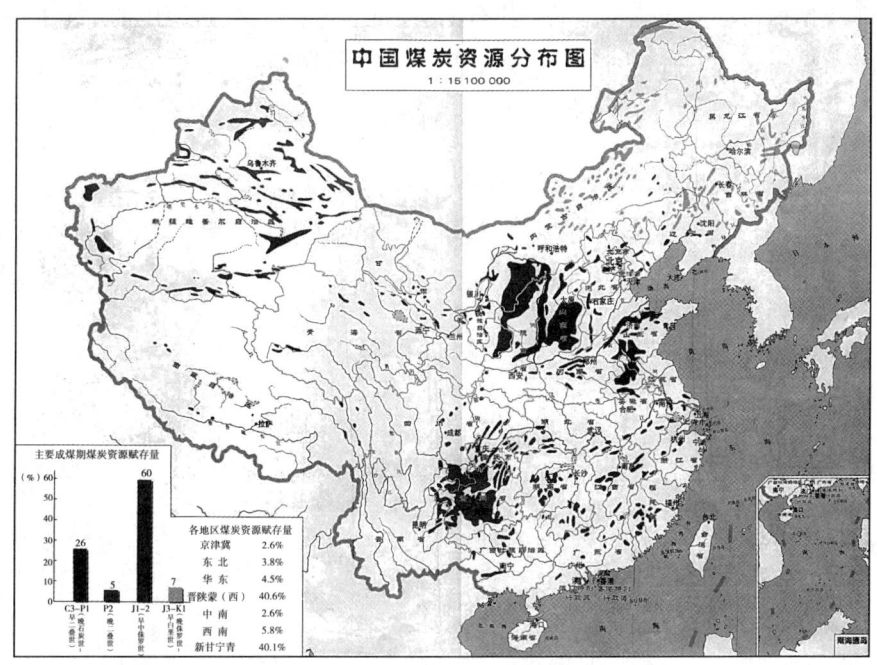

图 1.2　中国煤炭资源分布

资料来源：中国煤炭地质总局网站（www.ccgc.cn）。

流失、土地沙漠化，并破坏地下水系统，造成环境污染。可见，煤炭资源富集的欠发达地区是在资源开发和欠发达地区发展中具有特殊意义的典型区域，集资源富集、经济贫困、生态环境脆弱等特征于一体。

欠发达资源富集地区在当前具有一些突出的特点。从经济发展上来看：该类地区关系国计民生的煤炭资源较为丰富，但经济发展水平较低，贫困人口较为集中，扶贫任务尚重，是国家反贫困战略实施的重点区域。从生态环境上来看：该类地区生态环境普遍脆弱和敏感，自然资源的大量开采易导致地质灾害、植被破坏、水源污染、空气污染等生态环境问题，而这些负面影响开始显现并影响到资源开发地区的生活和生产。从资源开发和收益分配上来看：该类区域的发展主要靠重大项目的带动，资源开发项目确实为加速地方经济特别是GDP 的增长做出很大贡献，对于地方财政的贡献也十分显著，然而，资源开发对于当地居民增收贡献不显著，甚至无法弥补居民在开发过程中的福利损失，由此引发的利益矛盾和冲突经常发生。

## 二、研究区域的选择

本书的主要研究区域是贵州省及其省内的毕节地区。毕节地区位于贵州省西北部，西邻云南省，北接四川省，东、南分别与贵州的遵义、贵阳、安顺和六盘水市接壤，全区辖毕节、大方、黔西、金沙、织金、纳雍、威宁、赫章八个县（市），2006年年末常住人口730.51万人，其中37个少数民族人口占总人口的28%。全区总面积26 853平方公里，占贵州省土地面积的15.24%。

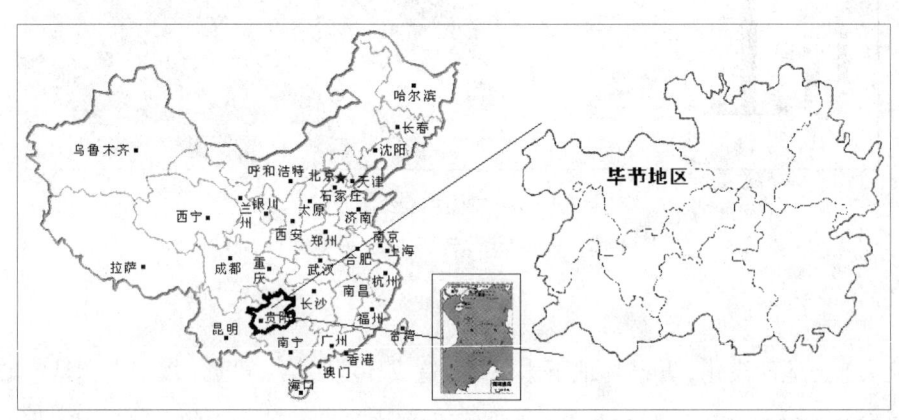

图1.3　研究区域在中国的相对位置

毕节地区属于典型的煤炭资源富集的欠发达地区。毕节煤炭资源丰富、为我国南方重要的产煤区域，但是经济发展水平滞后，在全国337个地级市（地级市、州）中，毕节地区的人均GDP排名第325位。

1988年，经国务院批准，将毕节确定为"开发扶贫、生态建设"试验区，并发展成现在的"开发扶贫、生态建设、人口控制"三位一体的毕节试验区，毕节地区同时又是国家实施西部大开发战略拉开序幕的地方。1989年，中央成立了贵州毕节试验区专家顾问组帮助制定毕节的发展规划。专家顾问组根据毕节经济社会发展的实际，提出建议和意见，帮助寻求外部支持，对重大建设项目进行调研,提高扶贫成效。作为科学发展观思路的最早"试验田",毕节被人们称为"科学发展观的摇篮"。因此,选取贵州省和毕节地区作为研究区域既保证了研究对象的样本代表性,又具有现实的指导意义。

## 第二节  贵州省与毕节地区煤炭开发与经济发展概况

### 一、贵州省的经济发展与煤炭资源开发

贵州省处于我国西南部的云贵高原,属于典型的喀斯特地形区,生态环境条件不利于生活和生产。从经济发展水平上来看,贵州省是当前中国经济发展最落后的省份之一,长期以来,该省经济在全国一直处于落后的位置,人均GDP连续多年位列末尾。中国经济进入高速增长期以来,贵州省的经济建设取得了长足的进步,但差距依然明显。2006年,贵州省人均GDP仅有5 750元,位于全国末位,而且只相当于排在第30位的甘肃省人均GDP的65.7%。可见,贵州属于我国最为典型的欠发达地区。

贵州省的煤炭资源等能源和矿产非常丰富,位于我国13个大型煤炭基地云贵基地的腹地,目前在预测资源总量超过千亿吨的三个煤炭基地中云贵基地就居于其中,是我国江南唯一的大型煤炭基地和我国最大的无烟煤产地。贵州又是云贵基地煤炭的主产区,我国西南煤炭资源的67%集中在贵州。贵州的煤炭不仅储量大,且煤种齐全、煤质优良,素有"江南煤海"之称。

### 二、毕节地区经济发展与煤炭资源开发

#### (一)毕节地区生态环境与经济社会状况

毕节地区位于云贵高原腹地的乌蒙山区,乌蒙山区以其地质结构的复杂性著称,地表破碎,正所谓"地无三尺平",故毕节地区几乎没有成规模的连片土地,农业生产主要依靠零星的山间"坝子"和梯田的耕作,生产条件非常恶劣。整个毕节地区都处于东亚季风区,加上地貌崎岖破碎,造就了气候特征的多样性和不稳定性,正所谓"天无三日晴,十里不同天"。单从平均值上来看,

当地降水、日照、气温等条件并不恶劣，但是气象指数年际波动幅度往往大过40%—70%，这种波动则容易引发毕节的水、旱、雹、冰等自然灾害（杨继红等，2005）。毕节的喀斯特地貌进一步造成了水土资源结构的不稳定——水与土容易顺着地下裂缝泻入伏流和溶洞，造成了地表的干旱缺土。不过，另一方面，这样的岩层下蕴藏着丰富的煤炭资源和很多其他矿产资源，但由于地质构造的复杂多变，矿产资源的大规模、产业化开发一直以来受到很大的限制。

毕节地区长期以来处于偏远、闭塞的状况，经济发展落后。人均GDP长期排在贵州省各地区的末位。人口超载是毕节地区经济滞后、持续贫困的一大原因。毕节地区现在有土地2.68万平方千米，2006年年底统计人口超过730万，人口密度达到272人/平方千米，这一指标不仅在全贵州省名列前茅，甚至与东部发达地区相近。从贫困人口的数量上来看，毕节是贵州省贫困情况最为严重的地区之一。2006年，毕节地区尚有贫困人口59.11万人，占总人口的9%，占到贵州省贫困人口总数的23.2%。从贫困人口的收入上来看，贵州省扶贫开发重点县的人均农业产出是1 544.26元，而毕节地区的所有贫困县——纳雍、威宁、织金、大方、赫章——的人均收入均低于这个水平，而且在全省50个贫困重点县的排序分别在36、39、40、41、43位，在贫困县中也居于末流。

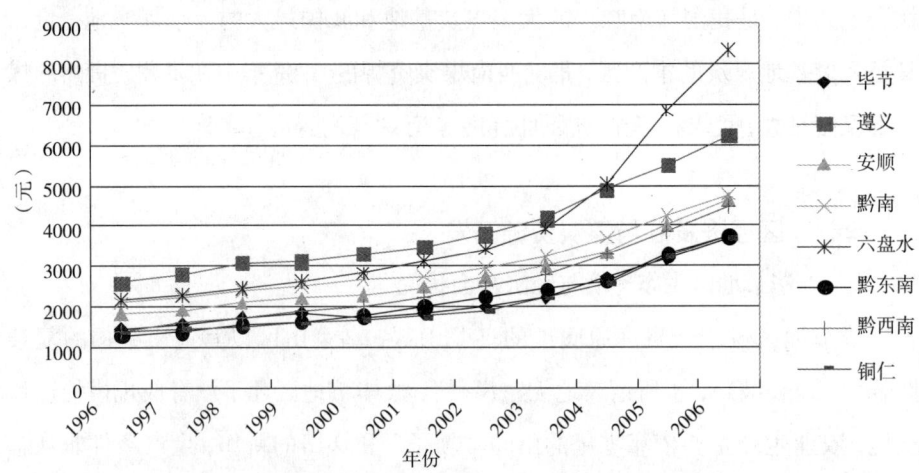

图1.4　贵州省各地区人均GDP水平

数据来源：《贵州省统计年鉴》（1996—2006年）

## （二）毕节地区资源开发情况

毕节地区矿产资源丰富，现已查明的有煤矿、铁矿、铅锌矿、锑矿、锰矿、铜矿、铝土矿、磷矿、硫磺矿、大理石、高岭土等 20 多种。其中煤矿储量大，品位高，开发前景好。毕节的八个县（市）均产煤，含煤面积有 1.2 万平方千米，约占地区国土面积的 45%，通过勘查表明，毕节地区煤炭资源极为丰富，预计全区煤炭总储量 365 亿吨，已累计探明煤炭储量 256.9 亿吨，另有泥煤 1 亿多吨。毕节煤炭探明储量占贵州省已探明煤炭资源量的 45% 以上，占云贵基地总规模的 25.6%，占云贵基地贵州省部分的 41.5%，超过江南十省区煤炭保有储量之和。[①]

毕节煤炭产业发展经历了四个阶段：一是 1980 年以前的原始生产阶段，这一阶段的特色是手工生产、个体为主的乡镇小煤窑生产。二是 1980—1998 年的初步发展阶段，这个阶段逐渐形成一定规模，逐步使用机械，开发主体是社队企业和乡镇企业。三是 1998—2000 年通过整合资源、关井压产促进了大中型煤矿建设。2001 年之后，通过"西部大开发"战略和"西电东送"工程的发展机遇，煤炭产业和税费逐年大幅度增长，迅速成为毕节重要的支柱产业。

从煤炭产业产值及构成上来看。毕节通过大力发展煤炭工业，煤炭产量逐年大幅度增长，年平均增长 500 万吨以上，2006 年达到 2 903.18 万吨，实现增加值 24 亿元。2005 年，毕节的采掘业增加值占到国内生产总值的 10.6%，占工业增加值的 33.4%。煤炭工业的发展对拉动当地经济起着巨大的作用，不过在工业中，重工业比重超过 95%，轻工业不到 5%，轻重工业发展很不平衡。从财政税费的结构上来看，2006 年煤炭税费完成 10.24 亿元，占全区财政总收入的 19%，重点工程"两电"税收完成 8.36 亿元，占全区财政总收入的 15%。[②]可见煤炭工业以及与之相关的电力工业是毕节地区财政税费的主要源泉。

---

① 《毕节地区志·工业志》，毕节地区志工业志编撰委员会，2007 年。
② 《毕节试验区成立以来财政发展情况》，毕节地区财政局，2007 年 4 月。

## 第三节 贵州省资源承载力状况研究

### 一、相对资源承载力分析方法与指标选择

欠发达地区发展相对缓慢的主要原因在于人口—资源—环境低水平的循环，这是我们在考虑欠发达地区经济开发中面临的亟须解决的重要问题，也是制约欠发达地区经济和社会发展的关键因素。在贵州毕节地区，尽管诸如煤炭资源等矿产能源是富集的，但人口增长和自然环境之间的矛盾成为制约当地经济发展的重要因素，这是我们在研究类似煤炭资源富集的欠发达地区需要考虑的约束条件，也是研究煤炭资源的开发和利用以及对地区经济发展的支持战略时无法忽略的因素。

在中国西部大多数像毕节这样农业生产条件恶劣，又不具备区位优势的地区，人口超载是贫困内生化地出现并循环往复的中枢环节。自然环境差，要提高生产只有多投入劳动力开垦更多不适合开发的土地，而劳动力的投入和土地的过度开垦又会导致自然环境的进一步恶化，最终整个区域出现"贫困陷阱"，陷入"越穷越生、越生越穷"的怪圈。

**（一）相对资源承载力概念**

下面将以贵州各地区层面的数据为样本，对贵州土地资源承载力建立度量模型并计算。资源的相对承载力是用人口作为计量指标来衡量一个区域的资源能够承载的人口数量。一般意义上的资源承载力是指一个国家或区域资源对人口支撑能力的度量，是一个绝对能力的度量指标。但是，由于自然条件、技术含量和生产水平的差异，不同区域的耕地、农作物用地的生产力水平差别很大，若要对每个地区绝对的承载能力进行度量难度较大，而且由于地区之间的差异性，导致计算出来的不同地区的资源承载力水平的可比性不强。譬如说，某一个地区的资源承载力，如果以温饱线为标准是一个结果，而如果以小康线为最低标准则是另一个结果，且前一个标准得到的承载力水平一定会大于后一个标准得到的承载力。所以，在比较不同地区承载力的时候，需要选取同一个标准作为共同的参照。

在这里，采用"相对资源承载力"（岳晓燕等，2007）的概念进行度量，计算资源承载力的相对数，进而进行比较研究。相对资源承载力以一个或数个比研究区更大的区域作为参照区域，以参照区的人均资源占有量为基准来计算研究区域的相对资源承载力。

相对资源承载力所衡量的是被研究区域的人口对资源的享有水平达到与参照区域人口对资源的享有水平相同的条件下，被研究区域所能够承载的人口数量。举例来说，毕节地区的土地资源相对承载力衡量的是，若要毕节地区的居民获得全国平均水平的土地资源享有量，毕节地区的土地所能够承载的最大人口数量。

（二）衡量指标和参照区域的选择

本书选择土地资源和经济资源作为衡量研究区域相对资源承载力的承载资源，其中，土地资源的衡量指标选取农作物播种面积，经济资源的衡量指标选择地区的国内生产总值。

在土地资源中，耕地资源是与人类关系最为密切的一种资源，也是大部分农民的主要生产、生活资料。耕地资源的承载能力在很大程度上决定了一个地区的生存条件和生活水平。但是，用耕地面积来衡量土地资源有一些局限性：其一，耕地面积在西部山区土地资源中占有的比重较小，不能充分体现土地资源整体的承载能力；其二，耕地面积是一个静态的统计指标，它不包含同一块耕地上的复种水平，无法准确计量一个地区用于生产的土地的真实水平；其三，耕地面积数据在统计上是比较滞后的且误差较大，而农作物播种面积的数据统计较及时[1]。因此，本文选择农作物播种面积[2]来衡量区域土地资源的指标。另

---

[1] 1996—1999 年中国统计年鉴在耕地面积栏目表头有一句说明：本表实有耕地面积数字偏小，有待进一步核查。2002—2004 年，中国统计年鉴在耕地面积栏目表中注有：据国家统计局初步测算，2001 年耕地总资源为 127 082 千公顷，其中：常用耕地面积数为 105 826 千公顷，临时性耕地面积为 21 256 千公顷。可见，统计部门对耕地的统计比较滞后，而且误差相对较大。

[2] 耕地面积，是指主要用作种植农作物并经常翻耕的土地面积，是最主要的农业生产用地。它包括熟地、当年新开荒地、连续撂荒未满三年的耕地、当年休闲地、轮歇地和以种植农作物为主间有零星林木的土地等。农作物播种面积，是指播种季节结束时实际播种或移植有农作物的面积，它是反映农作物生产规模的重要指标。凡是实际种植有农作物的面积，不论种植在耕地上还是在非耕地上，也不论面积大小，都统计为农作物播种面积。

外，农业和畜牧是贵州的大农业系统里所占贡献比重最大的两个部门。由于畜牧业主要依托于山间草原，相关的土地资源统计起来比较困难。同时，由于近年来退耕还林、退牧还草在西部地区深入开展，畜牧业的生产方式也发生了转变，逐渐由散养转变为庭院圈养的生产方式，而圈养牲畜的饲料种植土地也大都纳入草畜产业规划中农作物播种用地之中。所以，农作物播种面积的资源承载力也在一定程度上体现了对畜牧业的支撑。

土地资源承载力是一种狭义的资源承载力，广义的资源承载力应当包括自然资源、社会资源和经济资源承载力。为了全面反映研究区域综合资源的承载力，本文还以被研究区域的国内生产总值来衡量经济资源的承载力水平。

估算相对资源承载力需要选择参照区域。在估算贵州省各个地区的相对资源承载力时，本文主要选择对应资源的全国平均水平作为参照，同时还会与以贵州省水平为参照计算出来的相对资源承载力进行比较分析。

## 二、数据处理与相对资源承载力的计算

在这里给出计算相对资源承载力所需的公式。相对土地资源承载力的计算公式是 $C_{ra}=I_a Q_a$，其中，$C_{ra}$ 为相对土地资源承载力，$I_a$ 为土地资源承载指数 [$I_a=Q_{po}/Q_{ao}$，其中，$Q_{po}$ 为参照区（全国）人口数量，$Q_{ao}$ 为参照区（全国）土地标准面积，$Q_a$ 为研究区域的土地标准面积]。土地标准面积的计算公式是 $Q_a$ = 土地标准系数 × 土地面积，其中，土地标准系数 = 研究区平均土地生产力 / 参照区平均土地生产力，而土地生产力[①] = 土地总产出 / 土地面积。相对经济资源承载力的计算公式是 $C_{re}=I_e Q_e$，其中，$C_{re}$ 为相对经济资源承载力，$I_e$ 为经济资源承载指数 [$I_e=Q_{po}/Q_{eo}$，其中，$Q_{po}$ 为参照区（全国）人口数量，$Q_{eo}$ 为参照区（全国）国内生产总值，$Q_e$ 为研究区域的国内生产总值]。

---

① 我们这里用货币价值来衡量耕地的生产力，理由是：由于跨地区市场流通的存在，以实物产量（粮食产量）来衡量的生产力并不能充分反映土地产出真实承载力，当地人们可以依靠农作物的货币收入在市场上获得其他可以支撑生活和生产的资料。因此，文中用研究区域历年的农业产值来衡量土地的总产出。

本书选择区域的农作物播种面积作为土地面积的衡量指标，其中全国的农作物播种面积来源于历年的《中国统计年鉴》，贵州省的农作物播种面积来源于历年的《贵州统计年鉴》，贵州省各个地区的农作物播种面积来源于毕节地区统计局所提供的统计资料。其中，1997—2005年的农作物播种面积的单位是万亩，本文一律换算成以千公顷为单位的数据。

本书选择农业产值作为土地总产出的衡量指标，其中，全国的数据来源于历年的《中国农业统计年鉴》，贵州省数据来源于历年的《贵州统计年鉴》。贵州内部各个地区的农业产值主要来源于毕节地区统计局提供的历年统计资料[①]。

其他全国层面的数据（全国的国内生产总值、人口数）来源于《新中国五十五年统计资料汇编（2004）》，其中国内生产总值采用2004年全国经济普查调整后的数据，人口数采用历年的年内平均人口[②]。其他的贵州省及其各地区数据来源于历年《贵州统计年鉴》以及毕节地区统计局提供的数据。

通过数据的处理和理论计算，本文得到了贵州省各个地区的相对土地资源承载力和相对经济资源承载力的水平（参见附录）。

### 三、相对资源承载力和超载状况分析

在得出相对土地（经济）资源承载力的基础上，通过与实际资源承载人口的比较，获取不同时间阶段该地区相对于参照区域的承载状态。承载状态包括三种类型：（1）超载状态：相对资源承载力小于实际资源承载人口；（2）富余状态：相对资源承载力大于实际资源承载人口；（3）临界状态：相对资源承载力等于实际资源承载人口。本书用理论计算得到的相对土地（经济）资源承载力 $C_{ra}$（$C_{re}$）减去研究区域的实际承载人口得到不同地区的承载状态。图1.5表示的是贵州各地区相对土地资源超载人数[③]；图1.6示意的是贵州各地区相对经

---

[①] 其中贵阳、遵义、安顺、六盘水、黔东南、黔西南和铜仁地区1997年的农业产值数据缺失，我们采用简单平均的方式给予估算。
[②] 我们认为年内平均人口数更能体现当年人口对资源承载的需要水平。
[③] 由于农业受到自然条件的影响最为严重，所以，由土地资源表示的超载人口波动比较大，而且波动趋势共同受到历年农作物生产条件的影响。

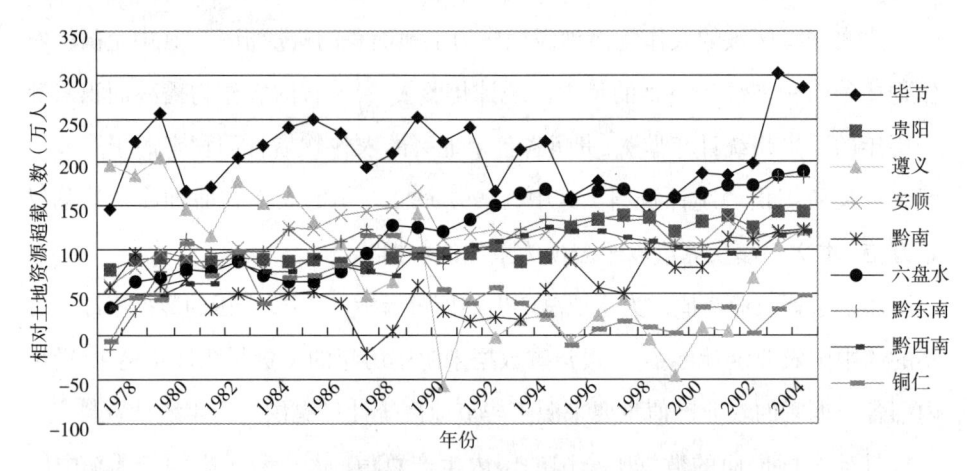

图 1.5　贵州各地区相对土地资源超载人数（以全国为参照）

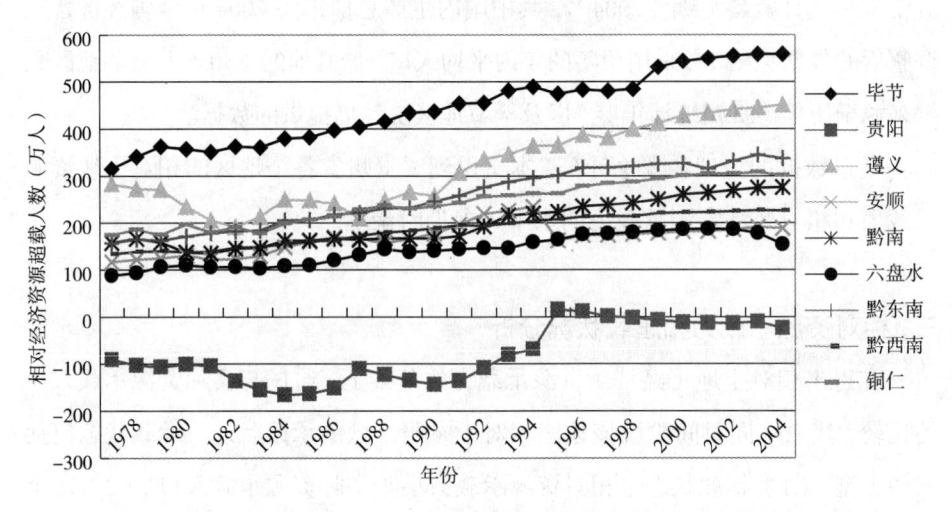

图 1.6　贵州各地区相对经济资源超载人数（以全国水平为参照）

济资源超载人数（以全国为参照）。同时，还计算了以贵州省平均水平为参照区的相对经济资源承载力，如图 1.7 所示。

**（一）贵州各地区相对资源超载情况严重，毕节地区最为严重**

我们可以看到，无论是相对土地资源还是相对经济资源，贵州绝大多数地区都处于超载水平。在相对土地资源承载方面，除了遵义和黔南的极其个别年份外，几乎所有地区的所有年份都处于严重超载状态；在相对经济资源承载方面，除了贵阳作为省会城市有着比较好的经济发展机会而有富裕承载力外，其

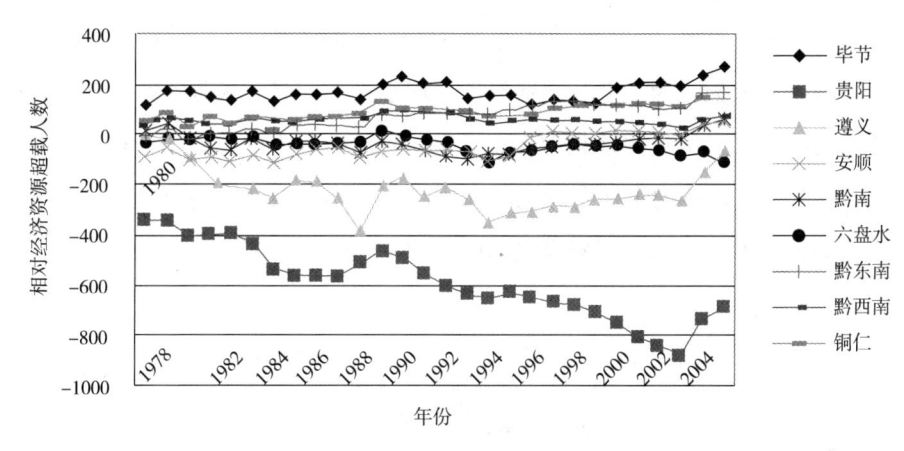

图 1.7 贵州各地区相对经济资源超载人数（以贵州省水平为参照）

余各地均严重超载。从贵州省承载人口的发展趋势来看，它的相对土地资源超载人口以每年 1% 的速度增长。

毕节地区则无论是相对土地资源还是相对经济资源都一直是贵州所有地区中超载最为严重的地区。从贵州省各地区的人口密度排序上来看，毕节处于第四位，但是超载人口量居贵州省之最，也说明毕节地区生产条件相对更差。

以全国经济资源承载水平为参照，毕节地区相对经济资源超载人口历年平均值高达 442.7 万人，占到毕节 2005 年人口总数的 61%，并且有着很强的向上增长的时间趋势，每年的增长速度为 1.31%。以贵州省的土地资源承载水平为参照，毕节地区的相对土地资源超载人口历年平均值达到 207 万人，超载人口占到毕节 2005 年人口总数的 28.5%。从整体时间跨度（1978—2005 年）上来看，毕节的相对土地资源超载人口数没有显著的增长趋势，但是 1999 年以来，毕节地区的相对土地资源超载人口数则以较快的速度增长。如果以贵州省的平均经济资源承载水平为参照，我们会发现由于参照区域的人均享有资源量标准降低，贵州各个地区的相对超载人口减少，超载人口的增长率降低，不过毕节地区是贵州省资源超载最为严重的地区的结论并没有改变。

**（二）贵州省经济资源承载力低于土地资源，毕节地区更为突出**

毕节地区的相对经济资源承载力超过该地区相对土地资源承载力（如图

1.8 所示）。在前面提到，毕节地区的相对经济资源的超载人数远远高于相对土地资源的超载人数。为了把它与贵州省平均水平相比较，本书计算出贵州省和毕节地区的相对经济资源承载力与相对土地资源承载力的比值。与全国平均水平比较，贵州省整体的土地资源承载力要高于当地的经济资源承载力，而毕节地区在该比值方面又比贵州省高出20%多①（见图1.9）。

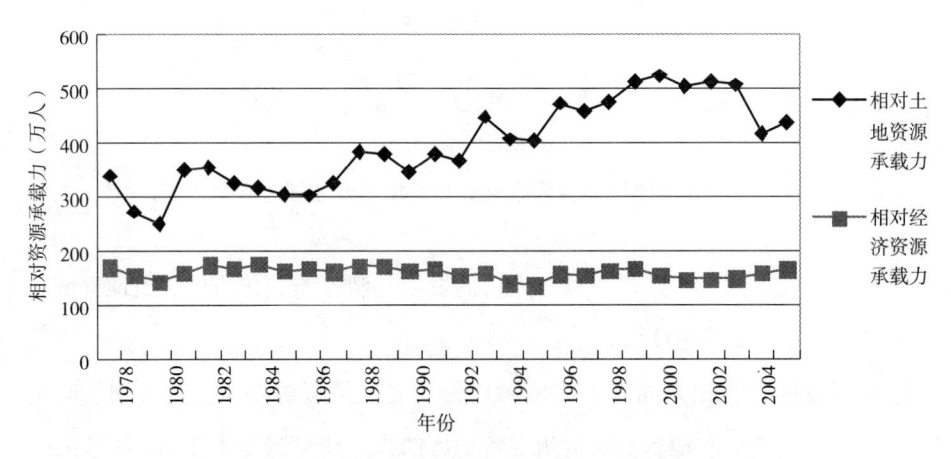

图1.8　毕节地区相对土地资源承载力与相对经济资源承载力比较图

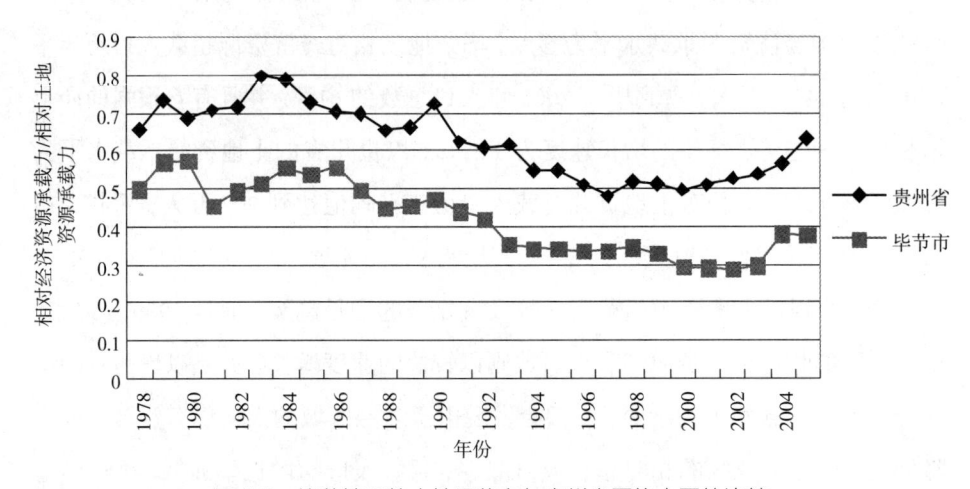

图1.9　毕节地区的土地承载力与贵州省平均水平的比较

---

① 毕节地区相对经济资源承载力与相对土地资源承载力的历年平均比值在贵州全省各地区中的排序居于倒数第二的位置。该比值在贵州省各个地区排序如下：贵阳（3.83）、六盘水（0.87）、安顺（0.69）、遵义（0.61）、黔南（0.50）、黔东南（0.46）、黔西南（0.44）、毕节（0.42）、铜仁（0.34）。

经济资源承载力体现了一个地区全部的经济生产能力所能够支撑的区域人口的能力。贵州省和毕节地区的经济资源承载力低于土地资源承载能力，说明相比较第一产业来说，当地的二、三产业对资源的利用效率和对人口的支撑能力更为欠缺，相对于农业生产来讲，当地的工业体系和服务业水平更加落后。

我们也可以从另一种意义上来理解这种不同类型承载力水平的巨大差异。作为欠发达地区，贵州和毕节对不同资源的利用效率是不平衡的，这是非均衡经济的表现形式。一个地区经济增长的动力除了依靠劳动、资本和能源等生产要素的投入之外，还存在着资源配置效应对经济增长的影响，这种资源配置效应在欠发达地区体现得更为突出。这种效应用经济学的原理来解释便是，在一个非均衡的经济体系中要素投入的边际收益在不同产业之间存在着差异，而在要素从低边际收益产业向较高边际收益的产业转移的过程中，整体经济效率将会提高，从而推动经济的增长。所以，相对于农业生产来说，毕节地区在经济中的工业、服务业等其他产业承载人口能力的发挥方面明显不足。需要加大产业结构的调整，合理引导第二和第三产业的发展进程。

### （三）煤炭资源富集地区相对资源承载力的比较分析

在估算毕节的相对资源承载力的时候，本书没有考虑煤炭资源对当地资源综合承载力的支撑。在相对土地资源承载力方面，能源矿产资源的能力无法体现，而在相对经济资源承载力方面，能源矿产主要是从两个方面内在体现出来的。一方面是通过要素投入和资本的积累体现，目前我国煤炭资源富集区域的发展主要依靠矿山开采、矿业经济建设等方面投入的资本和劳动力推动；另一方面是通过要素和资本的结构性流动得以体现，由于煤炭相关产业的发展，而且又存在着资源配置的不均衡现象，将会出现要素从低效率产业向高效率产业的流动，而煤炭资源的开发则在这方面起到催化剂的作用。

毕节和六盘水是贵州省两大煤炭生产地区，同处于中国长江以南地区最大的煤炭富集地区。但同样为资源富集的欠发达地区，两地的相对资源超载情况则存在着较大差异。在人口密度方面，毕节比六盘水的人口密度要小，单位面积土地的人口数量占到六盘水的88%。综合考虑到两地的相对土地资源承载力和相对经济承载力发现：在土地资源的超载方面，近十年来两地分别处于贵州省的第一和第二的位置，说明从农业生产上来看，毕节和六盘水在满足人们基本生活方面相对落后。而在相对经济资源承载力方面，毕节的超载人口数则远远高于六盘水，说明同样为资源富集地区，毕节对资源的利用效率和经济结构的成熟度与承载力落后于六盘水，以至于同样的资源禀赋却出现了经济承载能力的巨大差异。这其中既有历史的原因，又有现实的因素。从历史上来看，六盘水煤炭工业起步和发展较早。1949年之后，六盘水成为国家三线建设的重要能源原材料工业基地，1965年初为煤炭工业部西南煤矿建设指挥部所在所辖之地，1966年初经国务院批准成立的六盘水境内的矿区更名为特区，我国煤炭建设史上罕见的会战在六盘水打响，与之配套的铁路、公路、电网建设和钢铁、建材工业会战相继展开。而毕节地区的煤炭大规模开发是从20世纪90年代之后才开始逐渐兴起，煤炭资源优势则是在2000年西部大开发之后凸显出来的。因此毕节地区的资源开发以及配套设施建设的起步较晚，不过这也凸显了毕节在资源开发方面的后发优势。

综上所述，在土地资源和经济综合资源的承载力方面，毕节地区在整个贵州省，乃至全国都属于较为明显的欠发达地区，并且是一个典型的资源富集的欠发达地区，超载情况就是典型的原因和特征。毕节地区的资源大规模开发的历史较短，这一方面是毕节地区资源开发的后发优势，另一方面告诉我们，更应深入研究和合理规划毕节地区的资源开发，避免走资源型地区从资源经济繁荣到资源枯竭这一历史周期律的老路。①

## 小　结

基于对毕节的调研和经济状况的分析，本文归纳了类似欠发达煤炭开发区一般性特征。

---

① 事实上，整个西部的资源富集地区都面临着同样的问题需要去解决。

第一，经济发展水平低，人口超载严重，是国家反贫困战略实施的重点区域。第二，自然资源较为丰富，特别是煤炭能源等关系国计民生的战略资源较为丰富，是保障国家资源安全的主力区域，在保障国家资源安全中的地位和作用与日俱增。第三，由于资源开发、经济发展、基础设施建设等进入快速发展时期，其生态环境变化处于关键期，加之其生态环境的脆弱性和敏感性，生态环境建设是资源开发和经济建设中不可忽视的方面。第四，在信息传播、人口流动加速的情况下，当地已经步入社会转型期，干部和群众的观念、意识的转变正处在十字路口，节约资源、保护环境的观念和意识亟须树立。第五，面对人民脱贫致富的迫切愿望，由于地方政府财政能力较差、经济自我发展能力尚弱，对资源开发的要求是迫切的、强烈的，且往往以资源发展以及资源型产业作为经济增长点和支持 GDP 高速发展的基础。

总之，煤炭资源富集的欠发达地区是我国集生态脆弱性、环境敏感性、资源重要性、经济贫困性、社会复杂性于一体的特殊区域，其发展机遇与挑战并存，也是对国家社会经济发展、资源安全保障、生态环境改善具有重要意义的特殊目标区域。

第二章

# 煤炭开发与欠发达地区经济增长——对"资源诅咒"的再考察

研究煤炭资源富集的欠发达地区如何开发的问题，首先需要认清资源开发与欠发达地区的经济增长究竟存在着怎样的关系。在经济学研究中，一旦资源富集与欠发达的字眼同时出现，则会很自然地考虑到资源开发与地区经济增长关系研究中的一个重要方面——对"资源诅咒"的研究，这也是研究资源富集的欠发达地区经济发展时首先面临和需要回答的问题。

20世纪80年代以来，"资源诅咒"现象便一直成为对资源经济研究的重要方向。与此相关的文献大多数论证了"资源诅咒"的存在，即资源富集的国家和地区反而伴随着更低的增长速度和更高的贫困发生率。也有研究认为，并没有足够的经验基础去判定资源开发与经济增长之间存在着负相关的关系，因为这种关系的确认在很大程度上受到度量指标选取的影响。

在中国，资源富集的地区大多数处于生态条件不适合生产的中部和西部地区，使得这些地区的经济落后与资源开发之间的关系变得不那么直接，从而增加了在中国进行"资源诅咒"研究的复杂性。另外，由于中国煤炭受政府较多的管制，导致了"资源诅咒"在煤炭资源开发地区的传导机制更多地并不是内生于资源产业而是出于外生的政策冲击。

所以，研究我国煤炭资源富集的欠发达地区的发展问题，我们应该比传统的"资源诅咒"理论更进一步：在对经验数据实证分析和对"资源诅咒"产生的一般性规律研究的基础上,更加注重分析中国特有国情与煤炭开发政策对相关区域经济发展的影响。

## 第一节 "资源诅咒"文献回顾和评述

从世界范围来看,许多资源富集的国家和地区经济发展状况并不理想,而日本等资源缺乏国家的人均收入无论是总量还是增长率都远远比很多自然资源丰富的国家和地区强。也就是说,在一些地区自然资源丰富并没有带来好运,反而与一些对经济持续增长有害的因素(例如收入分配过分不平等,腐败和寻租活动盛行,人力资本投资严重不足,内乱频频爆发,等等)相联系,使得自然资源丰富的国家的经济表现远不如一些自然资源贫乏的国家。这种现象已经被经济学界赋予了一个专有词汇:"资源诅咒"(Resource's Curse),并成为发展经济学的一个重要研究方向。

### 一、国外文献回顾

Gelb(1988)、Auty(1990)较早关注了这一现象,并为后来的研究提供了假说检验的基础。Sachs 和 Warner(1995,1999)采用拉丁美洲和非洲地区的数据,在控制了土地、资本以及人口等多个变量之后,仍然得出了支持"资源诅咒"存在的结论。但是,这里还存在一个疑问,即,是否还存在我们忽略的或者无法观测的因素影响着资源富集地区的经济表现。

我们一般认为,地区发展的滞后是和该地区的地理位置密切相关的,一个地区可耕地面积的多寡、离贸易口岸的远近、气候条件的状况甚至地方病等因素都会影响到经济的发展。所以在解释贫困产生原因的时候,地理因素是一个必不可少的解释变量。Gallup 等(1999)在控制了一系列地理因素之后并没有消除掉"资源诅咒"。Bulte,Damania 和 Deacon(2004)也通过跨国数据的实证分析证实了资源诅咒的存在。

但是,也有不同学者持有不同意见。如 Stijns(2005)对 Sachs 和 Warner

(1995，1997)用自然资源出口密集度来度量资源丰裕程度的方法提出质疑，认为这本身就代表了一种不成功的资源开发模式。他们利用单位资本的能源、矿产的储量和产量作为资源丰裕程度的度量，发现资源丰裕度与经济增长在20世纪七八十年代存在正相关关系。另外，Stijns（2001）在研究资源丰裕度与人力资本之间的关系时，认为没有足够的证据来证明两者之间存在负相关。这说明，在研究资源诅咒的问题上，对资源丰裕程度的理解和度量不同，得出的结论则有可能存在分歧。

为了避免数据选择和处理上的分歧，计量经济学往往采用准实验的方法来为所关注的解释变量找到一个"工具变量"，这种工具变量满足的条件与被解释变量相关，但是与遗漏变量无关，这样就屏蔽掉了没有考虑的因素对解释变量的影响，是一种更为合理的解释变量。比如资源富集丰裕度与自然地理环境、区位条件有着联系，这样造成了估计的不准确[①]，如果我们考虑一些与资源富集度相关但是与其他条件无关的变量，用这种变量替换掉资源丰裕度的话，将会大大降低这种估计的不准确性。Black、McKinnish 和 Sanders（2005）在这方面做了开创性的工作，他们认为煤炭资源的分布是天然存在的，而且与经济因素基本没有关系，他们把美国不同的州划分成煤炭资源丰富的处理组（treatment group）和煤炭资源稀缺的控制组（control group），利用交叉项引入煤炭资源的繁荣期和衰退期，分析了煤炭资源对地区经济的影响，发现：资源繁荣对地方性部门就业有适度的促进作用，但没有证据表明存在对制造业部门的挤出或促进效应。这也对传统的"资源诅咒"研究的方法和结论提出了质疑。

## 二、国内文献回顾

国内学者对"资源诅咒"现象和机制的实证研究在 2000 年之后才逐渐展

---

[①] 一般来讲，遗漏变量对被解释变量的负面影响会在解释变量中体现出来，从而扩大解释变量对被解释变量的负面作用。所以，在"资源诅咒"的研究中，如果无法把诸如制度、地理、环境等因素很好的剥离的话，容易导致模型计算得出的资源丰裕程度对经济增长的影响程度大于实际影响。

开，大都借鉴国际研究中的工具和国内省级层面的数据对资源诅咒的存在性与发生机制进行实证研究。徐康宁和韩剑（2005），通过构建以能源资源为代表的资源丰裕度指标，考察了我国不同省份之间资源禀赋与经济增长的相互关系，采用描述统计的方法，揭示了两者存在负相关关系的现象。随后徐康宁和王剑（2006）以中国的省级面板数据为样本，根据Corden和Neary（1982）经典"荷兰病"模型的经济涵义，建立采掘业与经济增长率之间的线性回归方程，通过实证检验，得出中国区域的经济增长存在着"资源诅咒"效应的假说，并用山西作为特例对"资源诅咒"的四种传导机制做出了解释。但是，徐康宁等在模型的设立上，仅仅关注了采掘业与经济增长率、制造业等产业结构内的变量之间的关系，并没有去控制非经济因素的变量。事实上，我国省际发展的差距很大程度上还受到生产条件、地理位置、交通因素、政策差异等一系列重要因素的影响。而资源富集的欠发达地区，或处于远离贸易核心区的西部地区，或处于山地丘陵交通不便，或者缺乏基本的生产和生活条件，甚至国家在不同地区的发展政策也存在着差异。所以单纯考察省际层面数据中采掘业与经济增长或者产业结构的关系是不够的：一方面，此类研究结果对资源富集的欠发达地区的发展缺乏借鉴意义；另一方面，其结果的可靠性以及由此推理的"资源诅咒"的传导机制的合理性也是值得商榷的。

如图2.1所示，图（1）是徐康宁等所采用的原始数据和基于数据的拟合线，而如果我们剔除位于该图右下方的"山西"则其负相关的关系将不再显著，而如果同时剔除"黑龙江"和"山西"两个数据点，则基于这样的数据，我们可以看到能源产量平均比重与省份平均增长率之间比较显著的正相关关系。当然，没有经过严格的计量检验，我们并不能据此判定原本结论的可靠性，但至少可以认为对我国"资源诅咒"问题有继续探讨和研究的必要。

本书以平均增长率和资源富集与否的界限为划分指标，把各省（自治区、市）划分成四类地区，如图2.1中（3）图所示。位于右上方的省份属于能源资源相对富集而且平均增长率相对较高的地区，而位于右下方的省份则属于能源资源相对富集但平均增长率相对较低的地区。很容易发现，位于右上方的省份，

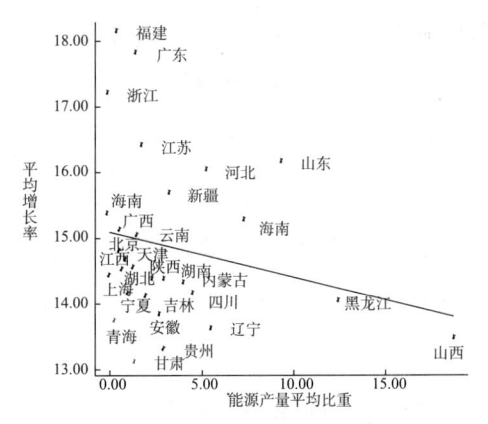

第二章 煤炭开发与欠发达地区经济增长——对"资源诅咒"的再考察 | 35

(1) 徐康宁等(2006)文献中原始数据点

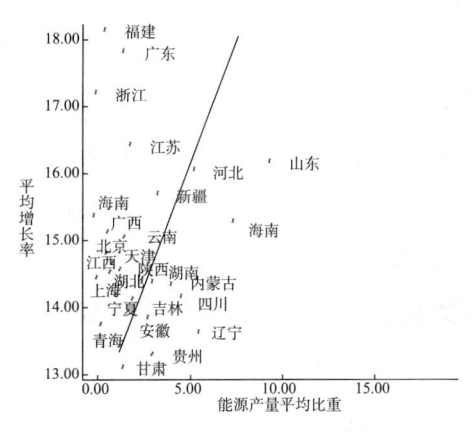

(2) 剔除黑龙江和山西后的数据情况

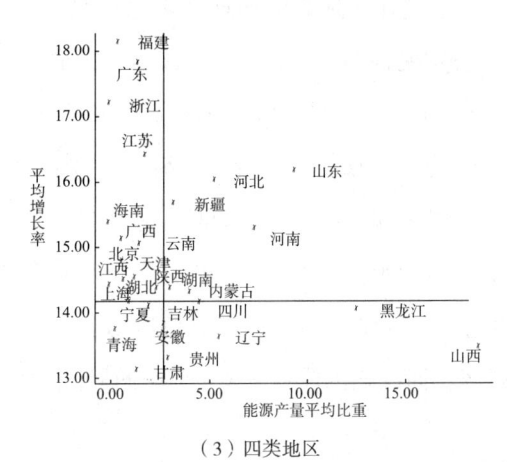

(3) 四类地区

图 2.1 各地区增长率与能源产量比重的关系

多位于东中部地区，如河北、山东、河南等地，以及新疆。而位于右下方的省份则多位于东北、西南以及除新疆外的西北等地。由此可见，同属于能源资源富集的地区，但经济平均增长率却存在较大的区别，这主要是由于不同地区的地理环境、开发历史、发展政策，甚至居民理念等多方面的不同造成的。如果在分析时不对这些变量进行合理控制，很难得到可靠的结论。

以上的国内文献集中在对资源丰裕水平与区域经济的关系研究中，这尽管是资源诅咒研究的应有之义，但是"资源诅咒"的概念本身具有一定的模糊性，给人的感觉是资源会给我国的资源富集区必然带来"厄运"。而事实上，在跨省区的研究中，资源的储量与开采量并不能代表不同省份真正的资源拥有和消耗量，在我国省际之间不对等的贸易下，发达的资源贫乏地区实际上消耗了更高的能源，而由于工业结构的低层次性，资源富集的欠发达地区对资源在事实上的占有是很少的。韩亚芬等（2007）通过分析能源消耗和能源生产对不同省区经济的贡献的"互逆关系"说明了这一问题，而现有基于省级数据的分析也忽略了对这个因素的考虑。

综上所述，目前的实证研究没有很好地把抑制资源富集的欠发达地区经济增长的非资源因素剥离出来，这样就夸大了在短期或中期内资源开发对经济增长的负面影响，而本书将试图规避掉环境、交通、政策等变量对数据分析的影响。当然，我们不能为了剔除上述影响而把"资源诅咒"的涵义过分缩小。对于抑制资源型地区经济发展各种因素，我们应该给予区分：一类变量类似前面提到的自然环境、交通、政策等，是资源富集和资源开采条件存在的外生因素，若不加以控制，将影响统计结果的准确性。而另一种变量，例如就业结构、污染程度、资源开采中的寻租和腐败、当地的教育投资等因素，其本身是与资源开采有着相关联系的，有些因素正是由于资源的开采而形成或者加强，或者说，"资源诅咒"正是通过这些因素的传导机制而对区域经济起着作用。这样的因素，是资源开发对经济负面影响的应有之义，不应回避。

## 第二节　数据的选择与描述

一、数据的选择

（一）贵州省数据的优势

基于对以上研究文献的回顾和评述，本书认为在研究资源富集条件对欠发达地区经济增长的影响时，需要排除掉遗漏变量中抑制经济增长的因素对资源丰裕度的影响，而单纯分析资源丰裕度本身对区域经济增长的影响。从计量分析的角度来看，需要在计量模型中充分并且合理地选取控制变量，从而剥离其对资源丰裕度的影响，减少估计的偏差。

目前在国内的研究中，一些文献也对控制变量进行了初步的选取，其主要体现在对我国东、中、西部虚拟变量的使用上，但是，这种控制变量的选取方法过于粗糙。以处于东部沿海的山东省为例，沿海的青岛、烟台等地，外向型经济十分活跃，尤其是改革开放以来，山东东部的经济成为带动全省经济发展的主要力量，而位于山东西南部的枣庄、菏泽等地，由于缺乏沿海的地理优势，尽管有着煤炭资源，但其经济发展并不位于山东经济发展上游位置。可见粗略引入我国东、中、西部的虚拟变量来设计计量模型，并不能很好地控制地理和环境因素的影响。

本书研究的是煤炭资源富集的欠发达地区经济发展的问题，选取的样本区域是贵州省及其毕节地区。鉴于此，本书试图通过选取贵州省各个地级市的宏观经济数据替代传统的省级数据，来处理省级数据所难以处理的遗漏变量问题，为"资源诅咒"在此类地区的存在性提供一种研究思路。

事实上，贵州省地区层面的数据也具有其他地区数据所不具有的优势。中国煤炭资源（参见图1.1）主要分布在山西的全境、内蒙古的鄂尔多斯、陕西的北部、江苏、安徽的北部、山东西南以及贵州西部地区。从数据的选取上来看，其他省份的条件并不满足得到稳健计量效果的要求：山东、江苏、安徽处于东部沿海沿江，地理差异和区域文化差别都比较大，比如山东东部、江苏和安徽的南部属于沿海或沿江经济的商业文化，山东西部以及江苏和安徽的北部则属于华北平原的农业文化，对经济的发展思路也有着相当的影响。内蒙古自治区的版图跨度很大，从东部雨量充沛、草场茂盛的呼伦贝尔到西部阿拉善的大漠戈壁，不同地区发展经济的自然环境差别较大，也会带来选取控制变量的问题。而山西省所有地区都处于煤炭资源富集地区，煤炭资源蕴含和产量的离差相对不大，也会影响计量结果。

从计量数据的质量上来看，贵州省则具备其他地区不具有的优势。首先，从地理位置上来看，贵州属于内陆省份，各地距海距离都比较远，没有大江大河穿过（只有长江支流，而且航运条件缺乏），所以从地理位置来看，贵州各地区面临的条件比较一致；而且贵州省距离其他煤炭资源富集的区域很远，单独成块，当地煤炭大宗输入地基本限于珠江三角洲地区，受到其他地区资源开发水平的影响较小。其次，从自然环境上来看，整个贵州地区完全处于云贵高原，喀斯特地形分布广泛，省内不同地区的生态和生产环境也比较一致。第三，从经济文化和发展模式上来看，现有研究表明，贵州经济文化的差异主要在于当地少数民族和汉族在农业生产方面的区别①（韩荣培，2002），而在工业和商业经营方式上，作为后起发展的贵州，并没有形成很大的区域分化。最后，在第一章中已经介绍，贵州作为典型的欠发达资源富集区，对于它的研究，对指导我国类似地区的资源经济的发展有着重要的意义。

鉴于贵州省所具有的上述特征，本书把贵州作为样本来研究资源开发和经济增长的关系，能够较好地避免之前研究中所存在的问题。

我们也应该注意到，以贵州为样本减少了不少需要控制的因素，但是并不能完全消除。譬如，尽管同处于交通不变的内陆地区，贵州不同地区的公路里程、铁路交通等状况仍然存在差别；以及诸如教育投资、医疗卫生、财政支出占 GDP 的比重（本书用这个指标来衡量地方政府对经济干预的能力）等都存在着差异。这些因素都是下面的实证研究中将要加以考虑并给予控制的变量。

最后需要说明的是，由于本书的着眼点是煤炭资源富集的欠发达地区的发

---

① 在农耕经济中，贵州经济表现为"山林刀耕火种"、"山地耕牧"和"丘陵稻作农耕"。

展问题，所以用煤炭资源来衡量资源丰裕度的指标，并非综合的能源指标。不过，对于贵州来说，煤炭是最主要的非可再生性的能源，而且该省基本没有石油天然气等能源，所以煤炭资源也是对贵州省能源的一个比较好的近似。

### （二）被解释变量

与经济增长相关的研究文献大都采用经济增长率或者 GDP 的对数形式[①]作为衡量经济增长的指标。而在对"资源诅咒"的研究中，几乎所有学者都以经济增长率作为被解释变量进行研究。在这里，本书沿用现有研究的做法，采用贵州省各地区历年 GDP 增长率作为被解释变量[②]。

### （三）解释变量

资源富集程度：本文选择的是单位资本的资源产量。中国是煤炭进口和出口基本平衡的国家，难以用 Sachs 和 Warner 所构建的资源富集指标来衡量中国的煤炭丰裕程度。对于贵州的煤炭富集区，尽管存在着对外省区的煤炭输送，但更多的煤炭并不是直接外销，而是就地发电，间接给当地的生产和经济发展带来收益。所以，采用煤炭出口额占 GDP 比重来衡量资源丰裕度是不合适的。另外，煤炭出口额占 GDP 的比重本身也在一定程度上体现了一个地区经济发展战略的优劣。采掘业初级产品出口的比重过高，将导致当地产业处于生产价值链的低端，附加值低。这种经济发展模式实际上并没有很好利用当地的资源优势，而是加速了资源优势的外流。所以，理论上讲，煤炭出口额占 GDP 的比重与经济发展之间的关系本应该是负相关的，用它作为解释变量并不能带给我们更多的启迪。选取采掘业投资在总投资的比重来度量资源富集程度的主要是为了研究"荷兰病"问题，其在研究资源产业对制造业、教育投资等的挤出方面具有直接的意义，但并不能充分体现资源经济对整体经济的影响作用。所以，本书选择 Stijns 等（2005）所选取的资源储量或产量作为衡量资源富集程度的指标。

人口超载因素：作为生产要素之一，人口越密集，越有利于经济的发展。但也应当看到，欠发达地区之所以贫穷与落后，与人口超载有密切的联系。人

---

[①] 采用 GDP 的对数形式得到的系数估计量，是解释变量对 GDP 增长率的边际影响。
[②] 我们直接从相邻连年真实 GDP 数值中计算增长率，而不是采用官方公布的增长率数据。

口过快增长，无法满足社会和环境的承受能力，则会给经济发展带来负面的影响。贵州各个地区地理环境具有相似性，但是由于历史和现实的原因，不同地区的人口数量发展非常不平衡。本书第一章计算了贵州各个地区的超载人数，为了对人口因素进行控制，本书选取单位面积的相对土地资源超载人数来衡量当地人口密度和资源支撑能力对比关系。

**开放程度（交通因素）**：对于像贵州这样的欠发达地区，交通是否便利在很大程度上影响着一个地区经济的发展水平。在以往的研究中，对地理因素的控制变量大都选取距海的距离。贵州不同地区离海的远近程度很难说有显著的区别，不过本书仍引入公路里程密度（公里里程与地区土地面积的比值）作为对交通因素的刻画。

**政府因素**：欠发达地区的发展相对更加依靠政府在经济中发挥的作用，而政府在经济中发挥作用一方面是通过对市场和经济主体直接的管理与公共服务，另一方面则是通过政府对经济的直接投资和消费。政府的直接投资是地方经济发展的重要动力，而另一方面政府投资也会挤占经济资源投向其他方面。本书用政府财政支出占 GDP 的比重来衡量政府对经济的管理和影响的程度。[①]

1997 年的亚洲金融危机以及 1998 年开始对煤炭行业的限产压库的宏观政策使得煤炭生产快速萎缩。西部大开发开始后，煤炭资源地区毕节成为贵州西电东送、西煤东运的重点区域，大量煤矿和电厂建立，促进了当地资源开发，也给当地发展带来了契机。本书将引入虚拟变量来刻画这些政策冲击。

**价格因素**：1978 年到 1999 年的贵州 GDP 价格指数采用的是北京大学中国经济中心刘明兴整理的《1970—1999 中国经济增长数据》中的数据，2000 年到 2005 年采用贵州省综合价格指数的加权平均[②]数推算 GDP 平减指数。

---

[①] 王志刚、龚六堂、陈玉宇（2004）曾经用财政收入占 GDP 的比重来刻画政府行为。
[②] 衡量价格的指标包括 2000—2005 年贵州省居民消费价格总指数、商品价格总指数、农业生产资料价格总指数、全部工业品出厂价格指数以及全部原材料、燃料、动力购进价格指数。权重的选取：贵州省第一产业占 GDP 的比重作为农业生产资料价格总指数的权重，第二产业占 GDP 的比重作为全部工业品出厂价格指数以及全部原材料、燃料和动力购进价格指数的权重，第三产业占 GDP 的比重作为居民消费价格总指数和商品价格总指数的权重。

**经济阶段的划分与检验：**从图 2.2 中可以看到，我国煤炭工业在 1996 年之前的外部环境、价格体系等因素较为稳定和一致，贵州各个地区的原煤产量有着相对稳定的增长。到了 20 世纪 90 年代后期，小煤窑乱挖乱采现象严重，煤炭市场出现了无序竞争的局面，1997 年前后煤炭供大于求、价格急剧下滑。在这样的背景下，政府采取了关闭小煤窑、限产压库、鼓励扩大出口等一系列的宏观调控政策。截至 1999 年年末，全国已关闭小煤窑 3.3 万处，压减产量 3 亿吨。而 2000 年之后，煤炭资源的开发又有了比较大的调整，尤其是西部大开发的"战役"在毕节地区打响之后，西部地区资源开发产业成为西部发展的重点，从贵州各地煤炭开采量的变化趋势可以看到，2001 年之后，原煤产量又开始快速增长。所以，本书的计量模型采用虚拟变量对 1997 年之后煤炭产业发展所受到的政策冲击给予考虑。同时，考虑到 1996 年贵阳与安顺行政区划的变更，我们可以 1996 年为分界点，在这个时间之前，贵州煤炭资源开发基本在相对稳定的环境中进行，而 1996 年之后则是煤炭发展受宏观环境较多影响的发展时期。

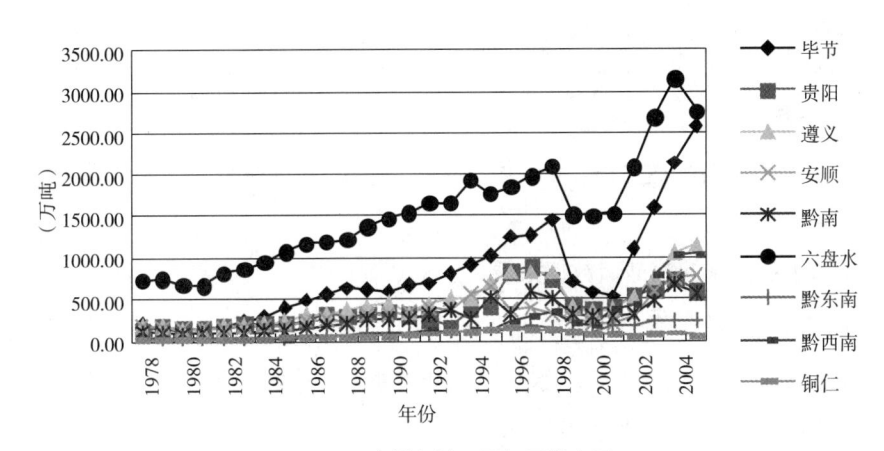

图 2.2 贵州各地区历年原煤产量

本书还采用了 Chow 检验来考察 1996 年前后两个时期的经济结构是否存在显著的差异。通过对 Chow 统计量的计算，得到其 F 统计量为 75.033 7，这意味着 1996 年前后两期的经济系统显著地不同。因此，在后面的实证模型中，将以 1996 年为界对煤炭资源开发与经济增长之间的关系进行分段研究。

## 二、数据的统计描述

### （一）从数据整体上来看

图 2.3 表示的是两个时间段的贵州省各个地区历年经济增长率与原煤产量/资源投入的散点图。我们可以看到：1996 年之前这两个变量之间有着比较明显负相关的关系，而在 1996 年之后这种关系并不明显。

上面的散点图表现的是贵州省各地区 GDP 增长率与煤炭产出在不同地区、不同时间段的综合表现。下面将分别从不同区域平均增长率和同一区域不同时期的增长率两个层面来进一步考察相关数据的表现。

（1）1979—1995 年　　　　　　　（2）1996—2005 年

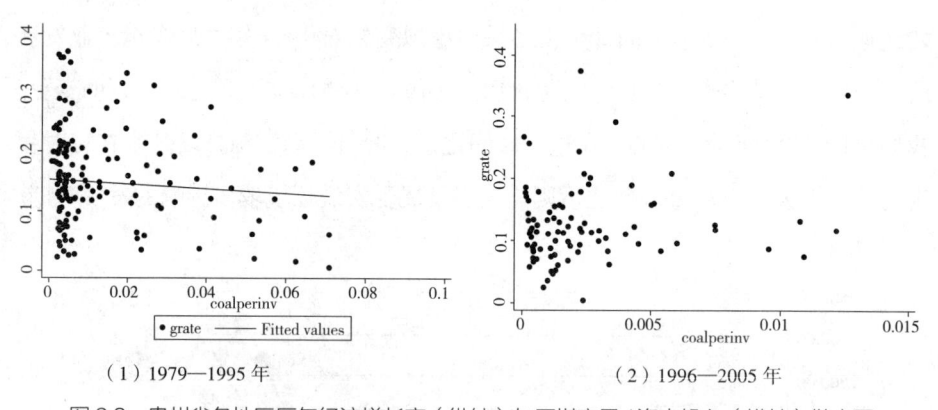

图 2.3　贵州省各地区历年经济增长率（纵轴）与原煤产量/资本投入（横轴）散点图

### （二）从区域间横截面数据来看

图 2.4 给出的是贵州省各个地区在两个时间段中，真实 GDP 的平均增长率与原煤产量/资本投入的平均水平之间的关系。从中我们可以看到，在 1979—1995 年间，单位资本的原煤生产与平均经济增长率大致呈负相关关系；而在 1996—2005 年鉴，这种关系发生了比较大的变化：两者呈现不显著的正相关关系。这是与"资源诅咒"给出的直觉是不一致的，当然，目前初步的数据描述给我们更多的是研究的启发，需要我们采用更科学的计量工具来验证这种关系。

### （三）从区域内部时序数据来看

图 2.5 给出了毕节和六盘水地区的经济增长率与资本投入的煤炭产出密

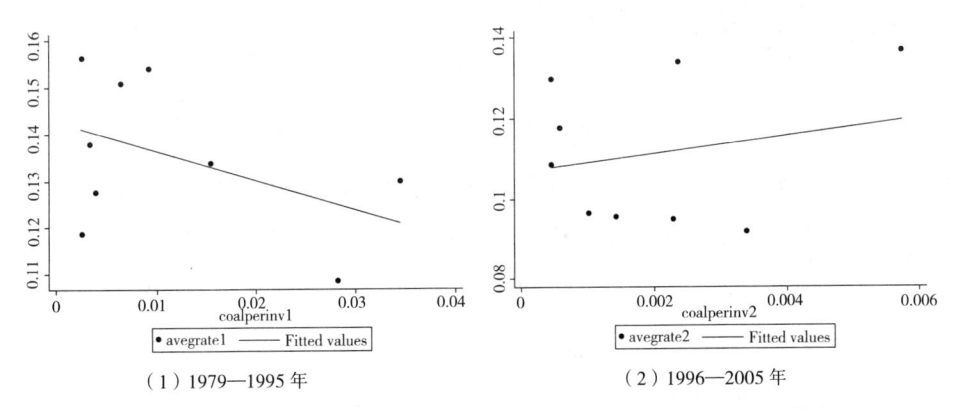

（1）1979—1995 年　　　　　　　　　　（2）1996—2005 年
图 2.4　贵州各地区平均增长率（纵轴）与原煤产量/资本投入（横轴）散点图

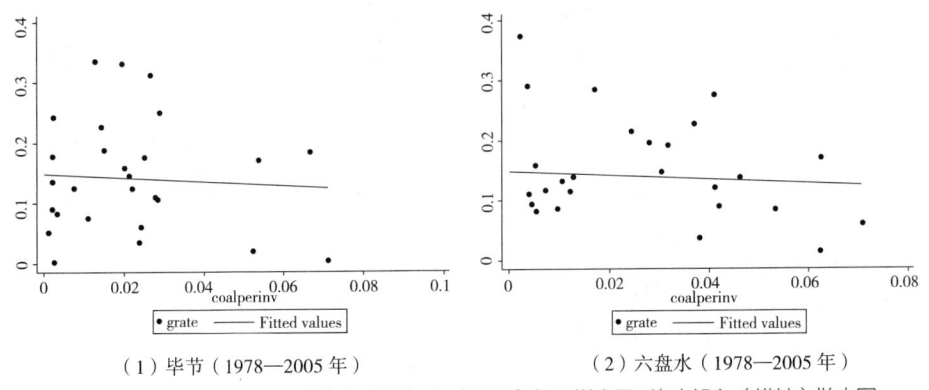

（1）毕节（1978—2005 年）　　　　　　（2）六盘水（1978—2005 年）
图 2.5　毕节地区和六盘水地区经济增长率（纵轴）与原煤产量/资本投入（横轴）散点图

（本书把原煤产量/资本投入也称作资本投入的煤炭产出密度）之间的关系。毕节和六盘水是贵州的两个主要煤炭生产区域，集中表现的煤炭资源富集的欠发达地区的特点。可见，这两个地区的经济增长率和资本的煤炭密度之间呈负相关的关系。

综上，在 1979—1995 年间，无论煤炭开发地区的区域内部还是在区域之间，"资源诅咒"所刻画的这种资源生产与经济发展负相关的关系都在一定程度上存在；但在 1996—2005 年的时间段里，横截面数据所表现的区域之间的层面上，这种关系不显著为正，而煤炭开发地区区域内部这种负相关关系仍然存在。这是与"资源诅咒"的一般理论不一致，接下来将对数据进行实证检验。

## 第三节 计量分析

### 一、对 1978—1995 年数据的计量分析

本书分别采用了混合回归模型（Pooled Regression Model）、面板数据的固定效应模型（FE）和广义最小二乘法（GLS）三种模型进行估计，同时控制了上文所讨论的各类控制变量。在回归中，本书依次添加控制变量以便逐步观察各个控制变量对当地煤炭开发与经济增长关联效应的影响。实证结果如表 2.1、表 2.2 和表 2.3 所示。

表 2.1　1979—1995 年资源开发与经济增长的 Pooled 回归

| 因变量：GDP增长率 | Pooled Regression | | | | |
|---|---|---|---|---|---|
| | （1） | （2） | （3） | （4） | （5） |
| 截距项 | 0.278 9*** | 0.213 5*** | 0.099 16*** | 0.173 0*** | 0.201 9*** |
| | (0.030 6) | (0.020 6) | (.031 5) | (0.009 6) | (0.048 5) |
| 单位资本原煤产量 | −1.083 8*** | −1.114 9*** | −0.658 4 | −.953 4** | −.836 0** |
| | (0.408 7) | (0.424 5) | (0.433 2) | (0.426 7) | (.429 5) |
| 财政支出/GDP | −0.769 6*** | | | | −0.838 8*** |
| | (.212 3) | | | | (0.299 2) |
| 科教文卫支出比重 | | −1.289 1** | | | 0.186 8 |
| | | (.587 6) | | | (.825 7) |
| 开放度 | | | 0.291 4** | | 0.349 5*** |
| | | | (0.119 5) | | (0.134 9) |
| 超载人口/土地面积 | | | | −0.000 05 | −0.000 2*** |
| | | | | (.000 07) | (0.000 08) |
| $R^2$ | 0.110 3 | 0.062 4 | 0.069 3 | 0.041 2 | 0.158 4 |
| F 检验 | 9.3 | 4.99 | 5.58 | 2.51 | 5.53 |
| P-value | (0.000 2) | (0.008) | (0.004 6) | (0.084 8) | (0.000 1) |
| 样本容量 | 153 | 153 | 153 | 153 | 153 |

注：（1）括号中的数字表示标准差；（2）*、**、*** 分别代表参数在 10%、5%、1% 水平上显著。

表 2.2　1979—1995 年资源开发与经济增长的 FE 回归

| 因变量：GDP 增长率 | Fixed Effect Regression ||||| 
|---|---|---|---|---|---|
| | （1） | （2） | （3） | （4） | （5） |
| 截距项 | 0.468 7*** | 0.295 9 | 0.07 | 0.209 5*** | 0.393 5*** |
| | (0.617 6) | (0.042 3) | (0.051 9) | (0.015) | (0.078) |
| 单位资本原煤产量 | −2.894 6*** | −2.258*** | −1.692 2** | −2.595*** | −2.261 1*** |
| | (0.617 6) | (0.655 6) | (0.71) | (0.676 5) | (0.683 2) |
| 财政支出/GDP | −1.985 8*** | | | | −1.801 7*** |
| | (0.617 6) | | | | (0.387 1) |
| 科教文卫支出比重 | | −3.530 7 | | | −1.664 1 |
| | | (1.385 5) | | | (1.366) |
| 开放度 | | | 0.473 4** | | 0.376** |
| | | | (0.196 1) | | (0.182 5) |
| 超载人口/土地面积 | | | | −0.000 5* | 0.000 0 |
| | | | | (0.000 3) | (0.000 2) |
| 组内 $R^2$ | 0.237 6 | 0.119 9 | 0.115 9 | 0.099 9 | 0.269 1 |
| 组间 $R^2$ | 0.260 5 | 0.137 9 | 0.119 1 | 0.032 0 | 0.337 6 |
| F 检验 | 22.13 | 9.67 | 9.31 | 7.88 | 10.23 |
| P-value | (0.000 0) | (0.000 1) | (0.000 2) | (0.000 6) | (0.000 0) |
| 样本容量 | 153 | 153 | 153 | 153 | 153 |

注：（1）括号中的数字表示标准差；（2）*、**、*** 分别代表参数在 10%、5%、1% 水平上显著；（3）本书采用了 Hausman 检验来甄别固定效应和随机效应模型，Hausman 检验得出的统计量 Chi^2=24.78，P-value=0.000 2，所以，本书采用固定效应模型对模型进行估计；（4）表中的截距项表示的是 FE 回归过程中数据差分之后消除掉组间差异后的截距项，通过 STATA 中的相关命令（predictu,u）可以得到九个地区的组间差异所对应的截距项，分别是：0.098 6（毕节），−0.151 2（贵阳），−0.067 4（遵义），−0.022 7（安顺），−0.003 1（黔南），0.022 3（六盘水），0.005 5（黔东南），0.079 9（黔西南），0.038 02（铜仁）。由于本书关注的是煤炭开发与经济的整体关系，所以接下来将不再汇报这种组间差异。

表 2.3　1979—1995 年资源开发与经济增长的 GLS 回归

| 因变量：GDP 增长率 | GLS Regression |||||
|---|---|---|---|---|---|
| | （1） | （2） | （3） | （4） | （5） |
| 截距项 | 0.273 7*** | 0.204 9*** | 0.092 3*** | 0.171 4*** | 0.197 9*** |
| | (0.029 5) | (0.019 4) | (0.028 3) | (0.009 2) | (0.045 5) |

续表

| 因变量：GDP 增长率 | GLS Regression ||||| 
|---|---|---|---|---|---|
| | （1） | （2） | （3） | （4） | （5） |
| 单位资本原煤产量 | −1.064 5*** | −1.039 7** | −0.530 2 | −0.935 2** | −0.784 8* |
| | （0.401 1） | （0.404 8） | （0.418） | （0.412 1） | （0.424 6） |
| 财政支出/GDP | −0.747*** | | | | −0.930 5*** |
| | （0.203 4） | | | | （0.288 9） |
| 科教文卫支出比重 | | −1.113 7* | | | 0.636 |
| | | （0.584 2） | | | （0.788 9） |
| 开放度 | | | 0.298 8*** | | 0.344 9*** |
| | | | （0.104 4） | | （0.117 3） |
| 超载人口/土地面积 | | | | 0.000 01 | −0.000 2** |
| | | | | （.000 06） | （0.000 08） |
| Wald chi^2 | 18.36 | 9.10 | 13.18 | 5.44 | 30.41 |
| P-value | 0.000 1 | 0.010 6 | 0.001 4 | 0.065 9 | 0.000 0 |
| 样本容量 | 153 | 153 | 153 | 153 | 153 |

注：（1）括号中的数字表示标准差；（2）*、**、***分别代表参数在10%、5%、1%水平上显著。

下面是对以上计量结果的具体分析：

1. 通过上面三种模型的回归，我们发现了经济增长率与单位资本的原煤产量之间存在负相关关系。而且，不同模型以及不同的控制变量的选取对这个负相关系数的影响并不大，说明了这种关系的稳定性。

同时进行了组间的回归，发现单位资本煤炭产量的系数为正，但是不显著。产生这个结果的原因可能是由于组间的样本量过小，无法得到稳定的估计，也有可能是由于煤炭资源富集地区本身的经济规律所致。无论是什么情况，我们都无法单纯通过组间的差异来认定贵州省"资源诅咒"的存在性。

2. 财政支出与科教文卫支出比重与经济增长率的相关性为负。这与一些文献的结论是一致的：王志刚等（2006）通过随机前沿生产函数的实证分析也发现了财政支出比重对生产效率有着较大的负面作用，邵帅等（2008）也发现科技投入比重与当期经济增长有着负相关的关系。导致这一现象的可能原因是：财政支出和科教事业的投入主要是投向那些基础设施、科研经费等在短期内无法得到相应经济效益的地方，而这些投入的增加会挤占其他短期经济行为所需要的资金；另外，当前贫困地区财政收入大部分用在了人员基本工资和高额的行政运转经费上面，这些开支对经济增长本身也没有直接的推动作用。但是，我们还应该注意到，经济长期可持续的发展需要基础设施的完善、人员素质的提高以及研发成果的运用，所以不能为了照顾短期的 GDP 增长而忽视对区域经济增长潜力的培育和巩固。

3. 从实证结果上来看，区域开放程度对经济增长率有着稳定的正相关关系。尤其是对于地理位置不具优势的资源开发地区，区域交通的便利程度和开放水平在很大程度上决定了当地的资源优势能否通过方便进入市场而转变为现实的经济发展动力。毕节地区 2008 年 6 月—2009 年的 60 个预备项目中，交通方面的项目有 14 个（工业项目是 28 个），其投资额则占到总投资额的 52.42%。这从另一个角度也说明了资源市场化开发的重要性，欠发达地区只有积极主动地加强与国内和国际市场的联系，才能真正实现其资源的价值，推动当地生产力的发展。

4. 本书还把全国历年的煤炭价格指数作为控制变量引入模型，发现三类模型的最终估计参数出现如下重要变化：煤炭价格指数与经济增长率的关系为显著的正相关，相关性水平均在 1% 的水平上显著；煤炭资本比的估计系数仍然为负，但其绝对值较上面的模型要小一些，而且显著性水平较差。说明在 1996 年之前，煤炭开发对经济增长的负相关关系可以在一定程度上用煤炭价格的人为压低来解释。这就凸显了我国煤炭资源开发对当地经济的影响在很大程度上来源于国家政策对开发地的不利影响，而且这种影响力度超过了煤炭产业本身对经济系统的负面作用。

## 二、对 1996—2005 年数据的计量分析

接下来对 1996—2005 年的数据进行实证分析。与前面分析不同的是，在

这里加入政策的控制变量 dummya、dummyb，刻画 1998—2000 年政府采取的宏观调控政策和西部开发政策的影响：在 1998—2000 年这三年间 dummya 取值 1，其他年份取值 0，在 2002—2005 年间，dummyb 取值 1，其他年份取值 0。同上面一样，采用了三种方法进行估计，如表 2.4 所示。

表 2.4　1996—2005 年资源开发与经济增长的回归

| GDP增长率 | Pooled Regression | | FE | | GLS | |
|---|---|---|---|---|---|---|
| | （1） | （2） | （3） | （4） | （6） | （5） |
| 截距项 | 0.007 3<br>（0.050 6） | 0.094 8**<br>（0.049 7） | −0.053 8<br>（0.069 2） | 0.130 9<br>（0.077 4） | −0.038 5<br>（0.046） | 0.035 8<br>（0.036 1） |
| 单位资本煤产量 | 7.167 1**<br>（3.273） | 3.424<br>（3.13） | 10.456 7**<br>（4.3） | 5.572 6<br>（4.378 4） | 11.273 9***<br>（3.583 4） | 6.738 2**<br>（3.140 7） |
| 财政支出比重 | −0.234 8<br>（0.561 2） | −0.123 1<br>（0.512） | −0.986 9<br>（0.828 6） | −1.24<br>（0.791 8） | 0.341 8<br>（0.499 5） | 0.349 4<br>（0.387 4） |
| 科教文支出比重 | 0.720 1<br>（1.131） | −0.216 1<br>（1.046 9） | 1.445<br>（1.449） | 1.264 6<br>（1.399 3） | −0.284 6<br>（1.013 5） | −0.897 1<br>（0.799 5） |
| 开放度 | 0.299 8***<br>（0.082 5） | 0.134 8*<br>（0.073 6） | 0.692 4***<br>（0.202 5） | 0.312 2*<br>（0.205 8） | 0.267 6<br>（0.083 4） | 0.157 1**<br>（0.067 7） |
| 人口超载程度 | 0.000 04<br>（0.000 1） | 0.000 1<br>（0.000 1） | 0.000 6<br>（0.000 5） | 0.000 6<br>（0.000 5） | −0.000 1<br>（0.000 1） | −0.000 04<br>（0.000 1） |
| Dummya | | −0.046 8**<br>（0.017 9） | | −.038 9**<br>（0.019 3） | | −0.040 9***<br>（0.013 4） |
| Dummyb | | 0.055 6***<br>（0.018 1） | | 0.069 8***<br>（0.021 9） | | 0.040 9***<br>（0.012 9） |
| $R^2$ | 0.171 6 | 0.339 1 | 0.133 4 | 0.247 4 | | |
| 组内 $R^2$ | | | 0.195 4 | 0.357 1 | | |
| 组间 $R^2$ | | | 0.583 9 | 0.477 5 | | |
| F 检验（Pool/FE）Wald chi$^2$（GLS） | 3.44 | 5.94 | 3.64 | 5.79 | 35.47 | 62.85 |
| （P-value） | （0.007） | （0.000 0） | （0.005 3） | （0.000 0） | （0.000 0） | （0.000 0） |
| 样本容量 | 90 | 90 | 90 | 90 | 90 | 90 |

注：（a）括号中的数字表示标准差；（b）*、**、*** 分别代表参数在 10%、5%、1% 水平上显著；（c）模型（1）、（3）、（5）是含有政策虚拟变量的 Pooled、FE 和 GLS 模型，（2）、（4）、（6）是不含有政策虚拟变量的 Pooled、FE 和 GLS 模型。

1. 在不考虑政策冲击的情况下，1996年之后的实证结果与1996年之前有很大不同，1996年之后经济增长率与原煤产量/资本的关系呈较为显著的正相关关系，这与图2.3所描述的阶段性特征是相互印证的。这种显著的正相关关系体现在两个方面：一方面是1998—2000年国家对煤炭产业的政策调整，在很大程度上缩减了煤炭资源地区的煤炭生产，降低了总产值的增长率，出现了煤炭生产与GDP增长率的同时下降；另一方面，2001年之后西部大开发又刺激了西部欠发达地区的煤炭资源的开发，促进了总产值的增长，出现煤炭生产和GDP增长率的同时上升。所以，在政策强力干预的煤炭发展环境下，我国煤炭开发地区并没有体现出文献中所提到的"资源陷阱"，而出现了经济增长与资源开发的同步增减。所以，国外文献中所阐述的"资源诅咒"问题在中国一定有着特有的发生机制，需要进一步研究。

2. 在考虑政策因素的情况下，通过对政策变量的控制，发现经济增长率与资源开发力度的正相关关系减弱了，而且变得不再显著。这说明在所考察时间段，资源开发对经济增长的刺激在很大程度上可以被政策因素所解释，即，经济增长的动力在很大程度上并非来自于煤炭产业自身增长带来的刺激作用，而更多地来自于经济政策的外生冲击。就不同的经济政策来说，1998年的控制产量政策与经济增长率有着比较强的负相关关系，而西部开发政策滞后两期之后（2002年）的虚拟变量与增长率的正相关关系也很显著（在西部开发开始的头两年，资源产业处于生产能力恢复阶段，其推动经济增长的潜力没有充分释放）。

3. 前后两个时间段存在的差别说明，资源富集的地区，因其所具有的先天禀赋优势，在不存在产量控制或价格控制等抑制性政策的情况下，通过规模化生产的强力开发，可以形成以低成本优势为特征的资源型产业，进而成为专业化生产部门和优势产业。在经济开发的初级阶段，依托资源优势发展起来的资源型产业是产业分工和专业化发展所需要的，是经济开发的基础和动力，是工业化资本积累的有效途径。但是从政策变量的过高解释权重来看，如果发展战略和政策导向过分依赖这些优势资源与产业，而没有将资源产业发展成为经济内在的动力，可能给经济长期可持续发展带来负面影响。

## 第四节 煤炭资源开发对经济增长的影响机制

以上通过实证的分析，以贵州省为例刻画了煤炭资源富集的欠发达地区的矿产业与经济增长率的关系，也给出了资源开采对经济影响的一些定量分析。"资源诅咒"的形成和发挥作用的原因不在于资源开发本身，而是由于资源产业对经济发展的产业结构、制度环境、人文因素等相关因素的影响而间接对经济增长产生作用，这些具体的产生机制被称作"资源诅咒"的传导机制。这一节首先从现有研究与毕节经济现实的角度来探讨一般性的传导机制，然后分析中国所特有的不利于资源开发地区发展的环境和制度，最后是在世界范围内对资源开发的利弊总结。

需要说明的是，资源开发并不必然带来开发地区经济发展的滞后，世界上有很多国家和地区就是靠资源开发实现了经济的发展。譬如，美国经济在19世纪下半叶到20世纪上半叶发展到了世界第一位，主要靠的就是资源（煤矿和铁矿）的开发（Wright，1990）。挪威也是依靠对资源的科学管理和开发取得经济成功的经济体之一。但是由于我国资源开发地区在整体上处于欠发达状态，所以这里重点分析导致资源开发地区经济发展滞后的因素。

### 一、资源开发地区经济发展滞后的一般性因素

#### （一）"资源诅咒"传导机制的相关研究

目前还没有统一的理论来解释资源富集与经济增长的负相关关系。国外的理论研究所讨论的资源开发对经济影响的传导机制主要集中四个方面的内容：（1）"荷兰病"[①]效应，该效应是指资源产业对制造业、跨地区或者跨国间的贸易以及第三产业（服务业和高科技产业）投资和劳动力的挤出效应，这种效应还

---

[①] 20世纪60年代，荷兰突然发现其北海海岸线一带盛藏巨量天然气，紧接下来的天然气开采，使荷兰一夜间成为以出口天然气为主的国家。一段时间以后，国内制造业和农业开始萎缩，经济增长受损，使荷兰最终在多方面失去国际竞争力。由于这一经历，人们随后把"因富得祸"这类经济现象称为"荷兰病"（The Dutch Disease）。

通过贸易对物价和汇率的不利影响发生作用；（2）矿业有挤出效应，导致对教育重视程度、教育投入水平和人力资本积累有负面作用，从而影响长期经济发展；（3）采掘业对当地居民企业家精神的形成有不利影响；（4）资源开发提供了大量的经济租金，导致政治制度和经济体制的弱化，寻租过程对政治决策有着负面影响。

Corden（1984）在对"荷兰病"的研究中，把一个地区的经济分为三个部门，即可贸易的制造业部门、可贸易的资源部门和不可贸易的部门（主要是一地区内部的建筑业、零售贸易和服务业部门）。假设地区经济起初处于充分就业状态，如果突然发现了某种自然资源或者自然资源的价格意外上涨将导致两个方面的后果：（1）劳动和资本转向资源部门，而可贸易的制造业部门不得不花费更大的代价来吸引劳动力，制造业劳动力成本上升首先打击制造业的竞争力，这被称为资源转移效应。在资源转移效应的影响下，制造业和服务业将趋向萎缩，形成资源部门"一枝独秀"的畸形产业结构。（2）一段时间以后，自然资源出口带来的收入增加会增加对制造业和不可贸易的部门的产品的需求。但这时对制造业产品需求的增加却是通过买进本区域之外更便宜的制成品来满足的，这被称为支出效应。"资源转移效应"与"支出效应"最终会使得资源富集的国家或地区制造业趋向衰落。Sachs等（2000）已经通过比较制造业和服务业的相对价格的变动来验证了这个命题。制造业和服务业承担着技术创新、组织变革和培养企业家的使命，而自然资源开采部门则缺乏类似作用。另外，自然资源开采部门甚至对人力资本的要求也相当低，所以一旦制造业和服务业衰落，资源富集地区的人才外流是必然趋势。

Gylfason（2001）指出教育支出占地区收入的比重、预期的受教育年限、中学入学率等都和资源收入占地区收入的比重成反比例的关系。据此，他指出如果一个地区可供开发的自然资源丰富的话，则倾向于低估教育和人力资本投资的长期价值，容易使当地忽略教育产业的投资和发展，从而挤出人力资本的投入。1970—1980年期间，美国肯塔基州和宾夕法尼亚州的煤炭工业经历了从繁荣到衰败的过程，Black（2005）等人发现，每当资源部门工人的长期工资上升 10%，高中入学率将会减少 5%—7%。这说明了资源部门对教育的挤出渠道之一是通过提高低技能工人的收入实现的。

除了以上所谈到的经济因素之外，在经济市场化的大背景下，一个地区最重要的财富已经不是天赋的自然资源，而是其良性的制度机制（陈志武，2006）。如果不注重制度层面的设计和完善，资源富集的地区在其政治决策过程以及在与其他地区进行博弈的时候都可能遭受不利的影响。比如 Hodler（2006）证明了，一个国家如果在开发自然资源中有多个集团相互竞争，就会降低生产的效率以及降低产权明确的程度。而且当相互竞争的集团多到一定的程度时，资源越多却越会降低资源富集地区人们的收入水平。也有学者认为（Stijns，2005），所谓"资源诅咒"，实际上是由于资源贸易以及初级产品的净输出这种错误的资源开发战略造成的，这早在发展经济学早期对不公平的国际贸易体系的批评中就已经包含了对"资源诅咒"的解释。

**（二）我国欠发达煤炭富集区的"资源诅咒"传导机制：以毕节地区为例**

下面以毕节地区为例来分析一下我国典型的资源富集的欠发达地区是否存在传统意义上的"资源诅咒"的传导机制，以及不利于资源开发地区的贸易体系。

1. 从经济运行的稳定性上来看

图 2.6 给出了 1988—2006 年全国、贵州省和毕节地区人均 GDP 的增长指

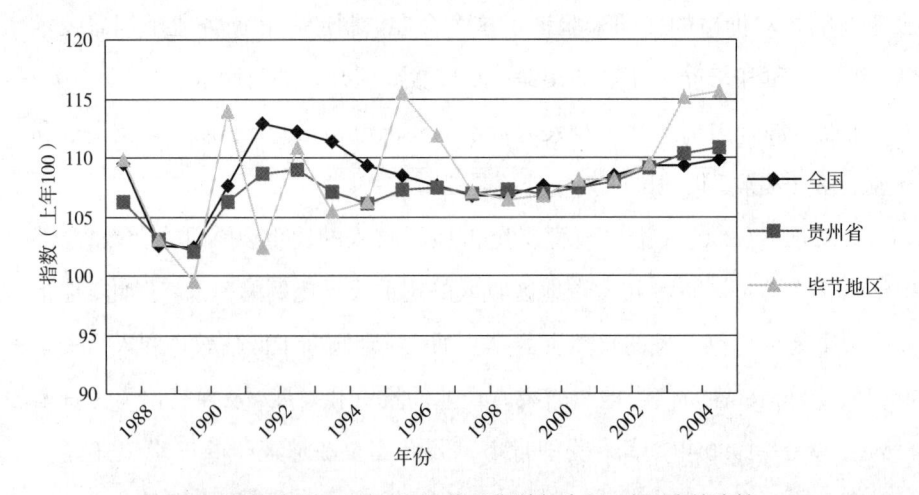

图 2.6　毕节地区人均 GDP 增长指数与全国、贵州省的比较

数。从比较中我们不难看出，毕节地区的人均 GDP 增长指数波动剧烈，说明当地居民的收入不稳定。要知道，人们做决策时考虑期望收入和风险（收入的波动），所取得的福利是期望效用与风险的差值，所以，收入波动越大，人们从同样的收入获得的福利将越小。毕节地区人们收入的巨大波动说明了其经济体系过分依赖资源产业而产生了不稳定性。

2. 从资源产业的挤出作用上来看

如图 2.7 所示，从各产业产值上来看，随着煤炭等资源产业的快速发展，采掘业和电力方面的产业在 2002 年之后急剧膨胀，而当地的制造业并没有取

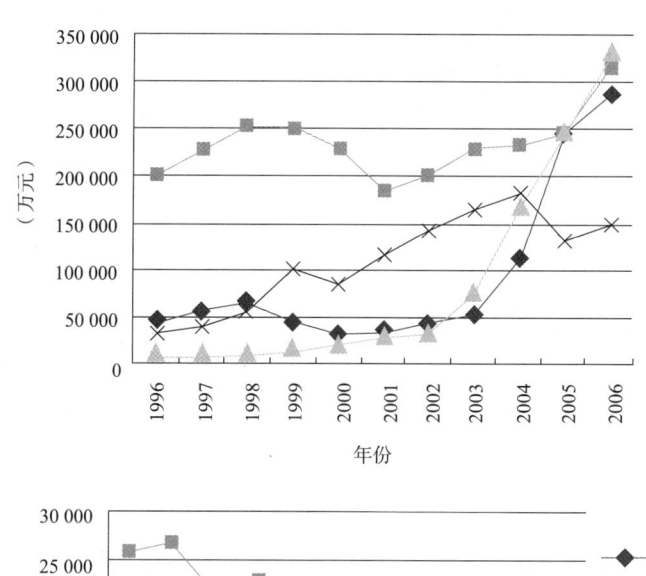

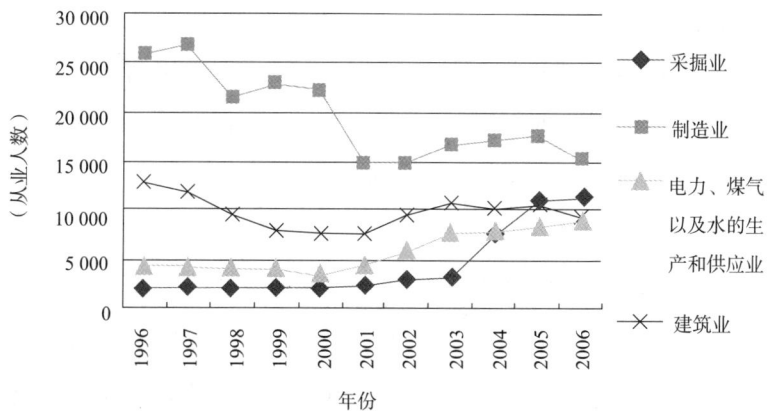

图 2.7　毕节地区第二产业各部门增加值与从业人数

得显著的发展。而从各行业的就业情况来看，资源产业的就业增长并没有像它们的产值那样表现出快速的增长态势，但是制造业和建筑业的从业人员数随着资源产业的发展反而下降，尤其是制造业的从业人员数下降幅度尤为明显。因此，从产业的结构关系来看，毕节地区已经存在了所谓"荷兰病"的产生机制。具体相关问题将在第四章关于经济结构的研究中深入分析。

图2.8表明科学事业和基本建设费用的支出比重是不断下降的，这与资源开发的快速增长产生了鲜明的对比。

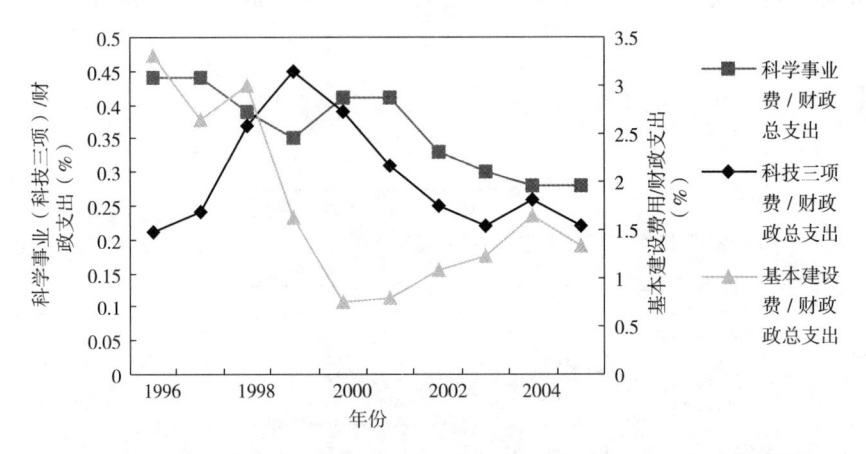

图 2.8 毕节地区历年科学事业、科技三项和基本建设支出占财政总支出的比重

### 3. 从资源贸易体系上来看

目前在西部大开发背景下发展起来的资源产业，其产品的主要消费区域是东部和南部沿海发达地区，而并不是资源开发当地。毕节地区煤炭价值的输出有两种主要渠道，一种是煤炭产品的直接外运，另一种渠道是原煤发电后的外输。

从表 2.5 和表 2.6 中我们可以看到，贵州省所生产出来的煤炭和电力相当一部分用于对外输出，而并不是省内的消费。因此资源带给资源开发地区的只是在初级产品市场上的市场交换收益，而并没有进一步转化成为当地的生产能力。

表 2.5 贵州省历年煤炭调出省外量占生产量和可供量比重

| 年份 | 2000 | 2001 | 2002 | 2003 | 2004 | 2005 | 2006 | 2007 |
|---|---|---|---|---|---|---|---|---|
| 调出省外（亿千瓦时） | 935 | 840.4 | 1 210.8 | 1 678 | 2 545 | 2 617.2 | 2 419.04 | 2 692.53 |
| 占生产量比重（%） | 21.86 | 22.52 | 24.21 | 21.51 | 26.08 | 24.66 | 20.47 | 24.78 |
| 占可供量比重（%） | 27.69 | 28.17 | 32.32 | 27.62 | 35.37 | 31.93 | 25.55 | 31.32 |

资料来源：《贵州省统计年鉴》（2000—2005 年）。

表 2.6 贵州省历年发电量占生产量和可供量比重

| 年份 | 2000 | 2001 | 2002 | 2003 | 2004 | 2005 | 2006 | 2007 |
|---|---|---|---|---|---|---|---|---|
| 调出省外（亿千瓦时） | 28.4 | 34.6 | 60.9 | 92.3 | 136.8 | 192.3 | 286.9 | 378.42 |
| 占生产量（%） | 8.98 | 9.36 | 14.25 | 18.76 | 22.98 | 28.31 | 33.02 | 34.64 |
| 占可供量（%） | 9.86 | 10.32 | 16.61 | 23.10 | 29.82 | 39.49 | 49.30 | 52.99 |

资料来源：《贵州省统计年鉴》（2000—2005 年）。

不均衡的生产和贸易体系也同样是我国煤炭资源富集的欠发达地区经济发展滞后的重要原因之一。目前西部开发输出资源，东部加工制造的垂直分工格局，导致西部因初级产品价值低估以及产业发展机会和产业集群形成条件的丧失，形成了利益的流失等不公平结果。

通过以上几个层面对毕节地区煤炭产业传导机制的分析，我们发现这些传导机制的不同时期表现出来的差异性与本文在第二节中的实证分析是相互补充的：在西部大开发之前，资源开发与经济增长存在着负相关关系，但是由于煤炭产业没有急速膨胀，所以对其他经济部门和科技投入的挤出效应不那么明显；而在西部开发之后，资源开发对经济增长有了促进的作用（图 2.7），但是由于煤炭产业的快速发展，对其他经济部门和科技投入出现了明显的挤出效应。[1]另外，第二节的实证结论还说明西部开发之后的经济发展更多被政策的外生冲击所解释，而煤炭产业本身与经济增长的正相关关系并不显著。

---

[1] 这与邵帅等（2008）的研究结果是一致的。

这都需要进一步研究我国的经济社会条件和政策环境在煤炭资源开发地区经济增长中所起到的特有作用。

## 二、我国煤炭资源开发地区经济发展滞后的具体因素

由于我国正处于经济体制转型时期，除了上述一般性的传导机制外，煤炭资源富集的欠发达地区的发展过程中还存在着一些具有中国特色的影响因素。第二节的实证分析对我国自身政策环境所带来的特有传导机制有着初步探讨。比如，在 1978—1995 年的实证模型中引入价格因素，则煤炭开发负效应显著性降低；在 1996—2005 年的模型中引入政策变量，煤炭开发的正效应显著性也下降。因此，我们还需要回答我国存在什么样机制抑制了煤炭产业在国民经济发展中积极作用的发挥。

### （一）我国煤炭资源开发地区普遍欠发达

1. 自然环境条件普遍不利于经济发展

我国大多数煤炭资源富集地区分布在中部和西部，从图 1.1 中可以看出，这些地区有三大类分布区域：第一类是在山西大部和陕甘蒙交界地区，这些处于黄土高原水土流失最为严重的生态脆弱区，气候干燥、降水稀少，而且相当地区位于沙漠的边缘，生活和生产条件十分恶劣。第二类是处于贵州和云南的喀斯特地形区，也是生态环境不适宜人类居住的地区之一。第三类是处于鲁西南和江苏、安徽两省的北部，这个区域尽管和上述两个地区相比相对发达，但是在东部沿海来讲也属于欠发达地区。整体上，我国 13 个煤炭基地基本处于或者干旱少雨，或者山高坡陡的不适宜生产生活地区。

另外，我国很多煤炭基地处于大江大河的中上游地区（如贵州处于乌江、赤水河等长江上游的重要支流，西北的煤炭基地处于黄河中上游地区等），而且生态环境本来就比较脆弱。在这样的地区进行资源开发如果缺乏前期合理的考察规划、科学的施工建设以及高效的开采运输的话，很容易加剧生态环境的恶化，不仅给欠发达地区的可持续发展带来负面的影响，而且影响我国经济整体的健康可持续发展。

## 2. 地理位置和交通条件制约经济发展

大部分煤炭资源所处地区身居内陆，交通运输、通信设备等基础设施建设落后，制约了当地经济的发展和居民的脱贫致富。以贵州地区为例，按照国土面积计算，其铁路的密度仅排到全国各省市自治区的第 24 位，排在其后的是西藏、新疆、内蒙古等地广人稀的省（自治区），这与贵州的人口密度很不相称；从交通设施质量和效率上来看，由于处于山区，贵州省每单位公路的投资额要远远超出东部或平原地区，在贵州需要修建很多公路铁路才能联通同样距离的两地。例如，从贵阳到毕节地区的公路由于多山而多山间公路桥，被形象地称为"桥梁博物馆"。可见，地理位置和交通条件严重制约了一些煤炭开发地区的经济发展。

## 3. 经济基础薄弱限制经济发展

不少煤炭开发地区的经济基础非常薄弱，制约了其经济发展的潜力。产生这个问题的原因是多方面的：一方面，改革开放以来我国把经济发展重点放在的东部地区，中西部地区的经济发展在发展战略上就受到了一定的制约；另一方面，尽管在新时期有西部大开发等战略的实施，但这些政策的重点资源大型能源工矿基地的建设，使得当地经济过分依赖资源产业，而并没有形成区域内生的经济发展机制和动力，没有有效改变经济基础薄弱的面貌。

### （二）资源开发的制度性问题

我国煤炭资源普遍位于不具有经济发展优势的地区，而这些地区的资源开发和经济发展还受着一些制度的短缺和不健全的影响，本书将在第五章进行专门研究，在这里先进行初步的讨论。

## 1. 从我国矿产资源产权角度来看

我国现行《宪法》规定："矿藏、水流、森林、山岭、草原、荒地、滩涂等资源，都属于国家所有，即全民所有；由法律规定属于集体所有的森林和山岭、草原、荒地除外。"现行《矿产资源法》也规定："矿产资源属于国家所有，由国务院行使国家对矿产资源的所有权。地表或者地下的矿产资源的国家所有权，不因其所依附的土地的所有权或者使用权的不同而改变。"可见，在我国，矿产资源的唯一所有者是国家。1996年《矿产资源法》修订后安排了矿产企业的探矿权和采矿权。尽管我国矿产企业的集中度不高，但是矿产企业的利税大户一直都是中央企业。

这些产权安排，决定了中央和中央企业对资源收益的分配有着绝对的主导权，而资源所在地方则在资源收益分配中处于弱势地位，资源开发的收益主要流入了企业和上级财政，存在着"富中央，穷地方"的现象。

2. 从煤炭价格机制和税费制度来看

本书前面的实证结果验证了在1996年之前，煤炭价格对经济增长率的抑制作用。国内很多文献也指出了我国煤炭价格长期不合理地偏低对煤炭地区发展的负面影响。煤炭产业发展的市场和政策环境不够完善，制约了价格对煤炭生产的有效调节，抑制了相关产业生产效率的发挥，限制了资源开发地区的发展。能源产业链中下游产品价格的扭曲也给煤炭价格的合理化带来了阻力：由于电价长期受到政府管制，价格水平较低，这样煤炭价格提升的改革也会带来能源产业链上下游产业之间的不协调。

税费制度安排进一步弱化了资源开发地区在资源收益方面的权利。尽管资源、环境税费方面的税收制度安排还是比较偏向于地方的，但是能源企业税收中最主要的一部分是增值税和所得税。由于产权安排和中央企业的存在，中央政府分得此类税费的大部分。

另外，煤炭产业属于需要保护的基础产业，世界上各主要矿产国普遍将矿业划为第一产业，实行低税率，对矿产品不征收增值税，而且普遍实施"消费型"增值税或"收入型"增值税。而我国煤炭行业长期实行的是生产型增值税，税率为13%，不予抵扣固定资产所含的增值税。在企业所得税上相应的补贴和返还也不足。

产权、价格和税费安排制约了资源收益在各级政府之间的合理分配，而从政府和当地居民的分配关系上来看，还存在"富财政，穷百姓"，政府与民争利的问题。贫困地区的贫困人口主要分布在农村，而相比较服务业等行业，人们对资源开采行业的参与度不高，即使被资源开采行业所雇佣，其获得的报酬相对于高额的资源租金而言也是很不对等的。因此，存在着在贫困的资源富集地区财政收入连年上升，但是人民实际生活水平却始终在贫困线左右徘徊的矛盾现象。

3. 从政策制定和产业协调来看

作为同时具有经济贫困、资源富集、生态脆弱等特征的资源富集的欠发达地区，其资源开发更要注重经济发展和环境保护之间的统筹和协调，不能过分追求单方面的经济增长。而目前煤炭资源跨区域开发受到地方主义、本位主义的阻碍。工业规划、建设和生产主要是地方政府的行为，各地政府仍然看重当地 GDP 发展成效以及财政的收支，这不仅导致资源粗放型开发、经济效率不高，而且影响了经济长期可持续的发展的基础。

在产业结构方面，由于欠发达地区经济起步晚，资源产业的负面影响并非表现在已有产业的挤出效应上，很多地区在短期资源收益的驱使下，甚至直接阻滞了其他产业的进入机会，挤压了产业结构优化的空间。以毕节地区为例，"资源诅咒"的发生机制并不表现为对现有企业的挤出，而是对其他产业的潜在进入机会的剥夺。民营企业以及相关对吸纳就业、提高居民收入有优势的产业在一开始就没有得到应有的发展，更谈不上"挤出效应"的负面影响了。这也是"资源诅咒"在我国特有的发生机制。

**（三）资源产业自身的问题**

煤矿地质勘探、设计、资金筹措等前期工作滞后。资源的勘探工作滞后，影响了资源开采效率的提升。在煤炭资源富集的欠发达地区，资源储量丰富是事实，但当引入资金进行开发的时候，能够规模开采的资源却比较有限。这其中一个重要的原因就是相关部门资源勘探工作投入不足、技术落后，从而导致一些资源的地质资料不详、储量不清，使整合开发缺乏科学依据，降低了生产效率。

企业规模小，产业集中度低。采煤技术先进的国家和地区煤炭企业以经营规模大、经济实力强的大集团为主，具有较强的竞争力。而贵州省大、中型矿井个数仅占矿井总数的 2%，小型矿井占矿井总数的 98%。2001 年贵州矿井平均每处产煤不足 3 万吨，而美国为 36.8 万吨，印度为 13.3 万吨，俄罗斯为 533 万吨，德国为 279 万吨，波兰为 203 万吨。从全国范围来看，2007 年我国最大的十家煤炭生产企业的产量总和约占当年国内煤炭总产量的25.6%，而与之形成对比的是，美国一家大型私营煤炭公司煤炭年产量在2亿吨以上，约占美国煤炭总产量的18%左右；俄罗斯一家大公司产煤2.50亿吨，占全国95%；印度一家大公司产煤2.4亿吨，占全国77%。[①] 可见，我国煤炭企业集中度依然过低，无序竞争依然存在，一方面不能形成很好的规模效益，另一方面也造成了资源的浪费，从而影响煤炭市场正常秩序和本行业稳定发展。

煤炭产业链短、高附加值产品比重小。贵州原煤入洗比重仅为15%左右，以毕节地区为例，目前大部分用来进行能源开发的资金投入到电厂建设，电力产业成为毕节地区的利税大户，导致当地的大量优质原煤未经过深加工直接燃烧，而工业用煤产业、洁净煤技术开发和应用发展缓慢。煤炭产业链短，煤电、煤化工联营的态势并没有真正形成，资源的效益远远没有充分发挥。

对资源开采力度大，利用较为粗放，滥采乱挖现象较为严重。很多煤矿企业采用原始落后的采煤方法，以浪费资源、破坏生态环境换取低成本，生产技术和规模效益都没有得到真正体现，导致本地矿产资源的耗竭速度加快，可开采年限迅速减少。另外，由于煤炭资源的大量开发，对土地资源、水资源等与其息息相关的自然资源的数量和质量也产生了很多负面影响。

煤炭资源大多存在着共生、伴生矿种，有的还是一些经济价值很高的稀有金属和贵金属，但是由于工矿企业技术水平低，缺乏回收利用这些矿产的技术，导致了这些资源的浪费。尤其是在例如毕节这样的喀斯特地形区，粗放型的开发加上复杂的地质构造，导致资源开发中的资源浪费问题更加严重。

## 三、资源开发的利弊比较分析

到目前为止，本书对我国欠发达地区资源开发的经济研究集中在"资源诅咒"的发生机制和传导机制上。事实上在世界范围内也有不少国家和地区并没

---

[①] 数据来源：人民网，《全国13个大型煤炭基地建设提速，新一轮整合潮起》，2009年2月19日，http://ccnews.people.com.cn/。

有陷入资源陷阱,而把潜在的资源优势转化为现实的经济竞争力,这种积极影响也表现在很多方面。下面以 UNDP 资源局提供的类似国家和地区的发展资料为基础,结合我国资源开发地区的经济表现,对资源开发对经济发展的积极影响和消极影响进行对比分析。

表 2.7 资源开发与经济发展的利弊关系

| 经济影响 | 积极影响 | 消极影响 |
| --- | --- | --- |
| 宏观经济 | 增加财政收入。 | 有发生"荷兰病"潜在可能,对其他产业有挤出效应。 |
|  | 增加储备,尤其是在有效建立科学利用了能源基金的国家和地区,经济可持续发展得到了保障。 | 降低经济管理和财政政策效率:在资源繁荣期间,政府的投资决策不透明不充分,导致资金过分运用等;资源繁荣过后的税基减少以及资源出口减少会加剧恶化;在资源收益分配方面,地方政府得到的补偿不足。 |
|  | 经济乘数效应,对地区经济的旁侧效应和推动作用。 | 过分依靠资源的经济容易受到价格等因素以及经济周期的影响,加剧经济波动。 |
| 经济发展 | 刺激经济和第三产业的发展。 | 资源的枯竭和矿山关闭导致经济发展机会和就业机会的突然消失。 |
|  | 中小企业的重要发展机会。 | 小煤窑等的存在,带来资源的浪费,阻碍经济结构的调整和升级。 |
|  | 上游产业和下游产业的发展机会。 | 资源产业对公共资源(土地、水、电等)的占用会阻碍其他经济部门的进入和发展。 |
|  | 创造就业机会。 | 就业集中在采掘业导致其单一的经济结构,对长期的平稳就业不利。 |
|  | 相关的设施建设与相关第二、三产业的发展加强经济部门之间和联系和相互促进。 | 收入多元化可以保障收入稳定,但是采掘业的高收入不利于收入的多元化,增加收入风险。 |
| 社会经济与基础建设发展 | 促进基础设施建设。 | 基础建设和公共设施过分依赖于采掘业的发展,被资源产业锁定和专用。 |
|  | 社会发展和转型。 | 经济社会结构的快速变化,强势的资源开发部门对人们生活环境造成威胁、相关权利受到侵害,导致社会关系的紧张。外来就业人员与当地居民的矛盾,不利于社会的和谐与稳定。 |
|  | 产业政策和消费政策的管理。 | 政府朝资源产业政策倾斜,过于依赖采掘业,而不利于非采掘业产业的发展环境。 |

续表

| 经济影响 | 积极影响 | 消极影响 |
|---|---|---|
| 教育、技能发展 | 生活技能和职业技能。 | 过分依靠采掘业技能,而难以转换职业技能。 |
|  | 积累教育投资。 | 由于教育不像资源开发来得立竿见影,所以资源开发可能影响基础教育投资和人力资本的积累。(这在本书之前的讨论中已经提及) |
| 公共权利的拓展 | 经济发展权利。 | 资源开发中的经济租金导致腐败,开矿收入转变成政治所得或个人所得。 |
|  | 政治决策权利。 | 政治稳定风险——资源收益的管理分配、地方保护主义以及对能源的争夺产生社会不安定因素。 |
|  | 地方政府调控能力的增强。 | 民众更加远离政治决策过程,矿区居民难以就关系切身生存环境的决策过程有合理的表达渠道。 |
|  | 政府、民主党派、NGO以及公司、公众等多方力量介入资源开发的决策过程。 | 发展出依赖于采掘收入和基建工程的地区文化,容易滋生依赖资源开发的思想观念。地方社区更容易被排除在重大决策程序之外。 |
| 社会保障与安全 | 食物供给安全。 | 社区发展依赖采掘业收入。 |
|  | 住房保障。 | 设施和住房建设过度依赖采掘业的生产和就业。 |
|  | 健康医疗保障。 | 与工作相关的健康风险、职业病、安全危险等。 |
|  | 犯罪预防与控制。 | 地方资金流入采掘业业主,社会不公,引发犯罪。 |
| 环境影响 | 资源经济的发展减少为了脱贫而对环境的负面影响。 | 资源开采的过度竞争与粗放开发造成资源浪费环境破坏。 |
|  | 替代木炭燃料,保护林木。 | 对健康和环境的危害(三废排放、废物管理不当、对环境的污染)。 |

注:以上资料主要引自"Meeting the Challenge of the 'Resource Curse'——International Experiences in Managing the Risks and Realising the Opportunities of Non-Renewable Natural Resource Revenues", Bureau for Resources and Strategic Partnerships, UNDP.,并加入笔者自己的理解和整理。

以上所列举的资源开发对经济社会发展的积极和消极的作用都是世界范围的资源开发地区经济表现的总结。可见,资源产业的繁荣即可能成为经济与社会发展的"福音",也可能成为发展的"诅咒",而且有时候这两种作用是同时存在的。

因此，在资源富集的欠发达地区的经济与社会的发展中，应该深入分析资源经济在经济发展中的发生机制，研究资源的有效开发与科学管理的合理模式，充分发挥资源优势对经济整体的积极作用，规避和抑制消极影响的发生。

## 小　结

本章通过对贵州省的资源开发与经济增长的分阶段计量分析，对煤炭资源开发和欠发达地区经济增长的整体关系进行了科学论证与细致研究，对"资源诅咒"的相关研究进行了拓展和创新。

本章利用贵州各地区的面板数据，对"资源诅咒"问题进行了再考察，刻画了"资源诅咒"在我国存在和发生的特有的政策性因素，及其传导机制在不同时间和空间里的不同表现特征，并给出了我国煤炭资源开发地区"资源诅咒"发生的政策性解释。

本书进而分析了煤炭资源开发影响欠发达地区发展的一般性机制和在该机制在我国发生的特殊因素，并基于对国际上资源富集地区经济发展历程特征的归纳，详细分析了资源开发对于经济发展影响的利弊得失。

# 第三章
# 煤炭开发与经济效率——基于经济增长供给因素的研究

第二章以贵州省及其毕节地区为例,从整体上把握了煤炭资源富集地区资源开发与经济发展的关系。从本章开始,我将具体解析煤炭资源富集的欠发达地区的经济增长的动力和影响因素。本书在导论中所讨论的决定经济增长的三类因素:供给因素(要素投入方面)、结构因素(产业结构和需求因素)以及制度因素,都将在接下来的三章中给予研究。本章首先从供给因素的角度来分析经济增长动力,并采用对全要素生产率及其结构的分析来刻画供给因素发生作用的质量和水平。

全要素生产率[①]是宏观经济学的研究中的重要概念,也是分析经济增长源泉的重要工具。全要素生产率表示综合投入要素的产出效应水平,因而其增长率被认为是衡量经济效益和集约化水平的综合性指标,反映了产业技术进步的速度和层次。依托煤炭产业发展经济的地区,其经济增长效率和增长质量会受到资源开发中的不同政策措施和产业导向的影响,所以研究相关地区经济发展战略和政策对全要素生产率的影响则可以增强我们对当地经济发展规律性的把握,提供政策制定的依据,增强产业发展计划的科学性。

本书不仅对贵州省以及毕节地区的全要素生产率进行具体计算和分析,还

---

① 全要素生产率(Total Factor Productivity)简写为"TFP","全要素生产率"和"TFP"这两种称法在以后会通用,我们会根据叙述的需要选择。

通过非参数方法,把贵州省区域层面和毕节地区行业层面的全要素生产率进行分解,详细刻画全要素生产率的组成结构及其变动趋势。通过分析生产效率各构成要素的影响因素,更加深入研究煤炭资源富集的欠发达地区的发展战略和产业政策。

## 第一节 全要素生产率的文献回顾和技术方法

### 一、文献回顾

Dennison（1976）将经济增长的要素分解为资本的贡献、劳动的贡献以及全要素生产率,并把经济增长分解为如图 3.1 的几个层次（杨晓光等,2002）。

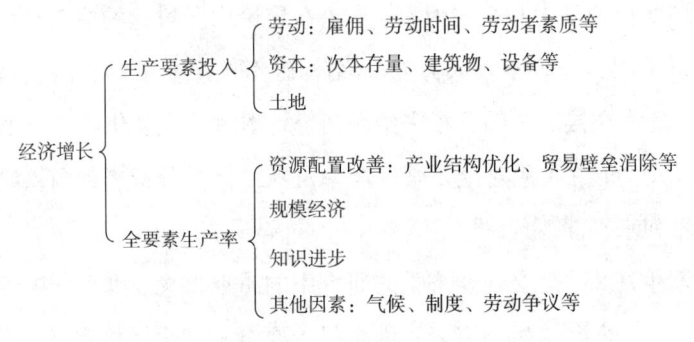

```
                    ┌ 劳动：雇佣、劳动时间、劳动者素质等
            ┌ 生产要素投入 ┤ 资本：次本存量、建筑物、设备等
            │           └ 土地
经济增长 ┤
            │           ┌ 资源配置改善：产业结构优化、贸易壁垒消除等
            │           │ 规模经济
            └ 全要素生产率 ┤ 知识进步
                        └ 其他因素：气候、制度、劳动争议等
```

图 3.1 Dennison 经济增长的要素分解

全要素生产率的度量基于经济生产理论,在新古典的生产函数中,全要素生产率的变化率定义为实际产品增长率和实际要素投入增长率的差值。全要素生产率的变化表明技术进步,这里的技术进步实际上是一种广义的技术进步,即凡是能够影响经济增长的一切非直接投入因素都被称为技术进步,至少包括六类因素:(1)生产要素质量的提高;(2)知识、人力资本的进展;(3)资源配置效率的提高;(4)制度供给和政策的有力调整;(5)规模经济性;(6)微观管理水平的提升。

全要素生产率的测度方法可以分为两类:参数估计方法和非参数估计方

法。参数估计方法主要有收入份额法、Solow 剩余计算法和随机前沿法，它们都假设研究对象在技术上是有效率的；后者主要有指数法和数据包络分析方法，它们没有设计参数函数的估计，也不需要假设研究对象在技术上是有效率的。其中，收入份额法和指数法主要用来研究 TFP 的变动；Solow 剩余方法主要用来研究 TFP 变动和规模报酬；数据包络法和随机前沿法主要用来研究 TFP 的变动、技术效率和分配效率等，其中包括对规模效应对技术进步的影响分析。

如果生产函数规模报酬不变，而且所有的边际替代率等于相应的价格比，全要素生产率的变化等同于生产可能性边界的移动（也就是生产函数本身的变化）；在没有全要素生产率变化的情况下，实际产品和实际要素投入的变化则等同于沿着生产可能性边界的移动，此时 TFP 不变。但实际生产往往偏离了区域或者行业的生产可能性边界，因此准确的全要素生产率也应该包括对这种偏离的度量，这也就提出了对全要素生产率进行分解的要求。Nishimizu 和 Page（1982）首次把技术效率引入对经济增长的分析，并把全要素生产率分解为技术进步与效率变化两个部分。他们指出在此之前的研究中，生产率的变化，不论是提高还是下降都被认为是由于技术进步引起的，而技术的利用效率则被长期忽略了，他们在这个思想的基础上对南斯拉夫 1970 年前后的经济进行了研究。此后，对 TFP 的分解研究成为对生产效率研究的重要方面。

目前对中国全要素生产率的研究在研究对象上主要集中在两个方面：一方面是运用面板数据对中国各省份的全要素生产率进行实证，从而对区域经济全要素生产率的差异做出诠释。另一方面则是对具体部门全要素生产率的研究，这类研究主要集中在工业和农业部分。

在地区层面 TFP 的研究方面。张军（2002）、董先安（2004）、王志刚（2006）等采用随机前沿模型对 1978—2003 年省际层面的面板数据进行了研究，发现地区之间的差距基本保持不变，且 90 年代后全要素生产率普遍有下降趋势。郭庆旺等（2005）采用非参数方法（DEA–Malmquist 指数法）发现中国省份之间的经济增长的差异性，并认为这种差异是全要素生产率造成的。

以我国省份宏观面板数据研究中国经济全要素生产率的文献还有李京文和钟学义(1998)、Wang 和 Yao(2003)、Chow 和 Lin(2002)、胡鞍钢和郑京海(2004)、傅晓霞和吴利学(2006)等多位学者。徐琼(2006)采用随机前沿生产函数的方法研究了浙江省各地区的产业效率及其分解。

在行业层面 TFP 的研究方面。肖霆等(2006)通过数据包络法计算了我国中部六省 1998—2003 年工业全要素生产率及其结构的分析。王国顺等(2005)采用 DEA–Malmquist 指数法对湖南制造业中的十个行业 1993—2002 年期间的全要素生产率的增长、技术效率的改善和技术进步等进行了实证研究。Huang 等(1997)用随机前沿分析方法对 967 个国有企业的调查数据进行了实证研究。Jefferson(1996)用 1980—1992 年的数据对 Huang 的研究进行了修正。孔翔等(1999)运用随机前沿方法,利用建材、化工、机械和纺织四个行业 1990—1994 年的数据进行了研究。郑京海等(2002)运用 DEA–Malmquist 指数法,利用 1980—1994 年的数据对机械、纺织、轻工业、重工业四个行业的全要生产率进行了分解研究。沈能(2006)用 DEA–Malmquist 指数方法,分解了 1985—2003 年中国制造业全要素生产率,发现 TFP 的增长主要得益于技术进步水平的提高,而技术效率变化反而产生负面影响。

专门针对煤炭地区和煤炭产业进行研究的文献不多。赵梦楠等(2007)采用参数方法对我国东、中、西部煤炭行业的全要素生产率及其差异进行了分析,发现东部地区煤炭行业的生产效率显著高于中西部地区。汤建影等(2007)应用基于 DEA–Malmquist 指数法,对 1991—2004 年中国 18 个地级以上煤炭类矿业城市的全要素生产率进行了测算和分解,并以 1998 年为时序断点分析了煤炭城市发展的两个阶段中,全要素生产率变化的具体原因。

## 二、研究技术与方法

目前的研究中采用最多的方法是参数方法中的 Solow 剩余法和随机前沿生产函数法,以及非参数方法中的数据包络分析方法,这些也是本文在下面的分析中将会用到的方法。本书首先对这三种方法作一下简单介绍。

## （一）参数方法

### 1. Solow 剩余法

假设生产函数为两要素投入的柯布—道格拉斯生产函数[①]：

$$Y_{it} = A_{it} K_{it}^{ak} L_{it}^{al} \tag{3.1}$$

其中，$Y_{it}$、$A_{it}$、$K_{it}$、$L_{it}$ 分别是第 $i$ 个地区（行业）第 $t$ 年的总产值、技术水平、固定资本、劳动；$ak$、$al$ 分别是资本的产出弹性、劳动的产出弹性。对于技术水平，我们假设：

$$A_{it} = A_{oI} e^{a_i t} \tag{3.2}$$

将（3.2）式代入（3.1）式，并对两边求对数，可得：

$$\ln Y_{it} = a_{oi} + a_i t + ak \ln K_{it} + al \ln L_{it} \tag{3.3}$$

其中，$a_{oi} = \ln A_{oI}$，代表每一个地区（行业）特有的影响技术水平的其他因素。

注意到，这里的模型没有假定规模报酬不变[②]，在求得 $ak$、$al$ 之后，正规化得到 $ak^* = ak/(ak+al)$，$al^* = al/(ak+al)$[③]。可以得到全要素生产率增长率：$TFP = g_y - ak^* g_k - al^* g_l$，其中 $g_y$、$g_k$、$g_l$ 分别为总产出、固定资本、劳动的增长率。TFP 指数的计算公式为：$TFP_t = TFP_{t-1}(1+TFP)$。

### 2. 随机前沿生产函数方法

随机前沿生产函数方法基于这样一个现实的考虑，即：现实经济中大部分生产者不能达到投入—产出关系的技术边界（Farrell，1957）。基于这一思想，Aigner 和 Chu（1968）提出了前沿生产函数模型，将生产效率分解为技术边界（technological frontier）和技术效率（technical efficiency）两个部分，前者刻画投入产出函数的边界，后者描述生产者实际技术与技术边界的差距。不过，由

---

[①] 由于研究对象是煤炭资源富集的欠发达地区，所以煤炭资源在生产中的投入对当地经济的发展显得尤为重要，所以在这里采用三要素投入的 C-D 生产函数。在相关地区的生产中，煤炭是中间消耗的最重要物质。[谢千里等（1995），李小平等（2005）等研究都采用此类生产函数]

[②] 这是现实经济基本一致的假设，很多研究都证明了宏观经济数据中规模报酬不变的特征。但是在分析产业或者行业的问题时，这一解释需要再检验。

[③] 我们这里没有要求规模报酬不变，而允许规模报酬递增和规模报酬递减现象的存在。

于实际得到的投入—产出观测不可避免地包含随机误差,而且生产者技术效率总会受到各种环境因素的影响,所以包含随机扰动的前沿模型才能更为准确地描述生产者行为。

目前随机前沿分析中较为常用的生产函数主要有 Cobb-Douglas 和超越对数形式两种。我们发现超越对数前沿生产函数不能很好刻画贵州省地区层面的面板数据[①],所以本书选择含有时间项的 Cobb-Douglas 生产函数对贵州各地区的生产进行分析,模型如下:

$$Y_{it} = A(t)K_{it}^{\alpha}L_{it}^{\beta}\exp(v_{it}-u_{it})$$

对上式对数线性化,得到:$\ln Y_{it}=A_0+\tau t+\alpha\ln K_{it}+\beta L_{it}-\mu_{it}+v_{it}$

其中,$K_{it}$表示资本投入,$L_{it}$表示劳动投入,$A(t)=\exp(A_0+\tau_t)$,表示 t 时期技术边界,$\tau$ 表示技术边界进步的速度。误差项 $\mu_{it}$ 表示生产主体由于技术非效率造成的产出损失(不可观测),并要求 $\mu_{it}$ 大于或等于零,并且独立于统计误差 $v_{it}$,假定 $v_{it} \sim iidN(0, \sigma_v)$,而 $\mu_{it}$ 则服从半正态分布,为非负随机变量,$\mu_{it}=u_i\exp[-\eta(t-T)]$,$-\eta$ 的数值表示的是技术非效率增加(减少)的速度。

随机前沿生产函数模型的重点在于考虑了因内部管理等因素所导致的技术非效率,即由于种种原因,生产主体(一个企业或者一个地区等)达不到技术边界水平下的产出,即技术使用的非效率。本书用产出期望与随机前沿期望的比值来表示生产效率($TE_{it}$):$TE_{it} = \dfrac{E[f(x)\exp(v-u)]}{E[f(x)\exp(v-u)|u=0]} = \exp(-u_{it})$;技术进步率(技术本身的变化)在 Cobb-Douglas 生产函数中用系数 $TP_{it}=\tau$ 表示。

全要素生产率的增长率的表达公式为:

$$TFP_{it}^{*} = TE_{it}^{*} + TP_{it}^{*} + (E-1)\left(\dfrac{E_K}{E}K^{*} + \dfrac{E_L}{E}L^{*}\right)$$,等式右边第三项体现的是规模概念。其中 $E_K$ 和 $E_L$ 分别是资本和劳动的产出弹性,$TE_{it}$ 是生产效率,$TP_{it}$ 是

---

[①] 一方面超越对数生产函数中的交叉项系数不显著,另一方面,资本和劳动的平均弹性均为大于一的数值,也不符合经济现实。

技术进步率。可见,采用随机前沿生产函数方法可以把全要素生产率的增长率分解为技术效率、技术进步率和规模效率三项。

**(二)非参数方法(或称数据包络分析方法、DEA-Malmquist 指数方法)**

1. 全要素生产率的 Malmquist 指数的定义

Malmquist 指数的思想是比较两个不同的生产期间的生产率的差异,具体做法是构造出衡量两期生产效率的 Malmquist 距离,通过两者的比例关系来衡量 TFP 的增长率。对 Malmquist 指数估计时一般采用数据包络分析(Data Envelopment Analysis,缩写为 DEA)技术,所以这种估算和分解生产率的方法又被称为 DEA-Malmquist 指数方法。DEA 技术是一种非参数方法,通过数学规划求解计算生产技术边界,进而计算 Malmquist 指数。非参数方法不需要设定具体的函数形式,从而能够避免因生产函数选择不当而带来的问题。更重要的是,通过 DEA 方法计算出的 Malmquist 指数通过简单的数学变换,可以把全要素生产率分解成技术效率和技术进步效率。技术效率衡量了一个企业在等量要素投入下,与生产可能性边界之间的差距,距离越大,效率越差;而技术进步效率则衡量了生产可能性边界的移动。而技术效率又可以分解成为纯技术效率和规模效率。这样我们可以考察经济指标和政策变量对全要素生产率的不同组成部分产生的影响,可以使研究结果更具有针对性。

Caves、Christensen 和 Diewert(1982)提出了生产率 Malmquist 指数的经济理论。Fare 等人(1994)在 Malmquist 指数理论和 DEA 技术的基础上,采用非参数线性规划方法测算出了距离函数,从而得到了全要素生产率及其分解的估计。下面本书将对 Malmquist 指数与全要素生产率的关系进行简单的介绍。

用以下两个指数来表示基于产出的全要素生产指数:

$$M^t = D^t(x_{t+1}, y_{t+1}) / D^t(x_t, y_t)$$

$$M^{t+1} = D^{t+1}(x_{t+1}, y_{t+1}) / D^{t+1}(x_t, y_t)$$

$x_t$、$x_{t+1}$、$y_t$、$y_{t+1}$ 分别表示 $t$、$t+1$ 时期的投入和产出向量。$D^t(x_t, y_t)$ 等为距离函数,与相对应的技术是倒数关系。$D^t(x_{t+1}, y_{t+1})$ 表示以第 $t$ 期的技术表示

的 $t+1$ 期的效率水平,是距离函数,同理可知其他三个距离的含义。$M^t$ 和 $M^{t+1}$ 分别测度了在 $t$ 期和 $t+1$ 期的技术条件下,从 $t$ 到 $t+1$ 期的全要素生产率的变化。

Fare、Grosskopf 等(1994)运用 $M^t$ 和 $M^{t+1}$ 的几何平均值来计算产出型的 Malmquist[①] 生产指数,以避免选择生产技术参照系时的随意性,Fare,Grosskopf,Norris 和 Zhang(1994)又对 Malmquist 生产指数进行了细致的分解:

$$M(y_{t+1},x_{t+1},y_t,x_t)=\left[\frac{D^t(x_{t+1},y_{t+1})}{D^t(x_t,y_t)}\times\frac{D^{t+1}(x_{t+1},y_{t+1})}{D^{t+1}(x_t,y_t)}\right]^{1/2}=$$

$$\underbrace{\frac{D_V^{t+1}(x_{t+1},y_{t+1})}{D_V^t(x_t^t,y_t^t)}}_{pech}\times\underbrace{\frac{D_C^{t+1}(x_{t+1},y_{t+1})/D_V^{t+1}(x_{t+1},y_{t+1})}{D_C^t(x_t,y_t^t)/D_V^t(x_t,y_t)}}_{sech}\times\underbrace{\left[\frac{D_C^t(x_{t+1},y_{t+1})/D_C^t(x_t,y_t)}{D_C^{t+1}(x_{t+1},y_{t+1})/D_C^{t+1}(x_t,y_t)}\right]^{1/2}}_{techch}$$

上式中距离函数的角标 V 表示是规模报酬变动的技术,角标 C 表示规模报酬不变时的技术。这样,Malmquist 指数分解为:纯技术效率变化(pech),规模效率变化(sech)以及技术进步效率(techch),其中纯技术效率的变化和规模效率变化相乘是技术效率变化。技术效率体现的是生产是否对现有技术进行了充分的利用,而技术进步效率体现的则是生产可能性边界的变化。Malmquist 指数大于 1,表明综合生产率水平(TFP)提高;小于 1 则表明生产率退步。Malmquist 指数与 1 的差就是全要素生产率的增长率。

2. 数据包络分析[②](DEA)方法对 Malmquist 的计算与分解

DEA 技术的概念最初由 Farrell(1957)提出,其基本思想是用"最小的"或"匹配最紧密"的凸面球壳包络产出数据集,所得到的数据集合的边界就代表"最佳生产技术"的技术边界。要计算出观测点 $i=1,\cdots,N$ 在 $t$ 和 $t+1$ 期

---

[①] 用产出改进来体现的生产率的提高,与之相对应的是成本型 Malmquist 指数,用来衡量成本节约的技术改进。在我们的分析中由于是分解 GDP 或者工业产值的全要素生产率,所以,采用产出型的 Malmquist。实质上,两种形式的全要素生产率指数是等价的。
[②] 我们在以后把这种非参数方法简称为 DEA 方法。

的 Malmquist 指数所表达的 TFP，就要计算出构成 Malmquist 指数的各个距离函数。DEA 方法在具体操作时采用的就是对下面六组线性规划求解得到相对应的距离函数，从而求得 Malmquist 的全要素生产率指数。

$$[D_C^t(x_t^k, y_t^k)]^{-1} = \max_{\varphi, \lambda} \varphi, \qquad [D_C^{t+1}(x_{t+1}^k, y_{t+1}^k)]^{-1} = \max_{\varphi, \lambda} \varphi,$$
$$st \quad Y_t \lambda \geq \varphi_t^k y_t^k \qquad\qquad st \quad Y_{t+1} \lambda \geq \varphi_{t+1}^k y_{t+1}^k$$
$$X_t \lambda \leq x_t^k \qquad\qquad\qquad X_{t+1} \lambda \leq x_{t+1}^k$$
$$\lambda \geq 0, \quad k = 1, 2, ..., K \qquad \lambda \geq 0, \quad k = 1, 2, ..., K$$

$$[D_V^t(x_t^k, y_t^k)]^{-1} = \max_{\varphi, \lambda} \varphi, \qquad [D_V^{t+1}(x_{t+1}^k, y_{t+1}^k)]^{-1} = \max_{\varphi, \lambda} \varphi,$$
$$st \quad Y_t \lambda \geq \varphi_t^k y_t^k \qquad\qquad st \quad Y_{t+1} \lambda \geq \varphi_{t+1}^k y_{t+1}^k$$
$$X_t \lambda \leq x_t^k \qquad\qquad\qquad X_{t+1} \lambda \leq x_{t+1}^k$$
$$N1'\lambda = 1 \qquad\qquad\qquad N1'\lambda = 1$$
$$\lambda \geq 0, \quad k = 1, 2, ..., K \qquad \lambda \geq 0, \quad k = 1, 2, ..., K$$

$$[D_C^t(x_{t+1}^k, y_{t+1}^k)]^{-1} = \max_{\varphi, \lambda} \varphi, \qquad [D_C^{t+1}(x_t^k, y_t^k)]^{-1} = \max_{\varphi, \lambda} \varphi,$$
$$st \quad Y_t \lambda \geq \varphi y_{t+1}^k \qquad\qquad st \quad Y_{t+1} \lambda \geq \varphi y_t^k$$
$$X_t \lambda \leq x_{t+1}^k \qquad\qquad\qquad X_{t+1} \lambda \leq x_t^k$$
$$\lambda \geq 0, \quad k = 1, 2, ..., K \qquad \lambda \geq 0, \quad k = 1, 2, ..., K$$

我们也可以用图形的方式进行对 DEA–Malmquist 指数方法与生产率的关系进行说明。如图 3.2 所示，点 P、Q、R、S、T 所表示的是不同时间的投入产出所对应的组合。首先利用 DEA 方法，通过上面的六组线性规划，得到所有投入产出组合的包络曲线 NIRS（Non-increasing Return to Scale），这里的包络曲线所代表的就是行业在现有技术下所能够达到的最有效率的生产。然后，计算不同投入产出组合到包络曲线的距离，以及不同年份之间包络曲线之间的距离，也就是计算出 Malmquist 指数中的各个距离。进而通过对 Malmquist 指数的计算以及分解，便可以得到全要素生产率以及各类生产效率指标。

在图 3.2 中，CRS（constant returns to scale）代表规模报酬不变的生产曲线，NIRS（non-increase returns to scale）代非递增规模报酬的生产曲线。我们可以通过该图来理解 Malmquist 指数中各种距离函数的经济含义：规模效率

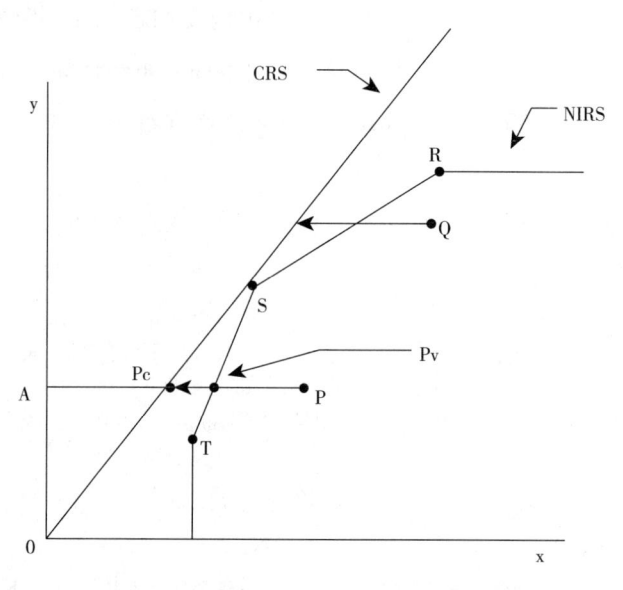

图 3.2 数据包络方法分解 TFP 示意图

变化率是 $AP_C/AP_V$，技术效率变化是 $AP_C/AP$，纯技术效率变化是 $AP_V/AP$，进而有 effch=pech×sech=$AP_C/AP_V \times AP_V/AP$。图 3.2 没有体现技术进步效率，我们可以想象在下一期如果 NIRS 发生了位移，则在投入不变的情况下，上下两期生产可能性边界（NIRS）上产出的变化率就是技术进步效率的变化率。

## 第二节 基于区域层面的生产率研究——以贵州省为例

### 一、数据的选取和整理

#### （一）产出水平

本书采用贵州省各地区国内生产总值不变价来衡量产出水平。贵州省各地区国内生产总值的数据来源是毕节地区统计局提供的 1978—2005 年的统计数据。由于我们无法全面得到贵州各个地区 1978 年以来的价格指数，所以这里采用贵州省的综合价格指数对名义 GDP 进行折算。贵州省 1978—1999 年的综合价格指数来自北京大学中国经济研究中心刘明兴整理的《1970—1999 年中国经济增长数据》，2000年之后的贵州省的价格指数来自高校财经数据库[①]中的相关统计数据。

### （二）资本存量

目前已被普遍采用的测算资本存量的方法是 Goldsimth（1951）开创的"永续盘存法"。由于中国没有过大规模的资产普查，所以本书所采用的方法是在估计一个基准年后用永续盘存法按不变价格计算毕节地区的资本存量。这一方法可以由如下公式表达：

$$K_t = I_t / P_t + (1-\delta_t) K_{t-1}$$

其中 $t$ 指第 $t$ 年，$I$ 表示当年的投资，$\delta$ 表示经济折旧率，要计算第 $t$ 年的资本存量 $K$，还需要给出一个初始的基年的资本存量。

在对基期（1978年）资本存量[②]的计算中，采用张军（2004）[③]估算的数值，认为贵州在1978年的资本存量为104亿。贵州省在1978年的固定资产投资额与张军所估算的资本存量的比值是6.32%，依照 Chow（1993）、张军（2004）、王志刚（2006）等提供的方法，认为贵州的资产折旧率为6.32%。利用这个折旧率和1978年贵州各地区的固定资产投资额，可以估算出1978年贵州各地区的资本存量。

对于当年的投资 $I$，采用当年的毕节地区的全社会固定资产投资额来衡量。全社会固定资产投资额与联合国国民经济核算体系（SNA）的统计体系并不相容，是中国投资统计特有的指标，固定资本形成总额作为投资 $I$ 的衡量指标更为合理[④]（张军等，2004）。但是贵州省各个地区统计年鉴直到近几年才有固

---

[①] 数据库网址：http://www.infobank.com。
[②] 扬格（Young，2000）甚至认为如果我们重点关注的是1978年以后的各省资本存量，而基年是1952年，那么26年的时间跨度使得初始年份的资本存量的数据都显得不太重要了，任何一种假设的方法都是可取的。
[③] 张军的估算方法中分省估算的加总额和采用永续盘存法估算的全国额基本一致，故采用他的估算。
[④] 固定资产投资额与固定资本形成总额的区别如下：一是固定资产投资额中不包括5万元以下的，固定资本形成总额则包括相应统计的投资。二是固定资本形成总额中包括部分无形固定资产的净增加额，即用于矿藏勘探的支出、计算机软件等，固定资产投资额不包括相应部分。三是固定资本形成总额中扣除了由于出售、易货交易和实物资本转移而转出的旧固定资产价值，而固定资产投资额不扣除相应的价值。

定资本形成总额的统计（例如，毕节统计年鉴从 2002 年开始才有该数据），所以，在这里仍采用固定资产投资总额的数据。

为了得到实际资本存量，我们需要考虑投资的平减指数（RPI）。与平减 GDP 的价格指数一样，我们无法得到贵州各个地区的价格数据，所以仍然采用贵州省层面的价格数据，这同时也保持了数据整理中的一致性。贵州省 1978—1999 年的投资的平减指数可以由自北京大学中国经济中心刘明兴整理的《1970—1999 年中国经济增长数据》得到，2000 年之后的投资平减指数采用固定资产投资和存活投资指数的加权平均进行衡量。

（三）劳动投入

严格地说，区域生产的劳动投入应该是当年有效劳动的投入量，但是基于数据的可获得性，多数学者仍采用从业人员的数量来衡量劳动投入水平，这里也同样采用当年的地区的从业人员数。

## 二、数据描述

在进行全要素生产率的估计之前，我们首先考察一下单位劳动产出和单位资本产出的变化趋势。

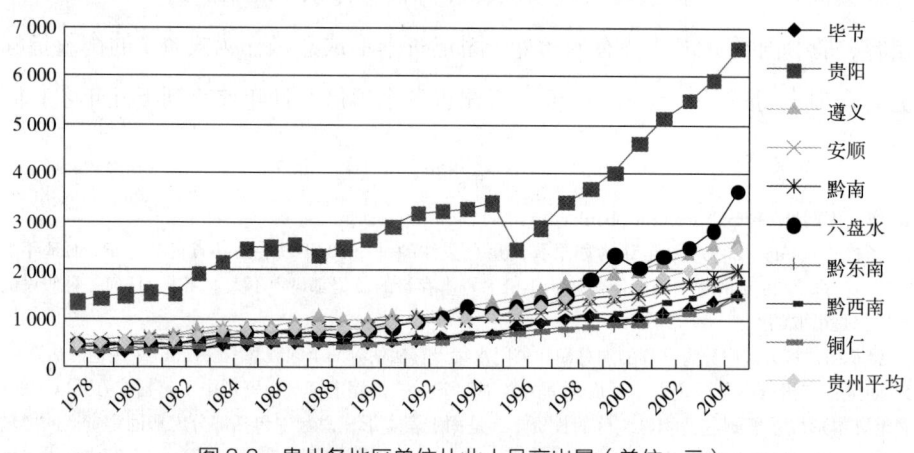

图 3.3　贵州各地区单位从业人员产出量（单位：元）

从贵州各个地区的单位从业人员产出来看，毕节地区的单位劳动产出处于贵州地区的末流。从经济总量上来看毕节地区的产出近年来稳定于贵州省的第三位（仅次于贵阳和遵义），但是由于毕节地区人口超载问题突出，人口基数过大，从业人员数也长期处于全省的前列。所以从劳动力的单位产出来看，毕节地区的生产率长期在低水平上徘徊。

人口过剩导致毕节地区人地矛盾更加突出和严峻，故而对相关地区的资源开发提出了更高的要求。煤炭资源的开发必然带来对生态环境的破坏，影响人们的生存空间，而对于像毕节地区这样人地矛盾尤为突出的资源开发地区来讲，其负面的影响更加广泛和深刻，因此寻求一种能够统筹资源开发和经济可持续发展的科学发展道路更加重要和紧迫。

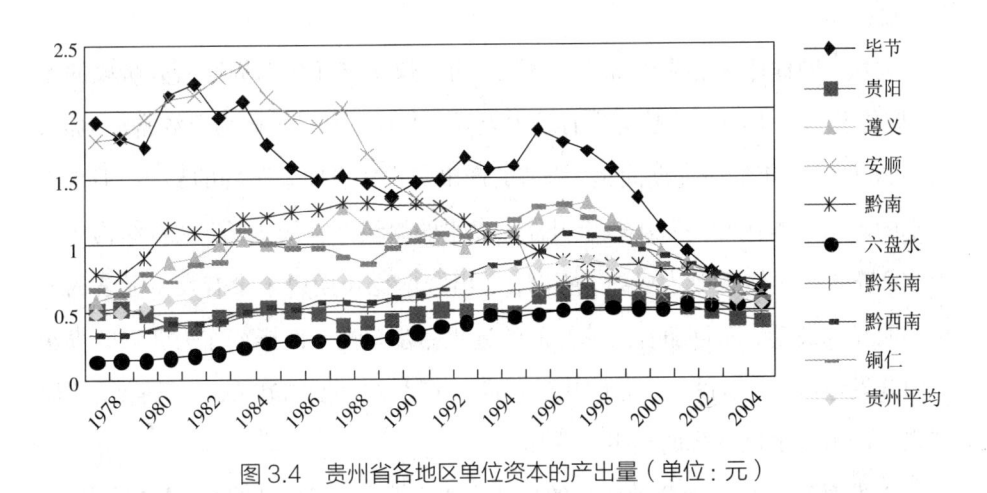

图 3.4　贵州省各地区单位资本的产出量（单位：元）

单位资本产出的增加（降低）是由两个主要的动力所牵引：一是资本投入相对与产出增长的减少（增加），二是资本效率的提高（降低）。从图 3.5 我们可以看到单位资本产出与单位劳动产值不同的变化趋势。

首先，从整体上来看，贵州各个地区的资本产出效率存在着收敛的趋势。这说明随着市场经济体制的建立、发展和完善，资本流动壁垒的打破，各地资本在市场规律的作用下，区域流动趋于自由，这有利于资本效率的提高。

其次，从各地区的变动趋势上来看，各地单位资本产出的变化趋势差异显著。资本单位产出水平的变动大致可以以 1996 年为界划分为两个主要的阶段，在这个阶段之前大部分地区的资本产出效率并没有明显的收敛趋势，而在这个阶段之后，毕节、遵义、铜仁、黔西南、安顺等地区的产出资本比出现了明显的下降。这从另外一个角度反映了贵州省的经济发展情势在1996年之后发生了比较大的变化，这一点在上一章的分析中也多次涉及。另外，以毕节地区为例，我们发现新兴的煤炭资源开发地区的资本投入和生产效率受资源开发战略的影响比较显著。不过尽管在1996年之后出现了单位资本产出的下降，我们也不能认为是资本生产效率的下降，这也可能是该地区的产业结构从劳动密集型向资本密集型转变的结果，不过可以肯定的是，随着资源开发战略的实施，毕节地区的资本投入量在最近十年来有了很大的增长，其上升幅度高于GDP上升幅度。

再次，同样作为煤炭资源富集地区，由于煤炭产业生命周期所处阶段的差别，单位资本产出的变动趋势也有较大差异。毕节和六盘水同为资源富集地区，在1978—2005年的研究期间里，毕节的产出资本比有明显下降的趋势，但是六盘水的产出资本比却一直小幅上升。六盘水的煤炭开发历史长，产业结构比较稳定，资源产业体系较为成熟，所以，产出资本比长期以来没有发生显著的变化和明显的波动，而且随着改革开放的进程稳步提高。而毕节作为新兴的煤炭资源开发地区，资本投入有着明显的提高，并超过当地GDP的增长速度，所以带来了产出资本比下降的结果。

以上对资本和劳动两种要素的生产率水平及其变动趋势做了具体的描述，分析了贵州省各地区的生产率变化规律。不过，这种分析在经济学中只是对偏要素生产率的刻画，而对经济增长质量和生产效率的综合衡量还需要我们对全要素生产率进行深入的研究。

## 三、区域全要素生产率的分解

### （一）全要素生产率的计算和差异分析

本章第一节给出了三种分析全要素生产率的方法，而只有参数分析中的Solow剩余分析法可以通过对回归方程式残差的估计得到对全要素生产率的衡量。所以，首先采用 Solow 剩余法估算出贵州省各个地区全要素生产率的绝对数[①]，如图 3.5 所示。

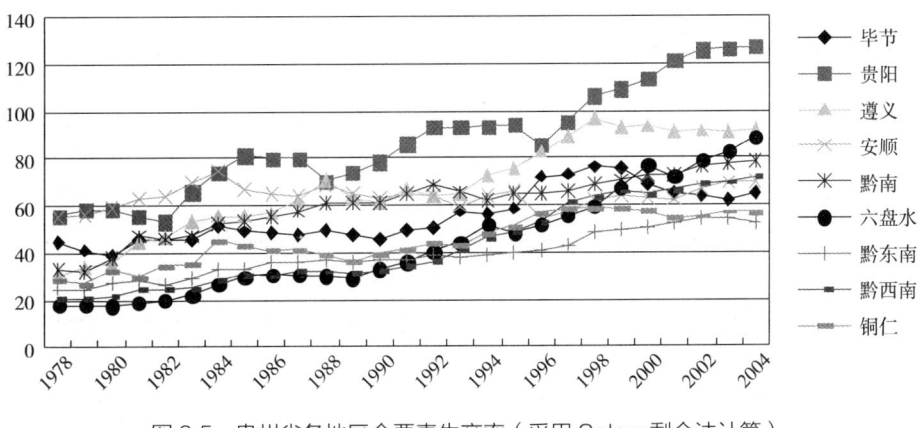

图 3.5　贵州省各地区全要素生产率（采用 Solow 剩余法计算）

我们不难看到，与前面分析的偏要素生产率中所存在的较大差异不同，各个地区的全要素生产率数值相对较为稳定，这是由于经济结构的变化导致各类生产要素在不同部门中的流动，平抑了单独一种要素生产率的波动。譬如毕节地区的单位劳动产出上升而单位资本产出下降说明了产业结构从劳动密集型朝资本密集型的转变，劳动密集型产业的要素边际收益上升而资本密集型产业的要素边际收益下降，最终由于劳动和资本两种要素共同体现出来的综合生产效率是相对稳定的，而且呈上升趋势。进一步考察毕节地区的全要素生产率的变动趋势，我们发现毕节地区的全要素生产率经历了 20 世纪 90 年代的上升和本世纪头四年的明显下降的趋势变动，其中原因需要通过对 TFP 增长率的分解来深入探讨。

在下面将通过 DEA 方法来计算贵州各地区全要素生产率以及全要素生产率的各类分解指标。首先考察了这种方法计算出来的全要素生产率与现有研究

---

① 实证检验证明我们的数据满足资本弹性和劳动弹性之和显著为 1 的理论假设，这意味着规模报酬不变。我们在这里采用的是把资本弹性和劳动弹性标准化的做法而没有采用弹性之和为 1 的回归约束，其结果是一致的。详见本书第 69 页对模型设定的说明。

成果之间的差异大小。通过比较张军（2002）所计算的全国水平的TFP，我们发现通过DEA方法计算的贵州省TFP相对于全国水平来说波动更大一些，不过变化趋势基本一致：全要素生产率增长和技术进步率较低，而且普遍存在效率恶化现象（郭庆旺等，2005）。

（1）1978—1998年中国TFP增长率（张军，2002）

（2）1979—1998年贵州省平均TFP增长率（DEA方法）

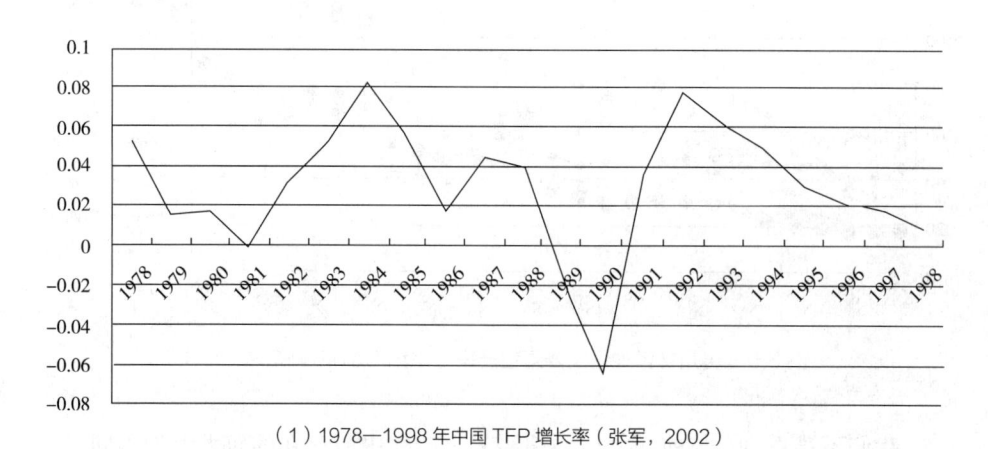

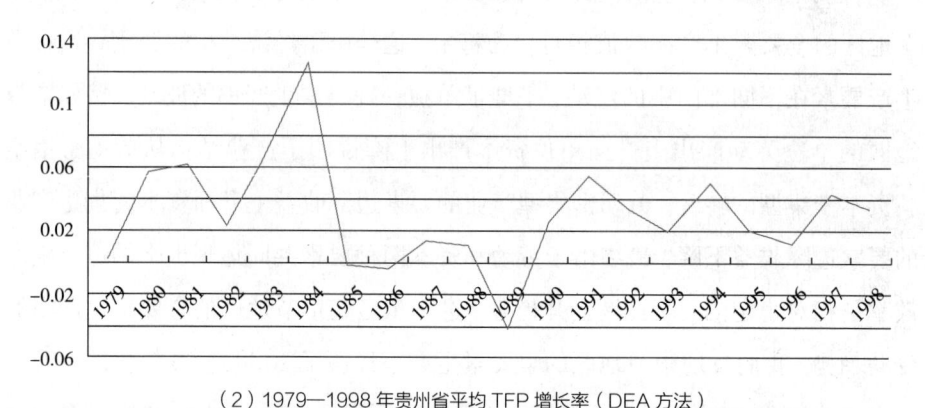

图3.6　DEA方法计算的贵州省平均TFP增长率与全国TFP增长率的比较

为了说明非参数DEA方法计算出来的贵州省不同地区全要素生产率的稳健性，把它与Solow剩余方法计算出的全要素生产率的增长率进行了比较（图3.7）。两种估算方法的理论基础不同，但TFP增长率的变动趋势相当一致，在一定程度上说明了本书得到结果的稳健性。

值得注意的是，两种方法计算出来的全要素生产率尽管比较一致，但也存

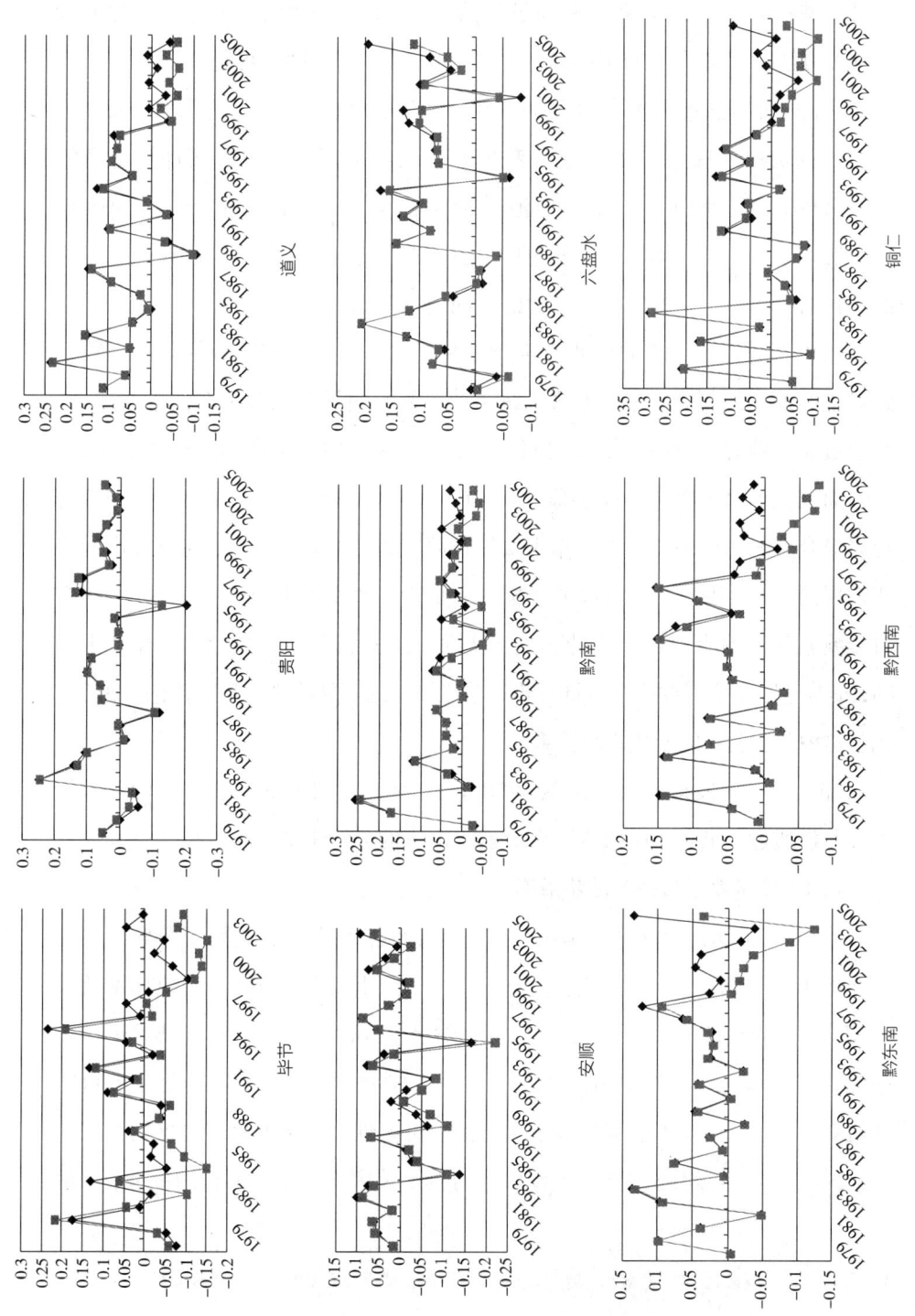

第三章 煤炭开发与经济效率——基于经济增长供给因素的研究

图 3.7 Solow 剩余法与 DEA 方法计算的 TFP 增长率比较

在着一些差异。在 2000 年之前通过参数方法（Solow 剩余法）和非参数方法（DEA 方法）计算出来的贵州省各个地区的 TFP 增长率高度近似，而在 2000 年之后，两种方法计算出来的全要素生产率在不少地区出现了差异[①]，而且这种差异都是由非参数方法计算出来的 TFP 向下偏离于参数方法计算出来的 TFP 造成的。另外，单独考察毕节地区的情况，发现毕节地区在 1983—1988 年这段期间两种方法计算的全要素生产率也存在着比较大的偏差。解释这个现象需要我们从两种全要素生产率指标的不同理论基础入手：

采用参数方法计算的全要素生产率是通过各年度共同适用的生产函数得到对生产效率的刻画，这样无法考虑生产可能性边界对地区生产的重要影响。而通过非参数方法计算出的全要素生产，由于不受固定生产函数形式的限制，一方面避免了由于生产函数本身带来的误差，另一方面能够刻画地区生产可能边界对全要素生产率的影响。作为煤炭资源富集的欠发达地区，在资源产业快速发展的时候，用于开发资源的资本的大量投入改变了生产可能性边界，将会对全要素生产率有着比较大的影响。从图 3.5 也发现，在 20 世纪 80 年代中后期，毕节地区单位资本的产出量有着一个比较大的下降趋势，全要素生产率的变化与这种开发模式的变化不无关系。

那么资源开发模式对经济效率影响的具体产生机制又是怎样的呢？这就需要我们通过 Malmquist 指数对全要素生产率的分解来进一步分析。

（二）技术效率与技术进步效率

本书采用 DEA 方法把 1979—2005 年贵州各地区 TFP 进行了分解［各类效率的名称分别是技术进步效率（techdot）、技术效率（effdot）、纯技术效率（pedot）和规模效率（sedot），详见论文附录］。从图 3.8 可以看到技术进步效率与技术效率之间存在显著的负相关关系。技术进步效率反映的是生产可能性边界的变化，而技术效率则表示给定生产可能性边界下的生产技术的利用效率。因此，我们可以通过技术进步效率与技术效率之间相互消长的关系，来解

---

[①] 譬如、毕节、遵义、黔南、六盘水、黔东南、黔西南、铜仁都不同程度的出现了这种差异。

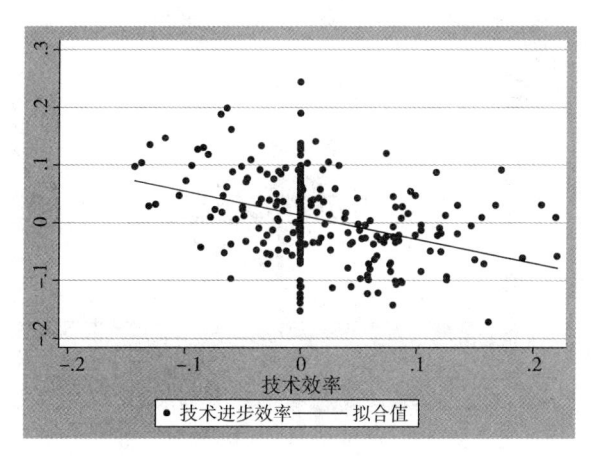

图 3.8 技术进步效率与技术效率（effdot）

释目前我国煤炭资源开发地区的经济中更深层的结构问题。

同时注意到技术效率本身是由规模效率和存技术效率两个部门构成的，图 3.9 进一步给出了贵州各地区技术进步与技术效率及其构成因素（规模效率、纯技术效率）的关系。

从图 3.9 可见，技术进步效率与技术效率之间的负相关关系主要是由规模效率所造成的：生产可能性边界扩张，但是该边界的边际递减程度（生产函数的弯曲程度）变大，导致了规模效率的下降，意味着与之前的生产技术相比，同样生产一单位的产出需要投入更多的要素。这就进一步解释了贵州各地区在开发煤炭过程中所存在的问题，即：生产规模扩大了，但技术利用效率却降低了；生产规模下降了，生产中的技术利用效率却提高了。

图 3.10 给出了 1979—2005 年毕节地区技术进步效率、技术效率、纯技术效率以及规模效率的时序图。1996 年之后各类效率的变化趋势与前面分析的情况是一致的，全要素生产率在整体上呈现退化的趋势（该结论与现有相关文献的结论一致），而且退化的原因主要在于技术进步效率的恶化。而在此之前，毕节地区的生产效率也是随着宏观经济政策和经济周期的波动而波动着，在 20 世纪 80 年代末到 90 年代初的宏观经济低谷中，毕节地区的技术进步效率

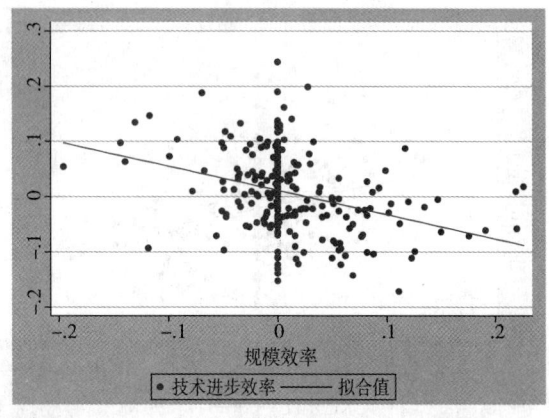

技术进步效率与规模效率

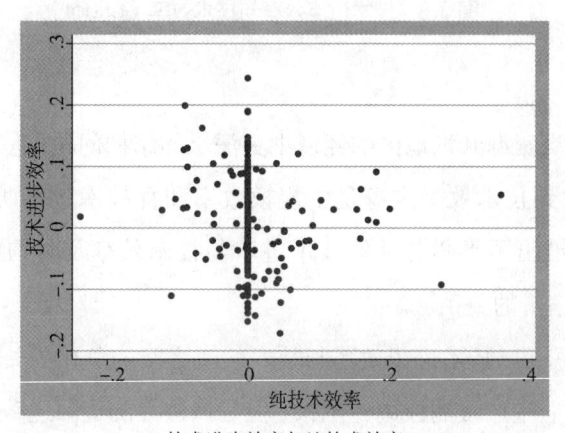

技术进步效率与纯技术效率

图 3.9　技术进步与规模效率和纯技术效率

是相应下降的,而技术效率在这个时期是提高的,说明在经济转型的过程中,尽管生产可能性边界受到了影响,但是粗放型增长有向内涵型增长转变的趋势。而在 1992 年到 1996 年,技术进步效率取得了较大的增长,这也是与当时的经济发展和资源开发的阶段相一致的。

### 四、煤炭开发、生产效率与经济增长

#### (一)煤炭开发与生产效率

上一章讨论了煤炭价格和政策因素对资源开发地区经济发展整体效果的

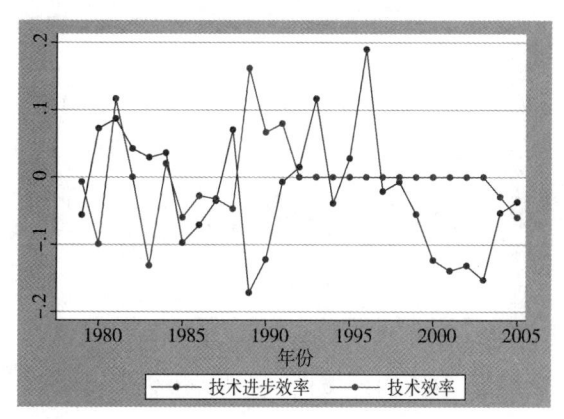

第三章　煤炭开发与经济效率——基于经济增长供给因素的研究　85

（1）技术进步效率与技术效率

（2）技术进步效率与规模效率、纯技术效率

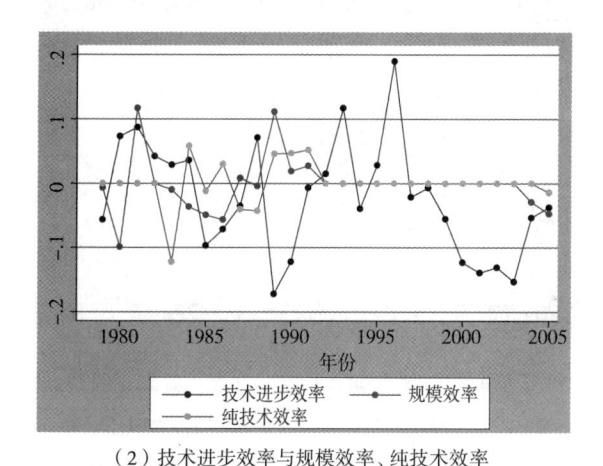

图 3.10　1979—2005 年毕节地区技术进步效率、技术效率、纯技术效率以及规模效率

影响，这里将进一步解释的是煤炭开发的产量、价格以及宏观政策因素是如何对不同类型的生产效率产生作用的。

图 3.11 给出了毕节和六盘水地区的煤炭产量变化率与技术进步效率的关系。煤矿的建设周期至少要 2—3 年，煤炭行业的固定资产投资形成新增产能也需要 2—3 年的时间[1]，在这里假设建设周期为 2 年，因此图 3.11 给出的是滞

---

[1] 银河证券 2009 年煤炭行业分析报告，2008 年 11 月 12 日。

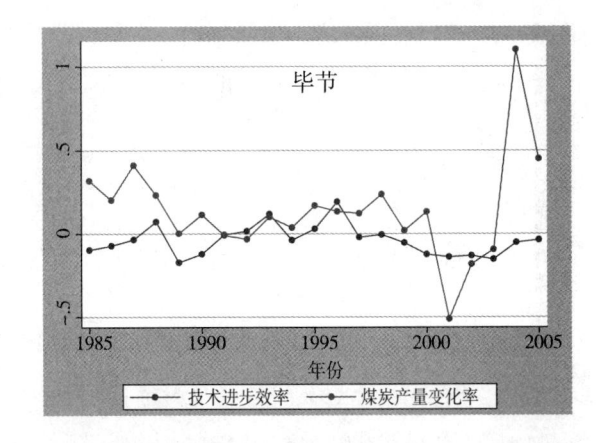

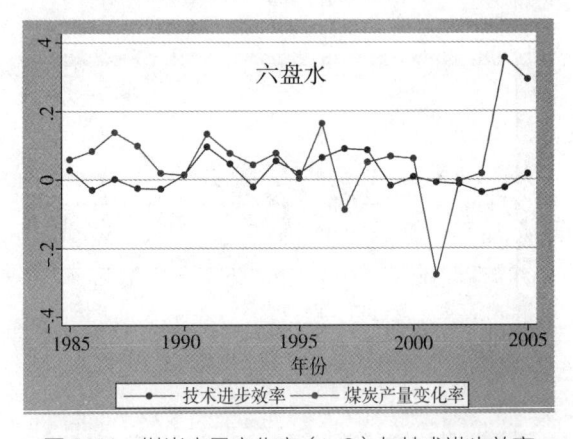

图 3.11　煤炭产量变化率（t-2）与技术进步效率

后两期的煤炭产量时序图。图 3.12 给出了煤炭价格变化率与毕节的技术进步效率的关系。

图 3.13 给出了毕节地区技术进步效率的变化率在 1996 年之后的时序图，技术进步效率变化率在这段时期下行趋势很明显，而在 2003 年之后变化趋势向上反弹。

初步考察以上三图有如下初步认识：（1）1996 年之前的煤炭产量变化率与技术进步效率的波动趋势相对一致，而 1996 年之后技术进步效率下降而煤炭产量波动剧烈；（2）除 2000—2002 年外，煤炭价格变化率与技术进步效率

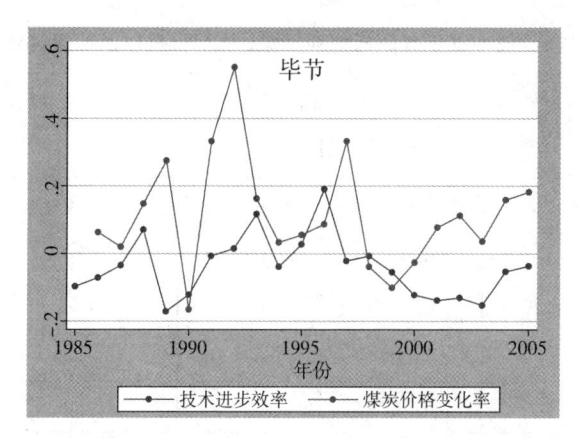

第三章 煤炭开发与经济效率——基于经济增长供给因素的研究 | 87

图 3.12 煤炭价格变化率与技术进步效率

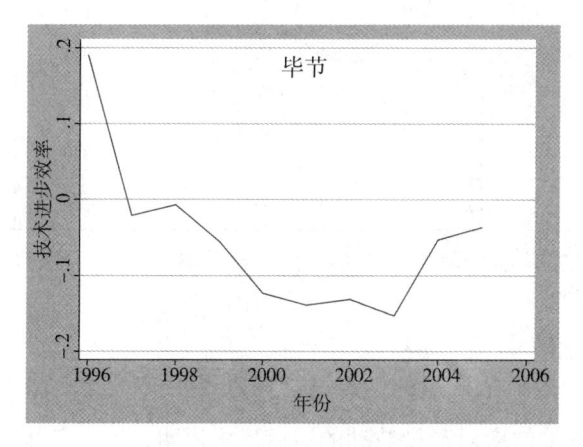

图 3.13 1996—2005 年技术进步效率

的波动趋势一直比较一致;(3)图 3.13 很容易让我们想到 1998 年到 2000 年之间煤炭行业的"限产压库"以及对煤炭企业尤其是小煤窑的"关停并转"政策影响。这个时期煤炭产业快速萎缩,导致技术进步效率出现退步,这可能是造成毕节地区技术进步效率乃至全要素生产率在 1998 年之后下降的最直接的政策因素。

表 3.1 给出了贵州省技术进步效率与煤炭产量、煤炭价格以及政策冲击之间的关系。

表 3.1 技术进步效率与煤炭产量、煤炭价格以及政策冲击的关系

| 技术进步效率 | 1996 年前 | | 1996 年后 | |
|---|---|---|---|---|
| | FE | GLS | FE | GLS |
| 煤炭产量变化率（t-2） | 0.063 1** | 0.054 9** | 0.022 6 | 0.018 2 |
| | （0.027 1） | （0.025 4） | （0.017 6） | （0.020 4） |
| 煤炭价格变化率 | 0.043 2 | 0.043 2 | 0.101 9** | 0.104 1** |
| | （0.033 4） | （0.033 2） | （0.05） | （0.059 5） |
| P-value | 0.033 2 | 0.029 8 | 0.036 8 | 0.076 8 |
| D（techdot） | | | | |
| Dummya | | | −0.042 5*** | −0.045*** |
| | | | （0.013 3） | （0.011 6） |
| Dummyb | | | 0.021 8* | 0.022 3** |
| | | | （0.011 9） | （0.010 4） |
| P-value | | | 0.003 5 | 0.000 0 |

注：（1）括号中的数字表示标准差；（2）*、**、*** 分别代表参数在 10%、5%、1% 水平上显著；（3）D 表示前后两期的差分值。

技术进步效率所衡量的生产可能性边界是由固定投入和可变投入共同决定的。技术进步效率对产量波动的滞后反应说明，其生产可能性边界的调整主要依靠固定投资等固定投入的改变来实现，而技术进步效率对价格波动的即期适应说明其生产可能性边界的调整是依靠可变成本的改变来实现的。

在讨论政策冲击的时候采用的是技术进步效率前后两期的差值作为被解释变量。从图 3.13 中我们看到，即便到了西部大开发的第二年，技术进步效率仍然有着下行趋势，这一方面体现了煤矿建设滞后两年的特征，另一方面，西部开发即使没有提高当期的生产可能性边界但抑制了限产政策对生产可能性边界的负面影响，所以直接采用技术进步效率作为被解释变量无法刻画这两种现象，而技术进步效率前后两期的差分则可以体现西部开发政策对技术进步效率下行趋势的减缓的积极作用。

这里的结论与汤建影等（2007）的研究结果是一致的。汤建影等基于 DEA 方法对 1991—2004 年中国 18 个地级以上煤炭类矿业城市的全要素生产率进行了测算，并以 1998 年为时序断点，区分了我国煤炭城市发展的两个不同阶段。他们发现：1991—1997 年间，技术效率的改善导致了大部分煤炭城市全要素生产率有所增长；而 1998—2004 年间，技术进步效率的退化导致大部分煤炭城市的全要素生产率下降。汤建影等也得出结论：1997—1998 年间煤炭行业的"限产压库"政策，制约了煤炭城市的发展。

不过，通过对 TFP 增长率的分解，得出比汤建影的研究更进一步的结论：首先，技术效率和技术进步效率之间显著的消长关系，说明资源开发地区扩大生产提高生产可能性边界后，由于经济对技术的消化吸收滞后，将会导致粗放开发的趋势。其次，在煤炭价格市场化之前，煤炭开发地区的生产可能性边界受到煤炭产量的滞后影响，而在煤炭价格市场化之后，煤炭开发地区的生产可能性边界更多受到市场价格的正相关影响，而煤炭产量本身的影响减弱。再次，1998 年煤炭行业的限产压库的宏观政策导致了区域生产可能边界的退化，这种退化趋势一直延续到 2002 年（随着西部大开发的进展而恢复），不过这段时期的宏观政策提高了资源开发的集约化水平。最后，西部大开发之后，随着对毕节地区煤炭资源的大规模的开发，生产可能性边界的下降趋势得到抑制并且从 2003 年开始回升，从整体上推进了全要素生产率的提高。但是，由于生产可能边界的迅速扩张，生产规模也随之扩张，引起了生产规模利用效率的下降，进而导致技术效率开始出现了下降的趋势。出现技术效率下降的原因在于技术变化主要是由外生的政策冲击引起的，而不是自身技术的积累，这样的外生技术的改变不容易被消化、吸收，从而影响了全要素生产率。

## （二）生产效率与经济增长

从 Solow 剩余方法计算 TFP 的过程不难发现，全要素生产率的提高与经济增长有着正相关的关系。事实上，不同类型的生产效率对经济增长的影响程度是不一样的。通过 DEA 方法对全要素生产率的分解得到贵州各地区 GDP 增长率与各类型生产效率之间的关系，如图 3.14 所示：

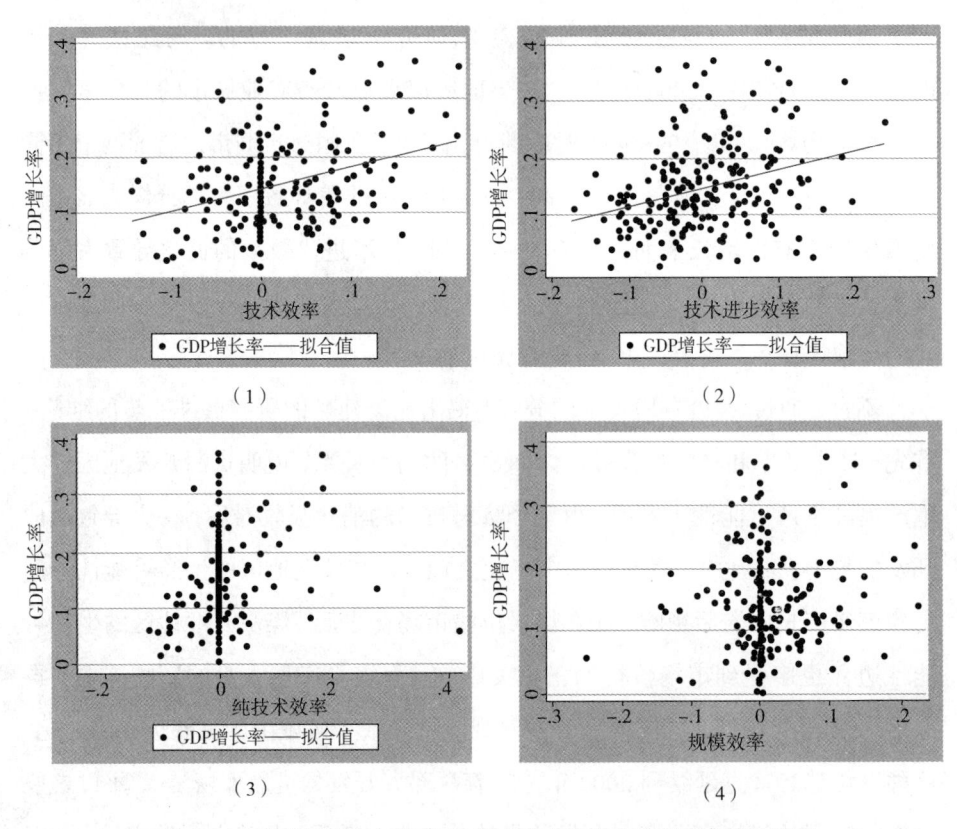

图 3.14 贵州各地区真实 GDP 增长率与各种生产效率之间的关系

注：（1）GDP 增长率与技术效率　　（2）GDP 增长率与技术进步效率
　　（3）GDP 增长率与纯技术效率　（4）GDP 增长率与规模效率

从上图可见，技术效率以及技术进步效率共同与经济增长率有着正相关的关系。具体来看技术效率的两个构成要素——纯技术效率和规模效率，我们又可以发现只有纯技术效率和经济增长有着显著的正相关关系，而规模效率并没有显著的正相关关系。这也让我们进一步加深了欠发达地区经济增长的源泉更多的在于技术进步效率和纯技术效率上面，而规模经济对全要素生产率并没有显著的影响。这也进一步证明了，煤炭资源富集的欠发达地区的经济发展，更重要的是要依靠技术进步和对技术的消化吸收，提高技术效率，而单纯的扩大规模、上大项目的粗放型发展模式并不能显著提高经济增长。

## 第三节　基于行业层面的生产率研究和结构效应——以毕节地区为例

### 一、结构效应的文献回顾

古典经济学中一直假定经济处于一般均衡的状态之中，无论是从生产还是需求的角度来看，资源都处于长期的有效配置状态，这就意味着经济中所有部门的要素收益率都将等于要素的边际生产率。随着对传统增长模型假设的修正，我们对经济增长原因分析的视野就大大拓展了，不仅要考虑要素供给，而且要考虑市场的需求结构。在非均衡的经济中，是供给和需求两个方面共同在起着作用，或者是供给滞后，或者是需求滞后（厉以宁，1990）。由于部门之间的生产率增长速度和需求的扩张不同，产业部门之间的劳动和资本的边际收益是存在差别的，这样，只要产业结构的变化能够适应需求的变化并更有效率地对技术加以利用，譬如，劳动和资本从生产率较低的部门转移到生产率较高的部门，就会形成非要素供给扩张型的增长动力，从而推动生产的发展和经济的增长。

因此，现代经济的增长过程不仅是生产率增长的过程，也是经济结构不断调整的过程。结构因素与生产率增长之间的关系可以用"结构红利假说"加以说明。总生产率增长率超过各部门生产率增长率加权和的余额就是结构变化对生产率增长的贡献，称作"结构红利"。

这一假说的基本思想来源于结构主义理论对经济增长因素的解释，较早反映在 Clark 和 Kuznets 等人（1979）关于经济发展与产业结构关系的研究成果中。Kuznets（1979）认为只有各种要素在不同经济部门之间的充分转移，获得人均产出的高增长率才有可能。事实上，在 Lewis（1954）的二元经济理论中就已经蕴含了经济增长中的结构效应的理念。近十多年来的不少研究也在经济增长的理论模型中重新强调了结构变化对生产率增长的重要性［Grossman 和 Helpman（1991）、Lucas（1993）以及 Nelson 和 Pack（1999）］。研究结构因素变动对生产增长的影响的方法是 Shift-share 方法，这种方法的实质是通过整体经济的全要素生产率和部门经济加权平均的全要素生产率的差值来判断经济中是否存在"结构红利"。

经济结构对经济增长的影响被广泛用来解释工业行业的发展。一般认为，重工业比轻工业具有更高的人均资本和更高的生产率，这样煤炭资源富集的欠发达地区的发展战略往往存在这样的一种假定，即，劳动和资本从轻工业向重工业的转移将导致总生产率的增加。

研究中国的结构变动对生产率增长的文献集中在农业和非农业以及三次产业结构变化对生产率增长的影响上（郭克莎，1993；胡永泰，1998；蔡昉和王德文，1999）。在对中国制造业的结构变动与生产率增长的关系的研究方面，郑玉歆（1992）对1980—1990年的全要素生产率和结构变动的关系进行了研究，肯定了结构变动对全要素生产率的贡献。吕铁（2002）对1980—1997年的制造业结构变动对劳动生产率增长的影响进行了研究，没有发现结构变动对劳动生产率的显著影响。王德文等（2004）以辽宁省560家工业企业1999—2001年的调查数据为基础，发现结构变动促进了整个工业的生产率增长。

本书是以贵州省为例研究煤炭资源富集的欠发达地区的经济发展问题，对于资源富集的欠发达地区，我们很难说其经济已经处于均衡增长路径、市场结构处于完善状态，因此，对其经济增长中的结构效应更应该进行具体分析。

仍以毕节地区为例来考察毕节地区1993—2005年工业各行业全要素生产率的变动情况，并通过与上一节所考察的地区层面的全要素生产率的比较，来探讨此类地区工业结构与全要素生产率的关系。由于毕节统计年鉴中历年各行业的统计并不完全一致，为了保持数据的平衡和一致性，不得不放弃一些行业的数据，所以无法通过严格的Shift-share方法来计算毕节地区的结构效应。首先计算各个行业的全要素生产率的变化率，并与上一节的地区层面的全要素生产率进行比较，以期得到一些有意义的结论。

## 二、数据的选取和整理[①]

### （一）行业产出水平与价格指数

各行业产出采用各行业工业增加值的不变价来衡量，本书采用各行业的工业品出厂价格指数对当年价的工业增加值进行折算得到这个数值。由于统计口径的变化[②]，本书分段进行研究。在 1990—1997 年的数据中，因为现价和不变价的数据比较完整，直接采用当年价除以 1990 年不变价的值作为相应行业的产品出厂的价格指数，不变价工业增加值通过这个价格指数直接折算，而不变价的固定资产净值折算时所采用的价格指数则通过这个价格指数与固定资产投资的价格指数进行加权平均之后得到。在 1998—2006 年的数据中，以 1998 年为基期，通过各类产品出厂价格的价格指数对各年的现价 GDP 进行了折算。其中农副食品加工业、印刷业 1998—2002 年价格指数数据缺失，我们采取如下的估算方法：农副食品加工业采用食品类的价格指数，印刷业采用造纸及纸品业与文教用品制造业的价格指数的平均数来估算。

### （二）资本存量

前面对地区全要素生产率进行分析的时候，采用"永续盘存法"将资本存量表示成为当期固定资产投资、基期固定资产存量以及折旧的函数来衡量资本水平。但是在行业数据中，只有固定资产净值而没有分行业的固定资产投资额。对此，采用行业固定资产净值的增加值来估算行业的历年固定资产投资额：用相邻两年固定资产净值的差来表示固定资产投资额（朱钟棣、李小平，2005），其中 1994 年没有固定资产净值的数据，采用固定资产年平均余额来代替该年度的固定资产净值。

另外，由于统计年鉴上得到的固定资产净值只是账面价值，所以要对固定

---

① 而以上数据除非做了特殊说明，均来自 1993—2006 年的《毕节统计年鉴》。
② 我国统计部门在 1997 年（含）之前对工业部门的统计是基于乡及乡以上工业企业经济数据的统计，而在 1998 年（含）之后对工业部门经济数据的统计是基于规模以上企业进行的。由于统计口径的差别，在本节的研究中我们将对毕节地区工业部门的全要素生产率进行分段研究。加之数据的全面程度不同，所计算的两阶段全要素生产并不完全具有可比性，我们更多地是对不同行业的生产率的相对位置的变动进行分析。

资产投资的价格指数进行估算。基于数据的可得性，采用贵州省的固定资产投资的价格指数，数据来源同上一节。为了体现固定资产投资价格指数在不同部门之间的差别，采用贵州省按行业分工业品的出厂价格，这里的数据来源于对高校财经数据库的整理。把以上两种价格指数的算术平均数值作为毕节地区各个工业行业固定资产投资的价格指数。

这样毕节地区各行业年末固定资产净值的折算公式为①：

$$k_t = k_{t0} + \sum_{t0+1}^{t} \Delta k_t / p_{it}$$

其中，$k_{t0}$是研究期间基期的年末固定资产净值；$\Delta k_t$为$t$年固定资产净值增加值，用相邻两年固定资产净值的差来表示。固定投资价格指数为 $P_{it} = \frac{1}{2}(P_{jt} + P_{st})$（$P_{jt}$表示贵州省固定资产投资价格指数，$P_{st}$表示行业工业品的价格指数）。

### （三）劳动投入

严格地讲，一个产业劳动投入应该用该行业的有效劳动衡量。由于有效劳动数据的缺失，考虑到数据的可获得性和准确性，采用大多数文献中的方法，以各行业职工年平均人数表示劳动投入。这种采用各行业职工年平均人数表示劳动投入的方法所计算出来的生产率也隐含了相关行业的劳动的利用效率。

1995年与2001年的职工人数没有具体分行业的职工人数数据，只有按照采掘业、制造业以及电力煤气及水的生产供应三大类划分的从业人员数。本书对此的处理是，首先计算前一年与后一年里这三大类行业中各行业的职工数占各自所在大类行业就业人数的比重，进而求得这两个比重的算术平均，然后用1995年和2001年的各大类行业从业人数总数乘以这个平均比重，从而估算出这两年各行业从业人员数。

2004年没有累计折旧的数据，本书的处理方法是用固定资产原值减去固定净值年平均余额来估算固定资产的累计折旧。

---

① 由于行业的固定资产净值已经提出折旧，所以在构造永续盘存法的估算公式时，不需考虑折旧因素。

## （四）行业

基于数据的完整性和可得性，在选择的过程中，我们考虑尽可能多的行业并进行了必要的取舍，对于那些有的年份进入年鉴而有的年份没有统计的行业，给予舍弃。最终从1993—1997年的《毕节统计年鉴》中选取了32个行业，从1998—2005年的《毕节统计年鉴》中选取了18个行业进行研究。表3.2是毕节地区工业行业数据主要变量和统计量。

表3.2　毕节地区行业数据主要变量和统计量　　（单位：万元）

| 1993—1997年 | 观测值 | 均值 | 标准差 | 最小量 | 最大值 |
| --- | --- | --- | --- | --- | --- |
| 工业增加值（不变价） | 160 | 2 480.03 | 10 062.87 | 1.57 | 88 336.07 |
| 行业固定资本净值（不变价） | 160 | 2 537.851 | 5 205.479 | 3.99 | 39 224.23 |
| 行业职工年平均人数 | 160 | 1 275.968 | 1 413.728 | 21 | 5 683 |
| 1998—2005年 | 观测值 | 均值 | 标准差 | 最小量 | 最大值 |
| 工业增加值（不变价） | 162 | 75 923.63 | 296 138.2 | 17.875 92 | 2 898 148 |
| 行业固定资本净值（不变价） | 162 | 192 669.3 | 850 865 | 83.672 94 | 9 545 100 |
| 行业职工年平均人数 | 162 | 1 524.308 | 2 325.9 | 5 | 18 797 |

## 三、行业全要素生产率的分解与比较

这里仍然主要采用DEA方法对各行业全要素生产率进行估算，如表3.3、表3.4所示。

表3.3　1993—1997年毕节地区制造业各行业结构效率与总体生产率的变化情况

| 工业行业 | Effch | techch | Pech | sech | Tfpch | 全国 |
| --- | --- | --- | --- | --- | --- | --- |
| 煤炭采选业 | 0.847 | 1.224 | 1.057 | 0.801 | 1.037 | −14.8 |
| 黑色金属矿采选业 | 0.639 | 1.142 | 0.842 | 0.758 | 0.729 | 2.66 |
| 有色金属矿采选业 | 1.573 | 1.228 | 1.883 | 0.835 | 1.932 | 1.86 |
| 非金属采选业 | 0.795 | 1.355 | 1.146 | 0.693 | 1.077 | −0.62 |
| 木材及竹材采运业 | 0.404 | 1.473 | 0.516 | 0.783 | 0.595 | −4.44 |
| 食品加工业 | 0.781 | 1.11 | 0.865 | 0.902 | 0.867 | −3.12 |

续表

| 工业行业 | Effch | techch | Pech | sech | Tfpch | 全国 |
|---|---|---|---|---|---|---|
| 食品制造业 | 0.617 | 1.193 | 0.757 | 0.814 | 0.736 | −3.12 |
| 饮料制造业 | 0.865 | 1.146 | 1.023 | 0.845 | 0.992 | −1.94 |
| 烟草加工业 | 1 | 1.124 | 1 | 1 | 1.124 | 3.98 |
| 纺织业 | 0.633 | 1.063 | 0.681 | 0.93 | 0.673 | −3.34 |
| 服装及其他纤维制品制造业 | 0.761 | 1.156 | 0.919 | 0.828 | 0.88 | −3.46 |
| 皮革、毛皮、羽绒及其制品业 | 0.644 | 1.243 | 0.844 | 0.763 | 0.801 | −1.07 |
| 木材加工及竹、藤、棕、草制品业 | 1.983 | 1.458 | 1.537 | 1.29 | 2.891 | 3.48 |
| 家具制造业 | 0.824 | 1.545 | 0.58 | 1.421 | 1.273 | −1.49 |
| 造纸及纸制品业 | 0.862 | 1.242 | 1.161 | 0.742 | 1.07 | −1.10 |
| 印刷业、记录媒介的复制 | 0.827 | 1.187 | 1.041 | 0.795 | 0.981 | −4.35 |
| 文教体育用品制造业 | 0.683 | 1.66 | 0.56 | 1.22 | 1.133 | −0.93 |
| 石油加工及炼焦业 | 0.665 | 1.273 | 0.68 | 0.978 | 0.846 | −2.69 |
| 化学原料及化学制品制造业 | 1.048 | 1.139 | 1.288 | 0.814 | 1.194 | −3.45 |
| 医药制造业 | 0.435 | 1.124 | 0.538 | 0.809 | 0.489 | 10.61 |
| 橡胶制品业 | 1.036 | 1.24 | 1.318 | 0.786 | 1.285 | −7.15 |
| 塑料制品业 | 0.944 | 1.303 | 1.274 | 0.741 | 1.23 | −11.61 |
| 非金属矿物制品业 | 0.81 | 1.25 | 1.08 | 0.749 | 1.012 | −9.14 |
| 黑色金属冶炼及压延加工业 | 0.994 | 1.147 | 1.186 | 0.838 | 1.139 | −16.32 |
| 有色金属冶炼及压延加工业 | 0.834 | 1.103 | 0.922 | 0.905 | 0.919 | −8.55 |
| 金属制品业 | 1.389 | 1.362 | 1.921 | 0.723 | 1.892 | −7.90 |
| 普通机械制造业 | 0.542 | 1.471 | 0.589 | 0.92 | 0.798 | 1.38 |
| 专用设备制造业 | 1 | 1.283 | 1.344 | 0.744 | 1.283 | |
| 交通运输设备制造业 | 1.287 | 1.111 | 1.591 | 0.809 | 1.43 | −6.07 |
| 其他制造业 | 1.104 | 1.18 | 1.255 | 0.88 | 1.303 | |
| 电力、蒸汽及热水的生产和供应业 | 0.985 | 1.076 | 1.108 | 0.888 | 1.06 | −9.85 |
| 自来水的生产和供应业 | 1.161 | 1.111 | 1.365 | 0.85 | 1.289 | |
| 几何平均值 | 0.856 | 1.234 | 0.997 | 0.858 | 1.056 | |

注：（1）采用的是各行业在历年生产率的几何平均数；（2）最后一列是朱钟棣等（2005）计算的全国的行业 TFP 在 1994—1997 年的平均值（单位：%）。

表 3.4　1998—2006 年毕节地区制造业各行业结构效率与总体生产率的变化情况

| 工业行业 | Effch | techch | Pech | sech | Tfpch | 全国 |
| --- | --- | --- | --- | --- | --- | --- |
| 煤炭采选业 | 0.916 | 1.302 | 1.165 | 0.786 | 1.193 | 4.92 |
| 食品加工业 | 0.858 | 1.196 | 0.858 | 1 | 1.026 | 3.00 |
| 食品制造业 | 1.177 | 1.249 | 1.068 | 1.102 | 1.471 | 3.00 |
| 饮料制造业 | 1.14 | 1.234 | 1.133 | 1.006 | 1.407 | 1.02 |
| 纺织业 | 0.879 | 1.206 | 0.873 | 1.007 | 1.061 | 2.64 |
| 印刷业 | 0.7 | 1.213 | 0.695 | 1.007 | 0.849 | 1.20 |
| 化学原料及化学制品制造业 | 0.7 | 1.232 | 0.731 | 0.958 | 0.863 | 5.86 |
| 医药制造业 | 1.065 | 1.216 | 1.056 | 1.009 | 1.295 | 2.46 |
| 橡胶制品业 | 0.611 | 1.299 | 0.583 | 1.049 | 0.794 | 1.18 |
| 非金属矿物制品业 | 0.796 | 1.252 | 0.897 | 0.887 | 0.996 | 3.26 |
| 黑色金属冶炼及压延加工业 | 0.951 | 1.253 | 0.971 | 0.98 | 1.192 | 2.92 |
| 有色金属冶炼及压延加工业 | 1.092 | 1.311 | 1.052 | 1.038 | 1.431 | 1.95 |
| 专用设备制造业 | 0.795 | 1.289 | 0.785 | 1.013 | 1.025 | |
| 交通运输设备制造业 | 0.95 | 1.289 | 0.94 | 1.011 | 1.225 | 6.78 |
| 电力热力的生产和供应业 | 1.103 | 1.239 | 1.053 | 1.048 | 1.366 | 10.84 |
| 水的生产及供应业 | 0.731 | 1.243 | 0.716 | 1.021 | 0.908 | |
| 几何平均值 | 0.888 | 1.251 | 0.895 | 0.992 | 1.111 | |

注：（1）采用的是各行业在历年生产率的几何平均数；（2）最后一列是朱钟棣等（2005）计算的全国的行业 TFP 在 1998—2002 年的平均值（单位：%）。

各类工业全要素生产率的分解结果表明：各类工业行业全要素生产率增长率存在显著差异，并且影响全要素生产率变化的原因也不相同。

全要素生产率增长为负的工业类型有：印刷业、化学原料及化学制品制造业、橡胶制品业、非金属矿物质制品业、水的生产及供应业。这些行业的技术进步效率为正，但技术效率为负，说明这些行业的技术进步效率均有不同程度提高，但是技术效率下降的幅度超过技术效率增长的幅度，最终表现为全要素生产率增长为负。

全要素生产率增长为正的工业行业中煤炭采选业、食品加工业、纺织业、黑色金属冶炼及压延加工业、专用设备制造业、交通运输设备制造业的技术进步效率为正而技术效率为负，说明这些行业全要素生产率的增长主要来自技术进步效率的提高。

全要素生产率增长为正的工业行业中食品制造业、饮料制造业、医药制造业、有色金属冶炼及压延加工业、电力热力的生产供应业的技术效率和技术进步效率均为正，说明这些行业的全要素生产率的增长来自技术和技术效率共同的推动。

把这里计算的 TFP 与之前文献中计算的全国各行业的 TFP 进行比较。从整体趋势上来看，毕节地区各行业的全要素生产率与全国行业的水平在具体数值上有差异，但是整体趋势有相一致的地方：1997 年之前，相当多工业行业的全要素生产率处于负增长状态，而 1998 年之后，更多工业行业的 TFP 则处于增长状态。这种状况是与全国 TFP 增长率变化情况一致的（郭庆旺等，2005）。

从与煤炭资源相关的产业来看。在两个时期里面，毕节地区的煤炭采掘业和电力工业的全要素生产率都高于这两个行业在全国的水平。尤其是在 1997 年之前，这两个行业全国水平上的 TFP 增长率为负的时候，毕节地区的煤炭和电力工业的 TFP 也在增长。从对 TFP 的分解上来看，这种增长主要是由技术进步效率推动的，显然，毕节在相关产业方面的相对投入高于全国平均水平，拓展了其生产可能性边界。

## 四、结构效应分析

### （一）基于区域与行业 TFP 的比较分析

从所研究的工业行业来看，1993—1997 年全要素生产率的平均增长速度是 5.6%，1998—2005 年全要素生产率的平均增长速度是 11.1%。把这两个数据与地区层面的全要素生产率进行比较可以看到，1993—1997 年间工业行业全要素生产率的平均变化率与地区全要素生产率变化率的水平是基本一致的。但是 1998 年之后，地区的全要素生产率变化率则开始低于工业行业的全要素生产率。考虑到结构效应和结构红利概念，如果三大产业的 TFP 增长率的加权平均值低于区域TFP增长率，说明毕节地区的经济存在结构红利，反之不存在。而工业行业的TFP增长率在很大程度上高于经济整体的TFP增长率，那么除非非工业的TFP增长率非常低，才有出现结构红利的可能性，但是从目前的数据来看，出现这种情况的概率是很低的。目前，至少从所考察的行业来看，工业行业的生产效率没有有效带动其他行业生产效率的提高，目前毕节地区以煤炭资源开发为主导的工业体系没有有效地实现对国民经济整体生产效率的带动。

从全要素生产率的各组成部分来看：（1）工业行业的技术进步效率是上升的，而区域的是下降的，这说明工业行业的技术进步效率在整个区域经济中处于优势，从另一个层面上我们可以推断，毕节地区第一产业和第三产业的技术进步效率的相对落后；（2）技术效率是下降的，而区域的基本稳定，说明工业行业尽管有着较为先进的技术进步率，但是这些技术并没有得到充分的消化、吸收和利用，从另一个方面说明，尽管第一、三产业的生产可能性边界受到不利的影响，但是其生产中技术效率则是相对较高的。

基于资源产业发展政策的结构变动与整体经济效率的关系，我们可以采用图3.15来进一步说明。工业产值从t期的b增加到t+1期的B，GDP则从t期的a增加到t+1期的A。尽管工业产值和国民生产总值都增加了，但对于经济整体来说其增长是沿着生产可能性边界的增长，而生产可能性边界则出现退化；而工业部门的增长更多依靠生产可能性边界本身的扩张，其技术效率是下降的（表现在当期产出离当期生产可能性边界的距离更远了）。

产生上述现象的可能原因是多方面的：首先，由于煤炭资源的强力开发拓展了以煤炭产业为主导的工业体系的生产可能性边界，表现为技术进步效率的提高；其次，由于上章说明的煤炭产业对其他部门的挤出效应的存在，经济整体的生产可能性边界出现了退化，但是由于总投入沿着生产可能性边界的逐年累加以及其他产业技术效率的稳定，经济整体是不断增长的。

对于上面的问题，我们还可以采用前沿生产函数方法估算的技术进步效率和技术效率来进一步印证。

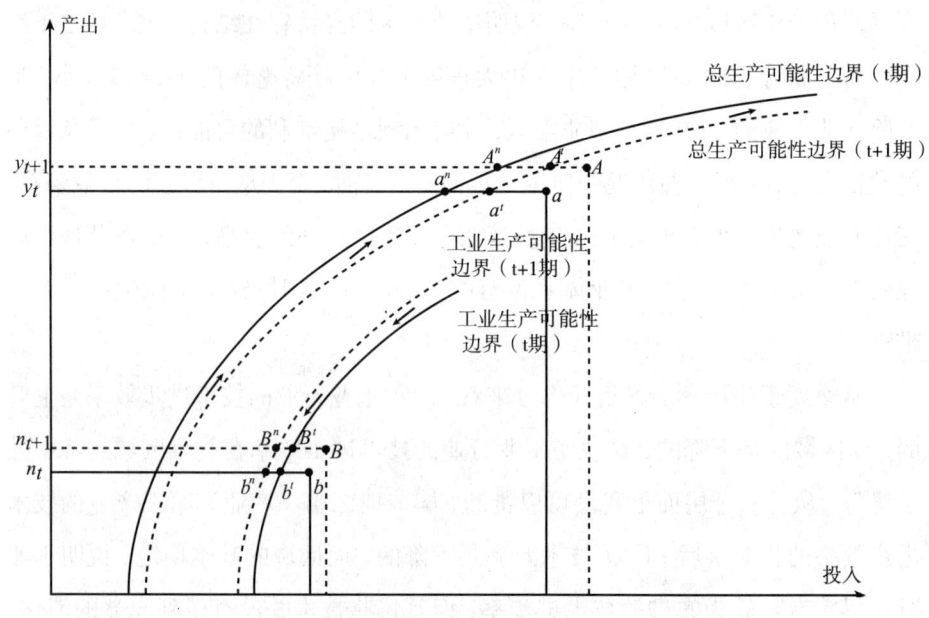

图 3.15　2001 年后毕节地区生产效率与行业生产效率

如表 3.5 所示，t 的系数值反映的是由时间作为技术进步的代理指标所体现的技术进步率。基于前沿生产函数的假设，产出偏离生产可能边界是由两种因素造成的，一个是由于生产的无效率，另一个是由于其他不可控因素，$\gamma$ 所衡量的就是这两种因素所造成的偏离程度的比值，如果这个比值越靠近 1，则表明实际产出偏离生产可能性边界的产出是由于生产的无效率引起的。$u$ 衡量的是生产无效率的水平。$-\eta$ 反应的是生产无效率的增长速度。

表 3.5　随机前沿生产函数法计算的地区和行业技术效率的比较

| lnGDP | MLE 估计 | | 工业增加值的对数值 | MLE 估计 | |
|---|---|---|---|---|---|
| | 1993—1997 年 | 1998—2005 年 | | 1993—1997 年 | 1998—2006 年 |
| 截距项 | 0.887 2 | 3.134 1*** | 截距项 | −0.062 6 | 1.000 4** |
| | (0.865 8) | (0.574 8) | | (0.779 1) | (0.509 9) |
| LnK | 0.650 6*** | 0.759 2*** | LnK | 0.516 5*** | 0.289 8*** |
| | (0.045 4) | (0.036 3) | | (0.124 9) | (0.090 3) |

第三章 煤炭开发与经济效率——基于经济增长供给因素的研究

续表

| lnGDP | MLE 估计 1993—1997年 | MLE 估计 1998—2005年 | 工业增加值的对数值 | MLE 估计 1993—1997年 | MLE 估计 1998—2006年 |
|---|---|---|---|---|---|
| LnL | 0.648 2*** | 0.491*** | LnL | 0.572 5*** | 0.876 9*** |
|  | (0.730 7) | (0.048 3) |  | (0.206 8) | (0.132 3) |
| t | 0.015 7 | −0.034 4*** | T | 0.133 1 | 0.222 8*** |
|  | (0.012 4) | (0.008 7) |  | (0.106 3) | (0.045) |
| $\sigma^2$ | 0.203 8 | 0.011 9 | $\sigma^2$ | 1.189 0 | 1.717 8 |
| $\gamma$ | 0.970 4 | 0.582 4 | $\gamma$ | 0.562 3 | 0.759 8 |
| $u$ | 0.889 4 | 0.166 7 | $u$ | 1.635 4 | 1.938 9 |
| $\eta$ | 0.040 1 | 0.148 6 | $\eta$ | −0.043 6 | −0.068 9 |
| LR test | 56.352 0*** | 69.534 3*** | LR test | 40.144 8*** | 90.527 2*** |

注：（1）括号中的数字表示标准差；（2）*、**、*** 分别代表参数在 10%、5%、1% 水平上显著。

从表 3.5 的结果可以看到：(1) 在技术进步方面（t 的系数），工业行业的技术水平高于区域层面的技术进步水平，区域的技术进步在 1998 年之后出现了负增长，这与本书对技术进步效率的讨论是一致的。

(2) 在生产无效的衡量指标方面（$u$ 的数值），工业行业的生产无效率高于区域层面的生产无效率，从生产无效率的增长率 $-\eta$ 的数值上来看，区域生产的无效率逐年下降，而工业生产的无效率水平是逐年增加的。

(3) 从生产无效率和不可控因素分别造成波动的比值（$\gamma$）来看，在 1993—1997 年间，地区生产对生产可能性边界的偏离主要由于生产的无效率，而 1998—2005 年间，生产无效率对生产偏离的影响下降了，而工业生产中的该指标在这两个时间段里出现上升趋势，即，工业生产对生产可能性边界的偏离更多地是由于生产无效率造成的。

上面的结论基本上与采用 DEA 方法对生产率的分解分析是一致的，说明了这里结果的稳健性。作为煤炭资源富集的欠发达地区，毕节地区工业体系自身的效率并没有带来其区域经济整体运转效率的提高。基于结构红利的理论分析与第二章中通过统计描述所讨论的第二产业与采掘业对其他产业的挤出效应是一致的。本书从全要素生产率在行业和地区层面上的差异，细致考察了基于生产效率层面上的挤出机制，这也是对传统的挤出效应的研究的一个有意义的拓展和补充。

### （二）基于区域内各行业 TFP 分布的研究

经济增长的结构主义理论认为结构成长表现为产业之间优势地位的更迭，从而实现资源的更有效的利用，所以结构效应实质上就是资源流向生产更高部门的再配置效应。这种资源从低效益部门向高效益部门的转移对经济增长的贡献，通常被称为资源配置效应。这种效应存在的基本前提是部门之间的要素生产率存在显著的差异，结构成长使资源从低效率部门向高效率部门转移，这样不同行业的生产效率开始趋向一致，同时提高了整体的全要素生产率。基于这种理论前提，本书认为一个地区各个行业的 TFP 增长率的分布越集中，说明要素在部门之间流动越充分，则区域的资源配置效率越高，而如果各行业的 TFP 增长率的分布越分散，则说明部门之间的要素流动不够充分，资源没有实现优化配置。在这里给出了毕节地区工业行业 TFP 增长率的直方图，并把它与全国各行业 TFP（朱钟棣等，2005）增长率相比较。

从图 3.16 中我们可以看到，全国层面数据在两个时间段的行业 TFP 增长率的直方图都比较接近正态分布，分布于两端的 TFP 增长率数值较少，同时 1998—2002 年的 TFP 增长率的分布明显比前一段时期靠右且更加集中，反映了生产效率的整体的提升，以及资源配置效率的提高。

毕节地区在 1993—1997 年的行业 TFP 增长率的分布也接近正态分布，衡量 TFP 的 Malmquist 指数向 1 集中；1998—2005 年的工业 TFP 增长率分布整体靠右，反映了生产率的整体提升，但是其分布则明显趋于分散。这说明 1998 年之后，效率低的行业没有很好地实现劳动力和资本等要素向效率高的行业的流动，生产效率高的工业部门没有吸纳相应的就业，工业部门内部的资源配置效率明显下降，经济结构没有实现优化组合。

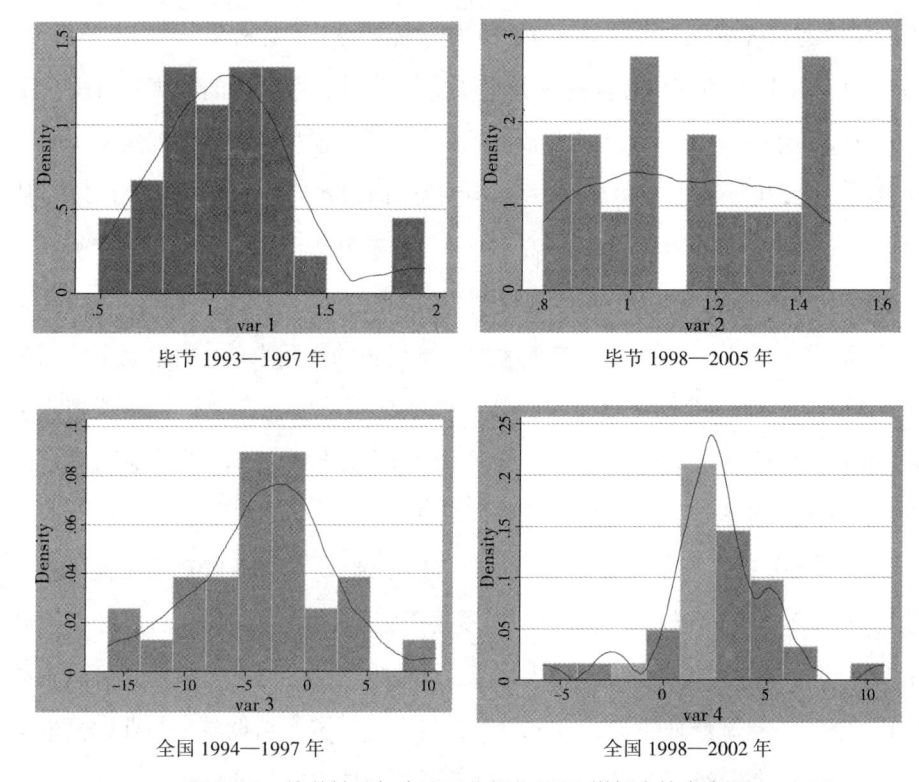

图 3.16　毕节地区与全国工业行业 TFP 增长率的直方图

## 小　结

本章分解了贵州省地区层面的 TFP，通过对不同性质效率的关系分析，发现：（1）技术效率和技术进步效率之间显著的消长关系，说明资源开发地区扩大生产提高生产可能性边界后，由于经济对技术的消化吸收滞后，将会导致粗放开发的趋势；（2）在煤炭价格市场化之前，煤炭开发地区的生产可能性边界受到前两期煤炭产量的正相关影响，而在煤炭价格市场化之后，煤炭开发地区的生产可能性边界更多受到市场价格的正相关影响；（3）1998 年煤炭行业的限产压库的宏观政策导致了区域生产可能边界的退步,这种退化趋势一直延续到 2002 年(随着西部大开发的进展而恢复),不过这段时期的宏观政策提高了资源开发的集约化水平;(4)西部大开发之后,随着对毕节地区煤炭资源的大规模的开发,生产可能性边界的下降趋势得到抑制并且从 2003 年开始回升,从整体上推进了全要素生产率的提高,但是,由于生产可能边界的迅速扩张,生产规模也随之扩张,引起了生产规模利用效率的下降,进而导致技术效率开始出现了下降的趋势;(5)从生产效率对经济增长的作用来看,规模效率的刺激作用不显著,而技术进步效率和纯技术效率与经济增长有着较强的正相关关系,所以,需要借这个契机提高生产可能性边界并且积极消化吸收新技术,建立经济规模扩张与生产效率提高的协调机制。

本章还分解了毕节工业行业层面的 TFP,通过与区域 TFP 的比较以及工业行业自身 TFP 的分布变化情况,对资源开发地区结构红利在宏观经济以及工业内部的存在性提出了质疑,认为资源产业发展的同时并没有实现区域资源的优化配置,资源产业主导的经济没有促成人力和资本从低效率行业向高效率行业的流动,资源经济对经济的带动效应更多只是体现在自身产值的增长上。

本章研究表明,资源富集地区一般以采掘业为主的产业结构,资本具有锁定性、人员缺乏流动性、增长具有低效性。目前,我国煤炭开发的模式仍然是粗放型的。生产效率主要体现在产业结构和经济聚集等结构因素方面,所以,优化工业增长结构,延长产业链、促进产业集聚,提高行业之间的关联效应是相关地区产业发展的必由之路。

第四章

# 产业结构与循环经济——基于经济增长结构因素的研究

结构主义的增长理论认为（Chenery 和 Kuznets, 1966; Chenery 和 Syrquin, 1986），经济增长的质量（尤其是在发展中国家和地区）不仅体现在全要素生产率上，也在经济结构中得到很大程度的反映。在上一章最后也以贵州省毕节地区为例，讨论了经济的结构效应，认为毕节以资源开发为主导的经济结构并没有有效实现生产要素的有效流动和优化配置。

区域产业结构是指区域内各经济部门之间的比例关系以及产业结构的合理程度对区域经济的增长质量有着重要的影响。产业结构的升级、优化和重组等可以提高技术进步效率，随着生产要素在不同生产效率行业之间的转移，实现经济效率和技术进步的扩散，最终可以推动区域经济的发展。

现实中经济增长的实现是依托于产业集群基础之上的，现阶段煤炭资源富集的欠发达地区的发展离不开煤炭产业对其他非煤产业带动而共同形成的合力，而考虑到资源开发中的生态成本，此类地区的产业发展将必须以循环经济为指导理念。我们在本章将在对毕节地区的经济结构、主导产业和产业集群分析的基础上，深入探讨煤炭资源开发地区发展循环经济和生态工业的理论与实践问题。

## 第一节　煤炭资源富集的欠发达地区产业结构特征

### 一、相关文献回顾

产业是介于单个经济主体和国民经济总量的中间层次，它在国民经济中具有重要的地位，通过对微观经济的组合演变，对区域经济的发展变化起着至关重要的作用。

产业结构理论最初产生于实证研究之中，国外经济学家在研究各国经济增长的各种数据资料之后，发现了产业结构变动中的规律性，后来的学者在此基础上对产业结构变动如何反过来促进经济增长又做了进一步研究。1935年Fisher提出了三次产业的概念。1940年Clark阐述了三次产业分类法。1941年Kuznets论述了国民经济与产业之间的重要联系：产业结构和劳动力部门结构将随着经济发展不断变化，并考察了三大产业的变动规律。Lewis（1954）提出了用产业部门解释发展中国家经济问题的理论模型——二元经济结构论。Chenery（1991）则基于一般均衡描述了经济增长和产业部门之间的相互关系，解释了产业结构变化在经济发展中的重要作用，认为对经济增长产生最直接影响的是产业结构的变化，产业结构变动的主要表现是三次产业结构的变动和三次产业的内部升级。

发展经济学家从产业结构与经济发展战略的角度讨论了产业结构在政策应用中的作用。Rostow（1960）的经济发展阶段理论，提出了经济发展的六个阶段以及相应的产业结构特征，Hirschman（1958）的不平衡发展战略，给发展中国家和地区的产业政策提供了理论基础。

按照产业结构演变的一般规律，当经济不断发展、社会成员人均收入不断提高时，第一产业的生产份额和从业人员数分别在全社会生产总额与全社会从业人员总数中的比重逐渐下降；相应地，第二、三产业的比重则会上升。

结构规模扩大、技术水平提高和联系紧密是产业结构从低级形态向高级形态发展的重要标志。这些产业结构质的变动决定了一、二、三产业之间产值（劳动力）构成的变化，产业结构转换只是这些质的变动的外部反映。而这种外部反映则可以对经济发展阶段性特征进行刻画与把握,当前所处的经济发展阶段大体上规定了下一阶段的产业战略选择的方向。作为煤炭资源富集的欠发达地区,随着经济的发展,毕节地区的产业结构也存在着这样的转变规律,而且这种规律是伴随着资源开发战略的变化而变化着的。

## 二、毕节地区三大产业结构的演化与特征

### (一)三大产业产值结构特征

作为煤炭资源富集的欠发达地区的典型代表,以毕节地区为例来探讨其产业结构。长期以来,毕节地区的产业结构一直为"一、二、三"的格局,直到2004年,西电东送项目在该区启动后,产业结构才发生重大转折,2003年第一产业占总产值的比重为36%,2004年下降为34.8%,而2003年第二产业所占比重为35%,2004年上升为35.6%,首次超过第一产业的比重,形成了"二、一、三"的产业结构。随着煤电产业的发展,到2007年,毕节地区形成了"二、三、一"的产业结构,其中第一产业占21.4%,第二产业占55%,第三产业23.6%。在这个过程中,不同产业之间的发展也存在相互的影响,挤出替代效应和互补扩大效应并存。

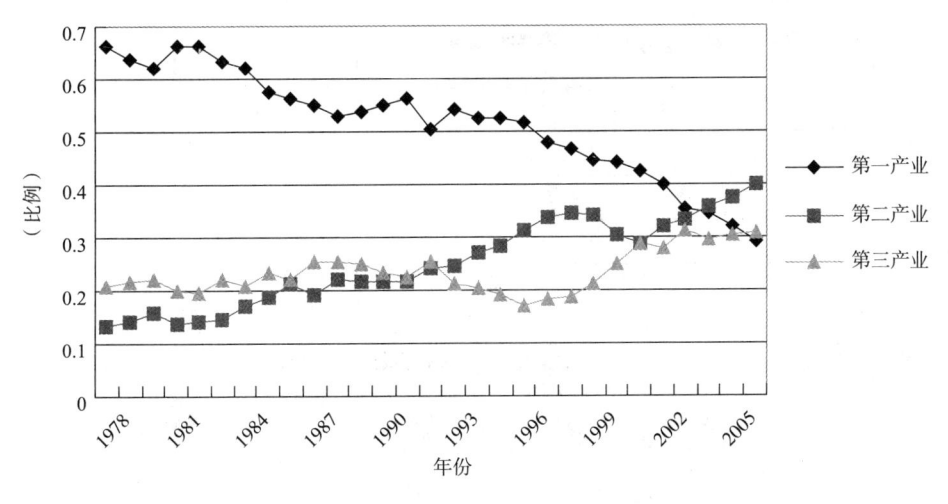

图4.1 毕节三大产业比例结构

## （二）三大产业从业人员结构特征

工业化的过程也是劳动力转移的过程，它反映了生产要素中人力资源的重新分配与组合，一般情况是随着工业化程度的提高，在第一产业就业的劳动力逐渐减少，而在第二、第三产业就业的劳动力不断增加，由此也导致农村人口下降，城市人口增长，城市化率不断提高。

如图 4.2 所示，从不同产业从业人员的角度来看，毕节地区工业化的进程表现如下阶段性特征：首先，1996 年之后，毕节地区农业从业人数所占总从业人数的比重逐渐下降，2001 年之后，该地区农业从业人数总数开始明显下降，朝第二和第三产业转移。其次，从事第二产业的人口数量长期处于较低的比重，这与第二产业的产值所占相对较高的比重是不相匹配的。这说明毕节地区的第二产业主要是资本密集的产业，而不是劳动密集的产业，对就业的吸纳力度不足。再次，从事第三产业的人数从 2000 年开始逐渐增长。作为人口高度超载的贫困地区，从第一产业转移出来的剩余劳动力主要流向第三产业而不是第二产业，一方面可能是因为第二产业的技术壁垒等因素造成其吸纳劳动力能力不够，另一方面可能是因为由于教育水平所限，更多的劳动力进入了不需要太多

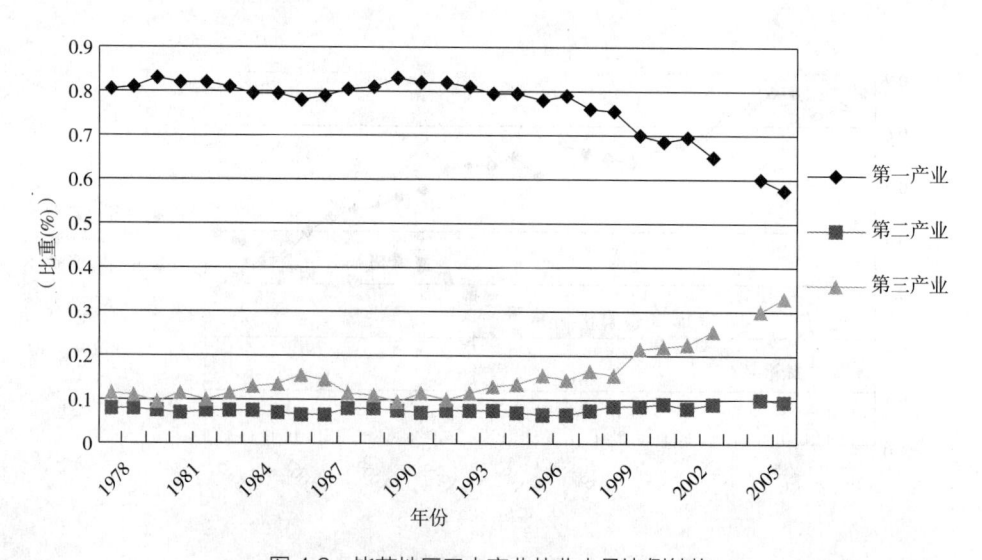

图 4.2　毕节地区三大产业从业人员比例结构

专业技能的服务业。这与在第二章中讨论的科技教育相关投入比重的下降以及在第三章发现的工业部门生产效率的提高并没有带来经济整体效率提高的现象在逻辑上是一致的。

综上,我们可以明确进一步研究的方向和目标,即,发展什么样的产业结构,才能够最大程度地发挥资源产业同时带动产值和就业的能力,从实质上提高产业的增值能力。首先,我们需要科学地甄别资源开发地区的主导产业,并在主导产业的基础上形成能够有效带动结构优化和效率扩散的产业集群和工业园区,这方面的内容将在本章的第二节和第三节详细讨论。

### 三、第二产业结构性特征与支柱产业

从产值上来看,第二产业在区域经济中处于重要的地位,而关注的资源产业在第二产业中又起着举足轻重的作用。接下来,对第二产业内部的结构性特征进行具体讨论。

**(一)第二产业各部门的产值和就业特征**

第二章中的图 2.7 给出了毕节地区第二产业各部门增加值和各部门从业人数的结构。从产值方面来看,随着西部大开发资源产业的迅速发展,毕节的采掘业和电力行业的产值在近年来迅速增长,资源产业取代制造业,成为占第二产业比重最大的行业。从就业方面来看,采掘业和电力行业的从业人员数也随着其产业的发展而不断增加,但是从各行业从业人数的相对水平来看,这两个产业吸纳的从业人数的增长率在很大程度上低于其产值的增长率,相反地制造业的从业人数减少幅度却大大高于其产值的下降幅度。这也印证了在前面所提到的资源产业对制造业的挤出效应,同时也说明了资源产业对就业吸纳的有限性。

**(二)采掘业在 GDP、工业增加值和财政收入中的份额**

下面的数据给出了毕节采掘业在 GDP、工业增加值和财政收入的份额,从这里的数据可以看到,尽管有过 1998—2000 年政策调整对采掘业产值的负面影响,但该产业一直以来在经济发展中大额的比重是不言而喻的。尤其是

2000年之后的西部开发政策,使得采掘业在GDP的比重超过了10%,占工业增加值的比重超过了33%。矿产资源的开发对毕节地区经济发展做出了很大贡献,尤其是对地方财政收入的贡献突出。

表4.1 毕节采掘业和国内生产总值、工业增加值以及财政收入的关系 （单位：亿元）

| 指标/年份 | 1996 | 1997 | 1998 | 1999 | 2000 | 2001 | 2002 | 2003 | 2004 | 2005 |
|---|---|---|---|---|---|---|---|---|---|---|
| 采掘业产值 | 4.37 | 5.8 | 6.57 | 4.61 | 3.3 | 3.49 | 4.34 | 5.36 | 11.36 | 24.48 |
| 国内生产总值 | 92.05 | 98.99 | 111.4 | 120.5 | 120.9 | 127.2 | 140.7 | 159.6 | 194 | 231.02 |
| 工业增加值 | 25.26 | 29.22 | 32.93 | 31.03 | 28.28 | 24.71 | 27.75 | 35.87 | 51.24 | 73.37 |
| 地方财政收入 | 6.13 | 6.18 | 6.67 | 6.96 | 7.61 | 8.87 | 9.39 | 10.68 | 12.31 | 15.22 |

资料来源：毕节地区统计年鉴（1996—2005年）。

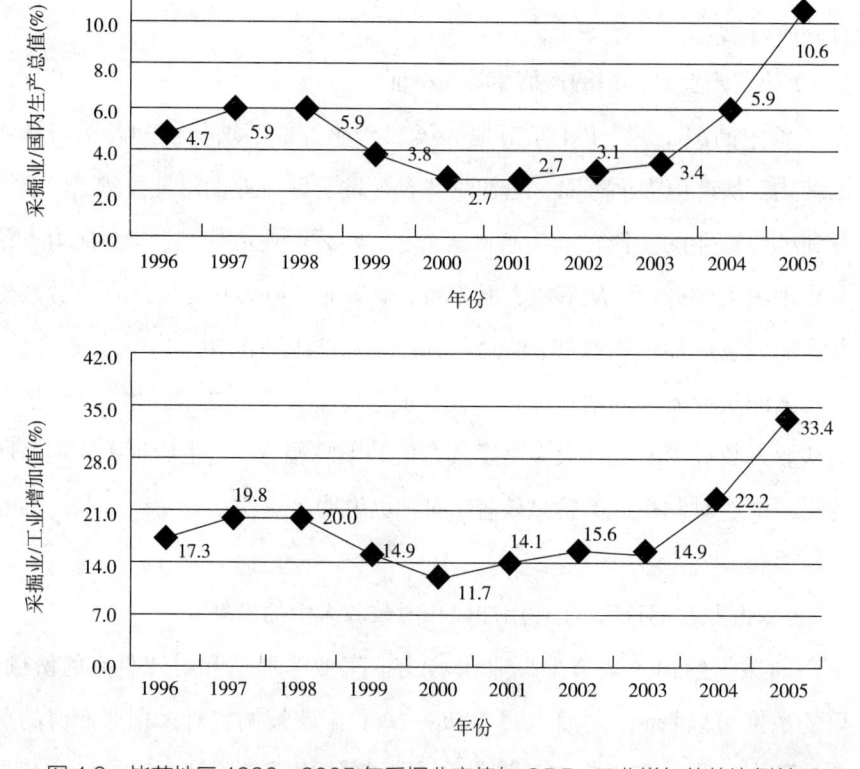

图4.3 毕节地区1996—2005年采掘业产值与GDP、工业增加值的比例关系

从产业结构的变动态势来看，毕节的采掘业占 GDP 和工业总产值的比重之所以这么高，主要是因为其工业化不单单是自然演进的过程，而且带有明显的政府主导色彩。

## 四、煤炭资源开发地区产业的一般性特征

基于上面对毕节地区的分析，下面总结了煤炭资源富集的欠发达地区的产业结构所具有的一般性特征。

### （一）产业结构单一，产值价值链短

煤炭资源开发地区的经济结构最重要的特征是产业结构单一、重工业比重大。重工业中的采掘业占工业增加值的比重大，而轻工业比重较小。产业结构位于产业链的前端，附加值不高，技术相对先进但是进入门槛高，所以对当地的就业吸纳能力有限。同时，由于产品结构初级化，产品价值链短，资源的经济效益不能得到充分体现。

### （二）有较强的产业黏性和资源使用固定化特征

从上面的分析我们还发现，资源地区经济发展对资源开发产业的依赖性强，当外部环境对资源产业造成冲击的时候，经济整体的波动也在很大程度上受到影响。加之资源产业的资产专用性强，沉淀成本较大，对区域产业结构产生一定的"锁定"效应，给将来资源枯竭后产业的转型带来了困难。

### （三）产业波动性大，受政策变动影响大

资源型产业是一个十分典型的上游产业，无论是产品的价格还是需求都与宏观经济形势有着密切的联系。资源产品作为其他产业的中间投入品，受到中下游产业发展较大的影响。同时，在我国经济体制转型的过程中，经济政策的多变性也导致煤炭资源富集的欠发达地区经济较大的波动，不利于当地经济持续、稳定的发展。

作为重要的战略性资源，煤炭的开采和产业的发展多受政策因素影响。煤炭资源富集的欠发达地区的产业结构的演变是和产业政策紧密相连的，产业结构变动趋势，尤其是采掘业的波动趋势与相关产业政策的调整时段是高度吻合

的。所以，产业政策的变动是造成产业结构波动的重要因素，也是推动资源开发地区产业结构演变的主要动力。

## 第二节 主导产业的选择与产业协调

从上节的产业结构分析可以看到煤炭和电力工业是资源富集地区的支柱产业[①]。而支柱产业只是说明了产业在区域经济的重要程度，并不能下结论说就是经济结构的发展方向。与支柱产业密切相关的另一个产业是主导产业即在国民经济中占重要战略地位的产业。两者的区别在于：主导产业的重要性在于其对其他产业的带动作用，支柱产业的重要性在于其在国民经济中占有较大的比例。有些主导产业会成长为支柱产业，但是并非所有主导产业都可以成为支柱产业。这就对产业政策存在一个启示，即，我们不能过于关注产业的比例关系而忽略了一些在经济中的产值比重不突出的主导产业的发展。

### 一、主导产业的相关研究和选择标准

#### （一）主导产业的相关研究和产业特征

Hirschman（1958）在《经济发展战略》中最早提出了主导产业的概念。他认为产业间相互关联程度是存在差异的，有些产业间的互补关系比其他产业间的互补关系更强，在制定区域发展战略时，可以找到那些与其他产业的关联最为强烈、最为密切的产业，进行重点发展，来带动区域经济整体的发展，此类产业就是主导产业。随后，Rostow（2001）在他的《经济增长的阶段》一书中，通过对世界各国经济发展史的研究和总结，发现不同经济体的增长在一定程度上是某些关键部门的增长所产生的直接或间接的效果，他把这些关键部门称为驱动或主导部门。

目前，对于区域主导产业的概念学术界还没有形成一致的认识，但是主导

---

[①] 地方所谓支柱产业，就是在国民经济总量中占较大份额的行业。甄别支柱产业的重要指标是地区经济贡献率（地区经济贡献率＝产业增加值/地区国内生产总值）。

产业所具有的一些特点是为大家所认可的：一是高创新能力，能够较快引入技术创新或制度创新。二是高关联性，能够较强地带动区域内其他产业部门的发展，这种带动作用具体包括：（1）前向效应，即主导产业部门的发展诱发出新的经济活动或产生新的经济部门；（2）后向效应，即主导产业的发展对向其提供投入品的产业部门的带动作用；（3）旁侧效应，即主导产业部门的发展对地区的影响，包括地区经济结构、基础设施、城镇建设以及人员素质等方面的影响。三是高增长性，主导产业的增长较整个经济的增长率要高。此外，主导产业还具有鲜明的区域特征，正是基于区域的特征，不同地区的产业才具有不同的创新能力、关联能力以及增长特征，所以，主导产业的确定还需要考虑到区域的具体特征和比较优势，包括人口、资源、环境、文化等。

**（二）主导产业的甄别标准**

1. 产业关联度基准

区域产业结构合理、协调、质量高本质上是指产业间有机联系的聚合质量，即产业之间所产生的一种不同于各产业能力之和的整体能力，而这种整体能力依靠产业之间的关联性发生作用。产业关联度由产业的影响力系数和感应度系数来刻画。

影响力系数是指当国民经济某一部门增加一个单位最终使用时对国民经济各部门所产生的生产需求波及程度。影响力系数又被称为后向联系系数。影响力系数是指一个产业影响其他产业的程度，该系数如果大于1，表示该部门生产对其他部门生产的波及影响程度超过社会平均影响力水平，影响系数越大，该产业部门对其他产业的带动作用越大，对经济的影响也就越大。

影响力系数的计算公式是：影响力系数 $= \sum_{i=1}^{n} b_{ij} / \left( \sum_{j=1}^{n} \sum_{i=1}^{n} b_{ij} / n \right)$，其中，$b_{ij}$ 是列昂惕夫逆矩阵系数，即完全消耗系数，表示生产第 $j$ 个部门的一个最终产品对 $i$ 第个部门的完全消耗量，$n$ 为所研究的产业部门数。行业之间的完全消耗系数可以从区域的投入产出表中得到。

感应度系数是指各部门均增加一个单位最终产品时，某一部门由此所受到的需求感应程度。感应度系数又被称为前向联系系数。感应度系数大于1，表示该部门所受到的感应程度高于社会的平均水平，即国民经济其他部门增加单位最终需求时，该部门应增加更多单位产出。换言之，该部门增加产出越多，越有助于缓解其对国民经济均衡增长的瓶颈制约作用。

感应度系数的计算公式是：感应度系数 $= \sum_{j=1}^{n} b_{ij} \bigg/ \left( \sum_{i=1}^{n} \sum_{j=1}^{n} b_{ij} \bigg/ n \right)$，其中符号的意义与上式一致。

2. 收入弹性标准和生产率上升标准

主导产业在国民经济发展中具有重要的战略地位，主导产业首要的量化特征就是高增长性，因此，甄别高增长行业是判定主导产业的前提，而收入弹性和生产率衡量的就是行业的增长能力。

收入弹性标准和生产率上升标准是日本经济学家筱原三代平在20世纪50年代中期提出的。收入弹性是产品的需求增长率与国民收入增长率之比，它所反映的是产业增长对经济整体增长的带动作用，收入弹性也可以用产值份额来衡量市场需求。产品的收入弹性大于1的行业，具有主导产业的特征；反之不属于主导产业之列。生产率上升率基准则比较容易理解，一般采用全要素生产率来衡量生产率，生产率增长高的产业可以带动经济整体生产率的提升。

3. 主导产业的其他甄别标准

一类是基于资源和产业优势提出的比较优势基准（林毅夫，2003、2005）、资源有效配置基准和经济利益比较基准；另一类则是基于环境保护、能源高效利用和劳动舒适环境提出的过密环境基准和丰富劳动力基准。

## 二、煤炭开发地区主导产业的选择

### （一）基于产业关联度的选择

由于我国没有地区层面的投入产出表，无法计算地区层面的影响力系数和感应度系数。所以只能采用2000年中国和贵州省的投入产出表计算出的影响力系数和感应度系数来考察行业的后向和前向联系，如表4.2、4.3所示。

表 4.2 中国行业关联度系数

| 行　业 | 影响力系数 | 行　业 | 感应度系数 |
| --- | --- | --- | --- |
| 机械设备制造业 | 1.450 | 机械设备制造业 | 2.591 |
| 金属产品制造业 | 1.379 | 化学工业 | 2.191 |
| 化学工业 | 1.298 | 采掘业 | 1.530 |
| 纺织、缝纫及皮革产品制造业 | 1.272 | 金属产品制造业 | 1.527 |
| 建筑业 | 1.263 | 农业 | 1.107 |
| 建筑材料及其他非金属矿物制造业 | 1.158 | 商业饮食业 | 1.097 |
| 其他制造业 | 1.109 | 电力及蒸汽、热水生产和供应业 | 1.078 |
| 炼焦、煤气及石油加工业 | 1.039 | 炼焦、煤气及石油加工业 | 1.046 |
| 食品制造业 | 0.936 | 纺织、缝纫及皮革产品制造业 | 1.026 |
| 电力及蒸汽、热水生产和供应业 | 0.936 | 其他制造业 | 0.833 |
| 公用事业及居民服务业 | 0.882 | 运输邮电业 | 0.829 |
| 商业饮食业 | 0.875 | 公用事业及居民服务业 | 0.606 |
| 其他服务业 | 0.850 | 金融保险业 | 0.455 |
| 运输邮电业 | 0.834 | 食品制造业 | 0.438 |
| 采掘业 | 0.702 | 建筑材料及其他非金属矿物制造业 | 0.360 |
| 农业 | 0.636 | 其他服务业 | 0.154 |
| 金融保险业 | 0.382 | 建筑业 | 0.135 |

数据来源：《中国产业：结构、增长及效益》，李金华等著，清华大学出版社，第 158 页。

表 4.3 贵州行业关联度系数

| 行　业 | 影响力系数 | 行　业 | 感应度系数 |
| --- | --- | --- | --- |
| 商业 | 1.623 | 金融保险业 | 6.704 |
| 服装皮革羽绒及其他纤维品制造业 | 1.482 | 社会服务业 | 2.267 |
| 金属制品业 | 1.457 | 商业 | 2.252 |

续表

| 行　业 | 影响力系数 | 行　业 | 感应度系数 |
|---|---|---|---|
| 金融保险业 | 1.442 | 金属制品业 | 2.151 |
| 机械工业 | 1.331 | 纺织业 | 1.652 |
| 建筑业 | 1.29 | 机械工业 | 1.422 |
| 纺织业 | 1.241 | 电力及蒸汽、热水生产和供应业 | 1.397 |
| 化学工业 | 1.23 | 煤炭采选业 | 1.361 |
| 其他制造业 | 1.158 | 服装皮革羽绒及其他纤维品制造业 | 1.351 |
| 食品制造及烟草加工业 | 1.117 | 化学工业 | 1.320 |
| 煤炭采选业 | 1.091 | 其他制造业 | 1.298 |
| 石油加工及炼焦业 | 1.046 | 石油加工及炼焦业 | 1.084 |
| 电力及蒸汽、热水生产和供应业 | 1.045 | 运输及仓储业 | 0.894 |
| 运输及仓储业 | 1.023 | 建筑业 | 0.820 |
| 饮食业 | 0.998 | 饮食业 | 0.819 |
| 社会服务业 | 0.916 | 农业 | 0.690 |
| 农业 | 0.754 | 食品制造及烟草加工业 | 0.644 |
| 教育文化艺术及广播电影电视业 | 0.646 | 教育文化艺术及广播电影电视业 | 0.637 |

数据来源：《西电东送工程区域效应评价》，陈秀山主编，中国电力出版社，第102、106页。

基于产业关联度基准，根据贵州2000年的数据计算发现，有六个行业其影响力系数位居前十位，其感应度系数也居前十名之列，这六个行业分别是：商业、服装皮革羽绒及其他纤维品制造业、金属制品业、机械工业、纺织业、化学工业。这些产业不仅由于自身发展对其他产业影响带动作用比较大，而且由于其他产业发展对本产业的需求影响也比较大，因而具有主导产业特征。而煤炭采选业和电力等供应业的影响力系数尽管超过社会平均水平，但排序并不高。不过从感应度上来看，电力业和煤炭采选业的感应度系数较大，说明其受其他产业发展带动的效应较大，在地区经济中具有基础产业的地位，其发展不应受到忽视。

与全国同时期的各行业关联度相互比较，可以看到：从全国范围来看，采掘业和电力及蒸汽、热水生产和供应业的影响力系数低于社会平均水平，而感应度系数则高于社会平均水平，尤其是采掘业的感应度居于第三位。这说明其他行业的发展对煤炭和电力的需求增长较快，从而带动了这两个行业的发展，所以，从煤炭和电力对国民经济的支撑作用来讲，其产业的发展是很重要的，不能忽视。但是，另一方面，煤炭和电力行业并没有很好地带动社会其他行业的发展，对经济的拉动效应不够理想。产生这个现象的原因在于，煤炭和电力部门属于中间投入型初级产业，其产业关联的特点是前向联系大，后向联系小。

**（二）基于收入弹性基准的选择**

以上基于全国和贵州省的行业关联度系数对贵州的主导产业进行了初步探讨，由于我国没有基于地区层面的投入产出数据，无法计算毕节地区的行业关联度，所以采用产业关联度基准的精确度较差。接下来利用收入弹性甄别方法来探讨毕节地区的主导产业。这里我们采用的是工业内部各个行业的年度数据来计算收入弹性，所以得到的是针对工业层面的主导产业的判断。与上章类似，鉴于统计口径的变化，本文进行分段考察。

基于收入弹性基准，我们发现，大多数工业行业的收入弹性都大于 1，表明 GDP 增加 1 个百分点，各行业相应的增长超过 1 个百分点，这与上章我们发现的工业行业的全要素生产率普遍高于社会平均水平的现象是相互印证的。从 1998—2006 年各行业收入弹性的排序来看，毕节地区的煤炭采选和电力行业的收入弹性都较高，属于对整体经济增长有带动作用的行业，应该重点发展。这与上面基于产业关联度的分析结论并不矛盾。产业关联度考察的是行业之间的前向和后向联系，而收入弹性考察的是行业对整体经济增长的带动作用。尽管煤炭和电力行业对其他行业的带动作用不强，但是作为需要大量投资并且占有重要产值比重的行业，它们对整体经济增长的影响是很重要的。另外，收入弹性较高的行业还有食品制造业、黑（有）色金属冶炼压延加工业、黑色金属矿选业、饮料制造业以及橡胶制品业，这些行业的收入弹性都大于 1，具有主导产业的特征。

表 4.4　依收入弹性基准的甄别（行业顺序从高到低排列）

| 1993—1997 年 | | 1998—2006 年 | |
| --- | --- | --- | --- |
| 工业行业 | 收入弹性 | 工业行业 | 收入弹性 |
| 金属制品业 | 14.530 9 | 煤炭采选业 | 74.946 6 |
| 交通运输设备制造业 | 9.879 8 | 食品制造业 | 49.182 1 |
| 其他制造业 | 4.777 1 | 黑色金属矿采选业 | 8.516 7 |
| 橡胶制品业 | 4.726 5 | 黑色金属冶炼压延加工业 | 7.061 5 |
| 自来水的生产和供应业 | 4.543 6 | 有色金属冶炼压延加工业 | 6.155 9 |
| 电力、蒸汽及热水的生产和供应业 | 4.147 2 | 水的生产和供应业 | 5.899 1 |
| 专用设备制造业 | 2.736 0 | 电力热力的生产和供应业 | 2.222 8 |
| 黑色金属冶炼及压延加工业 | 2.650 8 | 饮料制造业 | 1.933 7 |
| 煤炭采选业 | 2.629 4 | 橡胶制品业 | 1.765 0 |
| 化学原料及化学制品制造业 | 2.488 3 | 非金属矿物制品业 | 0.954 1 |
| 有色金属矿采选业 | 2.239 2 | 金属制品业 | 0.949 7 |
| 烟草加工业 | 1.907 4 | 交通运输设备制造业 | 0.652 3 |
| 造纸及纸制品业 | 1.498 5 | 化学原料化学制品制造业 | 0.140 2 |
| 服装及其他纤维制品制造业 | 1.418 3 | 造纸及纸制品业 | −0.014 7 |
| 非金属矿物制品业 | 0.690 2 | 烟草加工业 | −0.209 1 |
| 饮料制造业 | 0.588 7 | 专用设备制造业 | −0.219 4 |
| 食品加工业 | 0.505 9 | 纺织业 | −0.258 7 |
| 印刷业、记录媒介的复制 | 0.293 5 | 食品加工业 | −0.592 3 |
| 黑色金属矿采选业 | −0.041 1 | 医药制造业 | −0.670 8 |
| 纺织业 | −0.264 7 | 印刷业 | −0.822 6 |
| 食品制造业 | −0.311 3 | 其他制造业 | −1.158 1 |
| 医药制造业 | −0.858 8 | 服装及其他纤维制品制造 | −1.300 0 |

注：毕节地区 1993 年到 1997 年的统计年鉴所统计的行业要多于 1998 年之后统计的行业，为了比较分析的方便，省去了前面年份中有而后面年份中没有统计的行业。

我们还发现，各工业行业在两个时间段里的主导地位也发生了较大的变化。煤炭采选业的收入弹性上升到第一位，说明煤炭生产行业对当地 GDP 增长的带动起着绝对重要的作用。而其他行业的收入弹性在 1998 年之后比之前显著下降，说明了煤炭工业的迅速发展对资源的挤占，对其他工业行业的发展产生了一定的抑制作用。

### （三）基于生产率上升基准的选择

收入弹性基准与全要素生产率上升基准在选择主导产业的时候可以配合使用。前者是从需求角度来考察行业的市场发展前景，而后者是从供给角度来考察行业的技术进步率：较高的技术进步率需要以良好的销售条件为基础，而产品具有良好市场的行业如果技术落后，也难以成为主导产业。

我们采用第三章中对全要素生产率的分析数据来分析主导行业（参见表3.2和表3.3）。基于生产率上升基准，我们发现，收入弹性较高的行业除了水的生产和供应业、橡胶制品业的平均全要素生产率低于行业平均水平外，其他行业在1998—2005年的全要素生产率都高于行业平均水平，包括：煤炭采选业、电力热力的生产和供应业、黑（有）色金属冶炼压延加工业、食品制造业以及饮料制造业。如果再考虑到贵州省前向和后向联系的甄别标准的话，则毕节地区最为主导的产业是煤炭采选业、电力热力的生产和供应业以及进入冶炼压延加工业。

## 三、主导与非主导产业的协调发展

在以主导产业为核心的经济发展中，需要注意主导产业与非主导产业之间的协调发展。

### （一）克服资源产业发展中的"二元结构"和"挤出效应"

区域的主导产业在发展中需要与区域中其他产业进行有效地前向和后向的配合，区域之间也需要按照比较利益进行分工才会有更多的产业和居民得到更多的发展机会。主导产业与非主导产业关联性差，则极易形成较强的二元经济结构，一元是技术先进的现代化主导产业，另一元是技术落后的传统的非主导产业。这样，主导产业的优势无法渗透到相关产业中去，无法促进相关产业的发展；相关的非主导产业也不能支持主导产业的健康发展，主导产业发展受到较多限制，从而最终影响区域经济的发展。

在第三章最后，我们研究了毕节地区工业与区域之间以及工业内部各行业之间 TFP 增长率的分布趋势，发现资源产业的发展没有起到带动整体经济 TFP 提升的作用，而且各行业 TFP 增长率的分布也趋向分散，说明当地的产业结构在以煤炭产业为主导的变动过程中，部门之间的生产率差距有扩大的趋势，这将无益于资源的优化配置。因此，煤炭资源富集的欠发达地区经济发展需要充分发挥产业之间的关联性，避免产业发展中"二元结构"的出现。

另外在第二章对"资源诅咒"的分析中，还探讨了资源产业对经济其他部门的挤出效应。在对"荷兰病"的研究中，相关文献提到了资源产业的挤出效应主要体现在对可贸易产业的挤出上。因此，在产业发展中还应该对贸易型产业与非贸易型产业进行区别对待：对于与煤炭产业有着较强关联性的产业，如煤化工、电力、相关服务业等，我们需要引导进入主导产业集群；对与煤炭产业联系不紧密而且其产品主要用于区域间贸易的产业，我们应该注意引导其"远离"煤炭产业，以避免挤出效应的影响。

（二）主导产业与优势产业的协调发展

在现实经济政策中，毕节地区正在以煤炭工业、电力工业、磷化工、冶金工业、建材工业、农产品加工业以及烟草工业作为优势产业来重点推进[①]，这种政策取向是通过区域的资源禀赋优势的甄别方法来选择的重点产业。林毅夫（2003，2005）多次从不同角度论证了按照比较优势来选择地区的发展战略的合理性，而资源优势正是资源富集的贫困地区的相对比较优势。

由于欠发达地区的工业基础薄弱，缺乏工业化和产业化生产最基本的资本积累，所以在经济发展的起步阶段通过利用比较优势为产业发展提供初始动力是一个必不可少的阶段。作为欠发达地区，积极主动地通过政策引导多元化的产业布局，对全面带动当地经济发展和提高贫困居民的收入有积极的意义。

因此，资源富集的欠发达地区需要协调主导产业和优势产业的关系。一方面，产业发展应突出重点，借助主导产业的发展潜力来带动区域经济整体的发

---

① 《毕节地委、毕节地区行署关于加快推进工业化进程的意见》（毕地党发 [2007]6 号）。

展；另一方面，区域经济应依靠产业的集团成长，应该注意充分发挥产业之间的关联作用，依靠产业集群的力量发展经济，实现主导产业和优势产业的协调发展。

## 第三节 循环经济与生态工业

### 一、产业集群、循环经济与生态工业

随着经济规模的扩大和分工的深化，单个主导部门带动整个经济发展的情况越来越少，更多的是依靠一个或若干主导产业为中心构成的产业集群，以产业集群的发展带动整个经济。而煤炭资源富集、生态脆弱的欠发达地区产业集群如果要可持续发展则必须走循环经济的道路。

#### （一）产业集群

国内外产业集群发展实践证明，产业集群作为一种区域经济发展模式，不仅是发达国家和地区竞争优势的重要源泉，更是欠发达区域实现跨越式发展、赶超先进地区的有效战略工具。产业集群对区域经济来说，其形成的分工与协作网络、劳动力共享市场、技术外溢效应等将大大提高区域内的劳动生产率，改善区域经济的运行质量。一旦区域内的产业集群进入健康的发展轨道，就会在区域内形成一种良性循环，所有区域内的参与者将享受与创新、技术进步和专业化生产相联系的外部经济效益，从而提升区域经济竞争力。这为政府利用经济政策刺激某些不发达地区经济的增长提供了一种思路，即通过吸引在经济结构转型起主导作用的行业向不发达地区集聚从而刺激该地区的经济增长。

#### （二）循环经济

西部资源富集地区存在着生态脆弱、资源开采对环境破坏严重等问题，发展循环经济是类似地区产业发展的必由之路，所以循环经济理论是煤炭资源富集的欠发达地区产业发展的重要理论基础，也是产业集群中产业联系的基本原则。

循环经济（cyclic economy）即物质闭环流动型经济。20世纪60年代美

国经济学家 Kennis Bardin 提出的"宇宙飞船理论"可以作为循环经济的早期代表。20 世纪 80 年代末 90 年代初,循环经济的理论体系和实践模式在西方主要工业国家成熟和完善起来。20 世纪 90 年代中后期,循环经济的概念和理论开始被环保界人士引入我国。

关于循环经济的概念,国内学者在定义时,大都把国外的基本定义——"物质闭环流动型经济"作为关键词,但在进一步解释时,由于各自的认知和阐述的角度不同,给出的概念也不相同。据不完全统计,关于循环经济的定义有 40 种之多,其中,国家发改委的定义是:循环经济是一种以资源的高效利用和循环利用为核心,以"减量化、再利用、资源化"为原则,以低消耗、低排放、高效率为基本特征,符合可持续发展理念的经济增长模式,是对"大量生产、大量消费、大量废弃"的传统增长模式的根本变革。[①] 2003 年,我国政府将循环经济纳入科学发展观之中作为指导党和国家发展经济的重要理念。

### (三)产业集群和循环经济的载体——生态工业

在现实经济中,地方政府在引导产业集聚时主要采用建设工业园区的方式,把产业集群和循环经济理念结合起来的生态工业园是生态环境脆弱地区应该发展的方向。生态园区内的工业活动应该使工业系统和谐地纳入自然生态中物资循环和能量流动的大系统中,一个生产过程的"副产品"成为另一个生产过程的原材料,使整个工业体系转变成各种资源(能源、水和原材料)循环流动的闭环系统,在提高经济效益的前提下保护生态环境。

我国的生态工业示范园区建设是工业企业集中区发展循环经济的重要实践。自 1999 年在广西贵港开展全国首家生态工业园区试点开始,国家环保总局又先后在企业相对集中的地区创建生态工业园区,对传统工业区进行生态化改造。2003 年以来,在国家经济技术开发区、高新技术产业开发区等开展循环经济试点。19 个国家生态工业示范园区中,西部地区 6 个,近 1/3,东部和中

---

① 马凯:《贯彻和落实科学发展观,大力推进循环经济发展》,2004 年 9 月 27 日在"全国循环经济工作会议"上的讲话。

部地区 13 个。在这样一个企业集群发展的大背景下，毕节地区又地处江南的能源要地，直接对珠江三角洲的经济发展的能源供应产生重要影响，合理开发利用资源，按照生态工业园区的要求发展经济，将是一种比较建设性的资源开发利用的模式和区域发展战略。

## 二、煤炭富集的欠发达地区的循环经济模式与生态工业设计

### （一）循环经济的层次与结构

1. 链状和网状产业关联的耦合

从产业联系的层次来看。我们可以把产业之间联系分为链状和网状两种联系。（席旭东，2006）

产业之间的链状联系是产业在纵向上的线性联系。链状联系是产业从上游到中游再到下游最终面向市场的一种生产关系，产业链状联系主要是面向市场的。以煤炭资源为基础的产业链纵向延伸的方式主要有：煤炭—电力—市场；煤炭—气化—化工—市场；煤炭—焦化—市场；煤炭—建材—市场；煤炭—液化—化工—市场，等等。这种单向的产业循环是传统的产业发展模式。对于链状的产业联系，我们要做的是拉长产业链，提高产品附加值，同时注重利用集约化的生产方式。

产业的网状联系主要体现在对煤炭或煤炭开采中的伴生矿或副产品的综合利用，或者废弃物的循环使用上面，提高物质和能量在不同产业之间的流动和利用。一方面充分利用产业自身资源的对生态环境进行保护和综合治理，另一方面从面上扩展产业园区的循环格局，注重生产中的能量、副产品向生活领域和一、三产业的流动与利用。例如：煤矸石、煤泥—热电厂—热电，灰渣、矸石—建材厂—建材产品，煤矸石—塌陷充填复垦—土地资源，矿井排水—水处理站—供水，工业余热—居民和办公区供热，等等。

2. 大、中、小循环的协调

从区域经济发展的层次来看。我们可以从企业层面的小循环，产业集群层面的中循环和社会层面的大循环这三个循环层面来构建资源开发地区的循环

经济。

第一，企业层面，加强生产过程中的节能减排工作。从煤炭企业自身来看，可以构建一个节能的生产系统。煤炭企业在设计之初，就要采用循环经济的原则进行设计，采用科学、先进的生产工艺和环保节能的设备，使煤炭生产和加工过程遵循循环经济要求，节约物质和能源。将单位产品的各项消耗和污染物排放量限定在标准许可的范围之内，并延长生产链条，从生产产品延伸到废弃物回收处理和再生。

第二，区域层面，以生态工业的理念发展产业集群。生态工业是依据循环经济理论和工业生态学原理设计而成的新型工业组织形态，是产业关联度高，各产业协调发展的产业链。具体到以煤炭行业为主导的产业格局，一是以煤炭为核心，形成清洁能源、二次能源和煤系化工转化的产业链，实现能源利用效率的最大化，形成煤、电、化工的产业链；二是以煤炭生产的副产品为核心，形成多种产品，最大限度地进行资源综合利用及再生利用，减少废弃物的排放，形成煤、矸石、建筑材料一体化的产业链；三是以塌陷区为核心，因地制宜进行复垦，形成煤、电、养殖、种植一体化的产业链；四是以矿区为核心，把工业中的物质和能量合理应用到生活区，并促进商业的发展。

第三，社会层面的大循环是从社会层面，通过物质在消费过程中的循环利用，减少消费过程中的资源浪费和污染。要通过宣传教育、典型示范和制度规范等方式让循环经济的理念深入人心，使得无论是企业职工、当地居民还是公共服务提供者在工作和生活中都要注意减少浪费、避免污染。

3. 欠发达地区发展资源产业的循环经济是一个动态性、长期性的过程

国内外的经验表明，任何一个成熟的生态工业聚集区的形成都是很多年努力的结果。比如世界上最典型的丹麦卡伦堡生态工业园区，从20世纪60年代初便开始出现，当时有六家核心参与企业（火电厂、炼油厂、石膏厂、制药公司、土壤修复公司、卡伦堡市区）。经过几十年的发展，截止到2000年，卡伦堡工业园区已经有六家大型企业和上百家小型企业，它们通过"废物"、资金、信息等纽带联系在一起，形成了一个举世瞩目的工业共生系统（罗丽丽，2005）。

而且，卡伦堡的工业共生仍然在不断进化，其成功提示着人为创造这种副产品交换网络的可能性。

依托于产业集群的循环经济模式在欠发达地区的发展将可能是一个更复杂、系统和长期的工作。首先，要坚持科学的发展观，树立和普及循环经济的理念，并在基地规划和设计、建设与管理中贯彻实施。其次，在产业发展中的选址、用地、运输、工艺线路、产品原料的规划设计都要充分考虑相关产品与副产品的利用与转化，并留有必要的接口，为未来的新产业和企业提供发展的余地。

### （二）毕节地区循环经济发展规划和优化设计

像大多数发展处于起步阶段、亟待改变落后状况的资源富集地区一样，毕节地区的能源开发利用仍在处理"工业废物"的过程中，"末端治理"的方式并没有从根本上得到转变。就一个区域而言，污染和生态破坏是一个系统问题，仅从单个企业着手而不考虑整体的预防是很难实现区域范围内生态环境的改善。事实上，多数"工业废物"都是非常宝贵的可利用资源，具有很高的经济价值，但由于没有建立生态保护意识以及缺乏有效的管理措施，这些工业生产的后续产品的价值不仅得不到发挥，而且还产生了污染。

另外，毕节地区在整体上属于西部贫困地区，而治理污染需要大量的资金投入。在对当地进行走访调研的过程中，我们发现，毕节有关的环保和发展循环经济的意识还是比较强的，但是苦于资金的缺乏。究其原因，主要是没有将治理污染和企业的经济效益有机地结合起来，作为市场主体的企业并没有从污染治理中得到真正地利益，缺乏治污的积极性。所以，我们需要在产业层面建立工业共生网络，从系统的角度出发，提倡资源在区域范围内的循环流动，鼓励企业间的副产品交换，使副产品变"废"为"宝"，在成本有限增加的前提下提高产业环境表现和资源效率。

毕节地区工业体系的构建也正在努力朝着循环经济的方向发展。根据《贵州省毕节市循环经济型煤化工基地总体发展规划》，毕节市工业园区将建设煤矿、洗选煤厂、热电厂、煤化工产业链。按照"减量化、再利用、资源化"的循环经济理念，毕节工业园区内煤矿生产的优质煤供化工厂使用；劣质煤、煤矸石及化工厂生产后的煤渣，作为热电厂循环流化床锅炉掺烧燃料；热电厂锅炉生产的蒸汽发电后，供给煤化工厂和工业区内的毕节化肥厂、毕节烟叶复烤厂、毕节卷烟厂等工业企业，用作生产工艺用汽；炉渣和粉煤灰等优质的建材原料，则供给工业区内的瑞安水泥厂、砖厂作为生产原料，等等。这一系列举措是目前很多资源开发地区正在努力构建的循环经济工业体系。

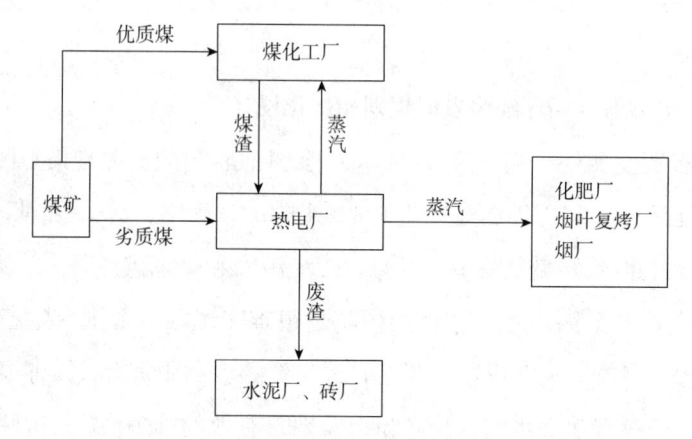

图 4.4　毕节市循环经济型煤化工基地物质循环

上图示意的是毕节规划建立循环经济型煤化工基地的生态产业链。生态工业园物质循环的理念是，上游企业的副产品成为下游企业的投入品，每单个企业的排放物都可以被其他企业所利用，从最大程度上降低整个区域经济的能耗和废弃物的排放。毕节的循环经济煤化工基地并没有完全实现生态循环，实现所有企业的所有废物的全利用。譬如，化工厂和热电厂的废水吸收利用问题；化工厂除了煤渣之外的废弃物含有不少化学物质，如何对其进行吸收利用的问题；化肥厂、烟厂的污染物的吸收利用问题；水泥厂产生的粉尘如何吸收利用的问题；毕节地区其他企业如何加入这种循环经济体系的问题；毕节市的居民也是循环经济的关键参与者，这也是在设计生态工业园区时需要考虑到的。这些问题都是现有工业园区规划中没有考虑到的。

从理论基础上来看，循环网络的构建主要依照生态经济的物质循环理论以及循环经济的"减量化、再利用、资源化"的原则。很多学者都从自身的理解对煤炭资源地区的循环经济产业网络进行过研究和设计，并没有完全统一的模式。但从实践层面上来看，资源经济循环产业网络的设计基本都是基于企业之间"多联产"的关联性进行生产的。通过工业化学方法，我国在"多联产"方面进行了不少有意义的探索，实现了联铵、联醇、联碱、联尿等工业关联生产的模式，下面对毕节地区煤炭工业循环经济网络的拓展中将有所借鉴。

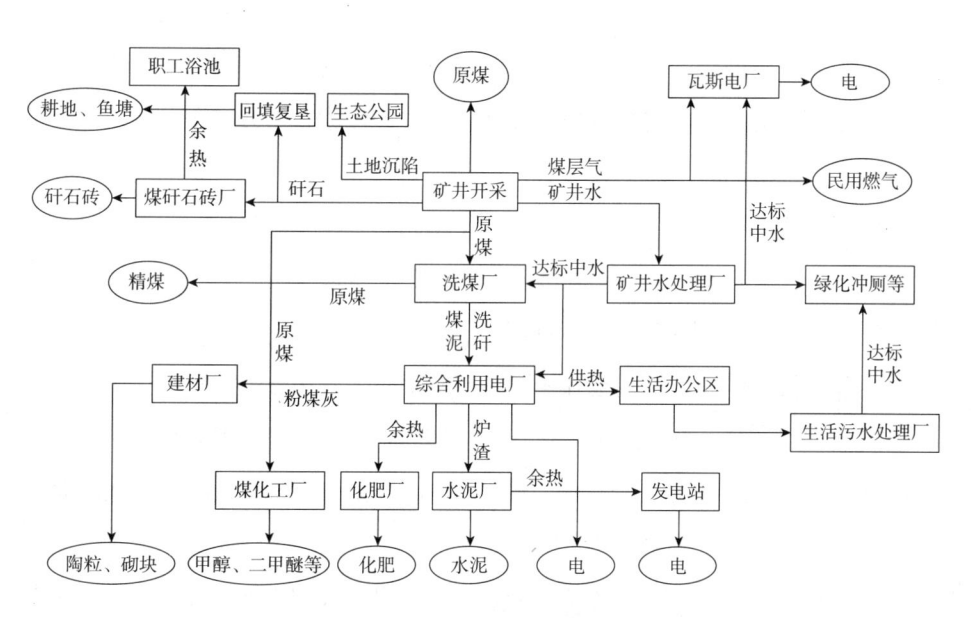

图4.5　改进后的毕节市循环经济型煤化工基地物质循环

资料来源：作者参考李东升等著的《资源型城市循环经济发展对策》、依照毕节市工业规划整理。

比较现有和改进后的循环经济型煤化工一体化体系，有几个主要拓展：第一，提高了对资源开发中副产品的综合利用，例如对煤层气、矿井水的利用等。第二，工业的物质循环向其他产业扩展，例如资源开发中产生的余热在渔业等方面的利用。第三，加强了工业循环与居民生活的联系，例如电厂向生活区的供热，矿井水在绿化和生活卫生方面的利用。第四，加强了资源开发与环境保护和改善的关系，例如矿井开采中的矸石用于回填复垦，或者直接把土地沉陷区用来建设生态公园等。

　　另外，结合生物界中的物质和能量的循环给予我们的启发，毕节地区也可以考虑将酒厂的废弃物用来养殖菌类产品，菌类生产后的培养基也可以提供给养猪厂作为饲料，进而进入农业庭院经济的生态循环，把工业的循环和农业的循环耦合，这些都是可以考虑的拓展。

　　对于毕节地区的工业园区来说，我们可以期望和预见这种循环经济模式的生态产业链不断延展和完善，不过，理论上的完善并不代表实际的可行性，在工业园区中物质循环的管理、网络运营风险管理、政府经营模式的转变、协调与维护等都是比企业之间物质循环设计更重要的因素，本书将在以下的部分给予探讨。

## 三、煤炭资源地区循环经济的集聚结构和支撑体系

### （一）循环经济中产业集聚的网络结构

　　循环经济和生态工业的运作不是一蹴而就的，其运转模式也因生态工业的发展政策、社会因素等的不同而有所差异。王兆华（2007）把循环经济产业之间的网络模式分为四种：依托型、平等型、嵌套型和虚拟型。我们采用这种分析框架，以毕节为例来分析煤炭开发地区的循环经济的网络选择。

　　**依托型**：围绕一家或几家大型核心企业形成，大型企业主导整个产业聚集区的运行。当生态工业园区中存在两家或更多的核心企业时，由此而建立的产业集群成为多中心依托型网络。如果依托型模式下的核心企业的经营环境发生变化，如资源耗竭等，最终会影响集群的稳定性，多中心网络的出现降低了生态工业园因某一环节中断而导致整个产业集群瘫痪的风险，提高了园区整体网络的稳定性和安全性。

　　目前，单中心依托型产业集群模式在煤炭工业基地中比较普遍，特别是一些大型企业集团，为扩大规模，围绕集团核心业务建立一系列的分厂，充分利用各种副产品和原材料而形成集团企业。随着煤电产业的进一步建成，资源型地区工业生产结构单一的矛盾日益显现：全区经济对煤电行业的依赖程度越来

越大，使工业经济抗风险能力差，如果煤电生产一旦出现问题，必然导致整个工业大幅下滑，而且煤电生产在大电项目全部建成投产后，目前投资拉动型的增长模式也会失去后劲。

**平等型**：产业集群中企业的合作地位相对平等。在平等型产业集群中，企业之间不存在依附关系，在合作谈判中处于相对平等的地位，受市场利益的驱动，市场为主要调节手段，平等型模式主要在一些高科技园区，如美国的硅谷工业园、北京的中关村科技园区。而资源开发地区多为重型传统工业，并不适合这种依靠市场为纽带建立负责的产业联系。

**嵌套型**：大型企业构成主体网络，中小型企业形成子网络，融合了依托型和平等型的特点。在嵌套式的产业集群中，多家大企业之间通过副产品、信息、资金和人才等资源的交流，形成主体网络。同时，每家大型企业又吸附大量的中小型企业，形成了子网络。所有参加集群的企业通过各级网络交织在了一起，既有各大型企业之间的平等型共生和中小型企业的依托型共生，还有各子网络之间的相互渗透，形成一种错综复杂的企业集群的网络综合体。

很多西部欠发达地区拥有自身的资源优势，但是在地理位置上不占优势，所以更需要通过产业集群的发展模式来壮大自身区域经济。业已规划的依托型产业集群只是一个很好的开端，但是，单中心依托的产业集群将会面临比较大的经营风险。所以根据嵌套式的产业组织模式，我们可以为毕节地区产业集群的发展趋势做出一些初步的判断：首先，毕节地区的产业集群构成模式应该从单中心依托型网络向多中心的依托行网络发展。由于毕节地区所具备的煤、磷、水、烟草等资源优势，完全有能力在同一个产业聚集区内形成多中心的网络集群，从而降低产业集群的风险，增强其稳定性和安全性。然后，毕节地区的产业集群构成模式应该从依托型网络向嵌套型网络进行改进。毕节全地区有着数千家大大小小的企业，每家企业单门独户的生产，直面市场风险，容易带来企业经营的不稳定性。而通过多个大型企业的壮大，把更多的中小企业纳入产业集群的网络结构，并加强中小企业之间在产品、信息、资金和人才方面的交流和互利，能够使得经济的发展更具广泛性。另外，多个企业之间的纵横交错，频繁的产品交换，构成错综复杂的网络系统，本身也是增强经济系统稳定型的措施。

**虚拟型**：企业并不相互临近，而依托电子技术、计算机技术、通信技术特别是网络技术等进行信息、物质和能量的交流。企业面临的环境已经由传统意义上相对的静态、单一、稳定转向动态。虚拟型的产业集群网络是一种新颖的组织形式。

毕节地区各个县域工业园区分别具有其他园区所不具备的资源、人力和环境的优势。很可能出现的情况是，某一个工业园区生产的副产品无法被自身的企业所吸收利用，但是另外一个县的工业园区恰好存在可以吸收利用这种副产品的生产企业。理论上来讲，我们可以把整个毕节试验区作为一个大的生态工业园区进行统筹安排。这就需要建立健全、充分的信息交流的平台，以及整个体系的及时反应能力。

在实际运作中，网络规模的扩展往往受到组织结构、信息、经济、技术以及社会文化的限制，在大范围内建立这种关系时，相应的成本（运输成本、交易成本）就会增加。另外，县域经济之间的地方保护主义和相互竞争的关系，也可能增加建立这中网络结构的困难，这都是我们需要综合评价成本和收益，进一步研究和加以解决的问题。

总之，四种产业集聚的结构模式的运作各具有优点和不足，在煤炭资源富集的欠发达地区的工业建设中，应该根据区域特征、企业规模和类型有选择地进行采用。不管何种模式，都需要使参与企业在获取经济效益的情况下，提高资源的使用效率，改善区域经济的环境表现。

### （二）循环经济支撑体系的建设

欠发达地区的产业基础相对薄弱，单纯依靠经济系统自身不容易形成健康成熟的循环产业集群和循环经济，另外产业集群的运行过程中还存在企业间关系、产业的稳定性等方面的风险。所以，循环经济和相关产业集群在建设过程中离不开各级政府的政策引导和公共服务，需要对相关风险进行控制和管理。目前各个地区在发展当地产业集群的时候都会采用财政、税收、土地价格、招商引资等各类措施对产业集群进行政策支撑。我们在这里则主要基于煤炭资源富集的欠发达地区的特征讨论政府在构建以资源产业为主导的产业格局的过程中需要努力的方向。

1. 制度保障：促进循环经济发展的政策法规

首先，需要有合理的政策与规划。

政府应该规划和编制科学的产业发展规划，规划应根据区内产业类型、人口状况、经济实力等方面的差异性，制定不同的激励、约束政策。

在激励政策方面，需要综合采用政府奖励、政府优先购买、直接投资、贷款贴息、税收优惠等行政和经济的手段，激励循环型、生态型企业主体的发展。引导企业和产业集群使用清洁生产技术、拓展产业链、提高资源效率、减少废弃物的各项循环，同时鼓励副产品的回收和利用以及对生态的修复等。在约束政策方面，需要制定企业的生态水平评价标准，生产副产品的标准，保证可以循环利用促进再生资源的回收利用。完善生产和生活的废物排放和垃圾收费等制度，并落实实施。限制高耗能、高耗水、高污染和浪费资源的产业，淘汰能耗高、污染重的落后工艺、技术和设备。

需要注意的是，循环经济是一种比较高级的经济发展形态，而欠发达地区还面临着扶贫任务，更为关注基本的经济增长和收入的提高，而这却容易适得其反，危害到当地可持续发展的能力。在目前 GDP 至上的大背景下，应该针对资源富集的欠发达地区制定一套特殊的发展评价标准和比较体系，把它们从省、市内部的 GDP 竞赛中解放出来，以循环经济的理念，以全国的类似地区为基准对区域发展进行单独评价。

基于外部性理论，煤炭富集的欠发达地区的发展实际上是一个治理经济负外部性的过程，此类地区的发展实施"污染者付费"的标准是不可行的，而是应该采用"受益者付费"的原则。此类地区发展循环经济的同时避免了传统经济对环境的破坏，是对全国其他地区福利的贡献，但在这个过程中也会花费成本。中央和其他地区应该制定相关政策，对此类地区的额外发展成本给予补贴，这种政策支持的性质是与普通的扶贫政策不同的。

其次，需要有完善的法律与制度。

我国的循环经济立法尚处于起步阶段。目前还没有循环经济基本法，而《中华人民共和国环境保护法》中一些体现循环经济理念的条款仍是我国循环经济立法的依据。此外，《清洁生产促进法》、《固体废弃污染环境防治法》、《可再生能源法》、《节约能源法》，以及一些相关部门的专项法律，如《煤炭法》、《水法》、《水污染防治法》、《大气污染防治法》从相关部门的生产源头和末端治理的角度进行了相关规定，也是循环经济理念的体现。

不过已有的循环经济相关法律不完善、不系统，一些条款仅有方向性和概念性的笼统表述，没有对生产者责任和义务进行可操作地界定，需要进一步完善和细化。另外，很多法律多基于末端治理，强调污染发生后的被动措施，缺乏对生态企业建设、产品回收利用、循环经济指标体系的严格执行和标准化管理，缺乏必要的司法解释和司法环境保障，司法互动开展困难。这都是在今后的立法中需要给予关注并逐渐完善的地方。

2. 利益协调：加强产业循环中的区域合作

在资源富集的省市一级政府整合资源开发的层面上看，往往会遇到一个难题，就是土地、矿产等不可移动的资源被大大小小的行政边界所分割，要是能够打破这种边界，资源整合开发就有效，反之，资源开发就将受到限制，成为降低区域生产率的重要因素。以毕节地区为例，在煤炭以及其他工业发展中各个县级政府积极向上寻求政策倾斜，各方筹措资金，在自身管辖区域内相对独立地开发煤炭和其他矿产资源。目前在电力生产上，毕节各县（市）已经建成了纳雍电厂（4×300MW）、黔北发电总厂（在金沙县，4×300MW+4×125MW）、纳雍二电厂（4×300MW，预留2×300MW）、黔西电厂（4×300MW，预留2×300MW）、大方电厂（4×300MW，预留2×600MW）以及国电集团拟建的织金电厂（4×600MW）、华电集团拟投入技改的毕节电厂（4×600MW）。各县（市）也在积极规划建设与煤相关的化工生产，规划金沙县40万吨/年合成氨、织金2×30万吨/年合成氨项目；规划建设黔西60万吨/年甲醇、织金2×60万吨/年甲醇项目；规划建设威宁240

万吨/年煤焦化项目。炼铁工业在毕节地区除黔西县外的其他各县均有分布，现有小炼铁厂 80 多个，而大于 100 立方米的仅有 4 家。锌冶炼工业在毕节地区不少县也有分布，常年总产量在 8 万吨左右。

毕节地区各个县区都在争相上大电厂、大项目，从自身县的财政收入的角度来讲，这种选择是有利的，但是并不一定有利于整个地区工业化体系的合理布局与完善。所以，最理想的发展模式是在资源开发的规划中更多地以资源分布等宏观的经济地理标准作为经济单元的划分标准。在当前以县域区划为单元的资源开发和产业聚集模式下，为了避免可能存在的"消耗资源的竞赛"现象的出现，欠发达地区更应该先行改进发展评价标准，打破地域、行业和所有制界限，以资源、资产为纽带把发展经济的重心转移到提高人民的真实收入和生态环境的保护治理上面，协调区域之间的产业布局。

3. 技术支持：物质和能量循环的专业管理

生态工业发展的一个重要理念是，在工业生产过程中没有真正的"废物"。一家企业产生的副产品可能是另一家企业非常宝贵的生产资源。煤炭资源地区的产业如果要达到生态工业的要求，企业应最大限度地利用进入经济系统的物质和能量。但是企业之间物质和能量的供求关系的搭配可能无法按照经济效益原则进行，可能会受到固定合作伙伴的刚性制约，也可能由于副产品缺乏后续加工而提高使用成本等，这就需要我们提供物质和能量循环的专业管理。所以，一个理想的循环经济系统还应该包括在不同企业负责进行物质和能量调度的副产品代理商。（王兆华，2007）

循环经济产业集群中副产品代理商是物质和能量循环的中枢神经，起到对副产品进行搜集和处理的功能，在一家企业不能全部用尽的废物，可以通过企业间的合作网络用于其他企业。上游生产的副产品必须经过一定的分类和处理才能达到下游企业的使用数量和标准，副产品代理商就起到对副产品进行分类、运输、处理以及信息发布等功能。对于无法再利用的副产品则进行集中无害化处理。所以，副产品的代理商是推动资源循环与流动的重要环节。

目前，毕节地区工业园区的规划并没有重视园区副产品代理商的引进和建设。虽然单单依靠核心企业的生产链的直接联系，在资源循环和环境管理方面可以取得一定的成果，但是，这样的工业系统仍比较脆弱。若要从根本上解决问题，毕节地区的工业园区还应该围绕副产品交换网络的建设引入相关的企业和项目。

为了进一步丰富毕节试验区工业园区的企业网络系统，弥补空白环节，还需要进入多家从事废弃物质回收、循环和处理的公司。对于废弃物处理企业，要在此类企业进驻之前进行严格把关，需要满足国家所规定的废弃物处理设施运营的资质，具备专业处理废弃物的能力。另外，要合理引进仓储回收公司和物流公司等，让副产品的各个环节都能得到合理的中转和利用。副产品的专业管理组织还应能够为其他企业提供技术支持和指导，譬如节能、节水技术，清洁生产技术，废弃物资源化技术等。

4. 资金保障：多渠道筹集产业发展资金

对于欠发达地区产业的起步和发展来讲，融资的效率和水平是很重要的，而煤炭资源的开发更需要密集资本的投入，所以，任何好的规划和发展战略缺乏资金的投入都无法实现。而资源富集的欠发达地区产业发展的融资却面临着多重的困难和问题：（一）由于经济发展水平落后、区域位置不利、基础配套设施不完善以及产业结构的单一化，都成为企业入驻资源开发地的阻碍；（二）工业体系在刚开始起步建设的时候，由于对循环经济发展的定位尚处于摸索阶段，相关信息和发展方向都处于不确定状态，而资源产业的资金周转期限又相对较长，这都成为金融机构提供信贷的阻碍；（三）小额信贷和信贷担保体制的不健全，缩减了产业发展的融资渠道；（四）地方产业的融资没有充分利用市场机制，渠道单一等问题的存在，也限制了资金的来源；（五）政府身份不清晰，有的地方政府既是产业的投资主体，而同时又有着市场监管的身份，产生双重监督问题，政府自身难以保证能够把产业发展资金用于创造市场效益的地方。

针对上面所分析的欠发达资源开发地区产业融资所面临的问题，需要我们从以下几个方面努力改变。

第一，从理论上讲，在煤炭资源富集的欠发达地区发展循环经济本身就蕴含着解决经济生产中的外部性问题，譬如林区、江河上游的区域等发展循环经济的过程也是避免产生对生态系统产生危害的过程，而市场机制在这方面是无法有效发挥作用的。因此，相关地区循环经济的发展本身就需要在中央政府的调控下补偿为了消除经济外部性所付出的成本。而目前我国的转移支付机制在这方面仍属空白，需要科学论证、合理实施，在循环经济的产业集群发展的初期，需要政府提供启动资金。另外，需要制定工业集群的总体发展方案，进行积极维护与管理，让外部资金对当地产业发展充满信心。

第二，从产业类型上看，煤炭资源富集的欠发达地区存在着二元化的融资结构。一方面，煤炭资源是当地最具有吸引力的招商筹码，需要努力抓住东部煤炭资源枯竭地区的资本，吸引东部煤炭企业到当地来投资。目前这个方面的融资效率较高，譬如兖矿、华电、华能等东部或中央大型能源企业在毕节投入了大量资金用于资源开发。而另一方面，循环经济的真正实现依靠的是辅助产业的兴起以及产业之间物质能量交换机制的完善，而非煤、非电的产业的融资较为困难，目前主要依靠地方政府的扶持和投资。在这方面的企业规模大都偏小，所以可以拓宽融资渠道，注重民间资本的投入，充分发挥主导产业的带动作用。

第三，从资金来源上看，现有生态工业园区的融资渠道存在着股市募集资金、民营资本、银行贷款、政府贷款、招商引资、土地出让资金、风险投资基金等方式。其中地方政府使用较多的方法是政府贷款、土地出让资金以及政策性的招商引资，而政府贷款资金主要用于城镇的基础设施建设方面，企业获得信贷比较困难，股市资金和风险投资基金由于市场规制等因素尚未大力发展，而民营资本没有得到广泛、充分的调动和使用。所以，仍需要继续扩宽融资渠道，实行有层次有重点的融资策略，并建立相关配套机制。

第四，信用是产业共生的基础，也是循环经济体系健康成长的保障，欠发达地区发展经济更需要强化信用建设来占领融资高地。在信用制度建设方面，要建立企业信用评级和信用信息披露制度、投资项目的评估机构和信息查询系统，引导并完善企业的信贷担保体系，为信用的形成提供有效的制度保证。在预防和惩罚方面，应该建立有效的融资风险防范机制、对信用不良的产业主体给予具有可置信的惩治威胁。同时，要在产业集群中培育共同的组织文化。欠发达地区进行资源开发需要多元投资主体的参加，而外地的企业以及民营企业与国有企业之间在企业经营理念和价值观等方面都存在差异，所以要突出组织文化的开放性和平等性，建立有效的沟通渠道，建立企业之间的信任和合作关系。

## 小　结

　　本章基于对毕节地区产业结构的演进规律的把握，甄别了其支柱和主导产业，并结合区域比较优势提出了协调产业发展的方向。现代经济的发展需要主导产业带动产业集群共同形成推动经济发展的合力，而资源富集的欠发达地区的经济发展还需要以循环经济为理念，以生态工业为载体的产业集群发展模式。本章对煤炭资源富集地区的循环经济模式和生态工业的构建进行了讨论，并系统分析了相关地区发展循环经济的运行模式和支撑体系。

第五章

# 煤炭收益分配与居民生活——基于权利和分配制度的研究

煤炭资源富集的欠发达地区能否走出"富饶的贫困",增进社会福利,在很大程度上取决于煤炭收益的分配环节。而资源收益的合理分配则涉及系统的政策改革和制度创新,其中包括资源定价、资源产权、开发补偿、税收体制和分配政策等方面。本章将主要探讨资源开发的利益分配政策以及煤炭资源收益如何在带动欠发达地区居民收入与就业方面发挥作用,前者是宏观层面的分配制度和税收的安排,而后者是微观层面收入的分配,涉及与扶贫开发政策的对接问题。

首先是宏观政策层面的资源收益分配。在管理制度不完善的情况下,资源开发蕴含着地方政府之间、中央与地方政府之间在国家资源收益分配、环境保护责任、宏观经济调控的内耗性博弈,甚至产生了一种看谁更能消耗国家公共资源的竞赛(郑易生,2008)。目前,以解决中央和地方利益分配关系为主线的财政体制改革正在酝酿,并在一些领域和区域开始尝试,但是还不能解决政府与普通百姓之间的利益和权重分配问题。

在资源开发过程中,开发地区支撑当地居民生存的基础也面临挑战。生活在资源富集的欠发达地区的贫困居民,本应是政府服务与保护的对象,但却在资源的开发和市场化过程中,在政府、企业和居民之间的利益分配中处于弱势地位。煤炭资源富集的欠发达地区的居民并没有或很少在资源开发和生态环境保护中得到应有的回报，这又对微观层面利益分配制度的完善提出了要求。

作为非可再生资源，煤炭开发与经济的外部性联系密切，所以其收益分配是科斯产权理论研究的起点和重要的应用领域，本章将从权利界定和利益分配的角度切入，构建资源收益分配的分析框架，对我国当前的煤炭资源收益分配体系进行深入研究。

## 第一节　煤炭资源的价值构成和权利主体

### 一、非可再生资源的价值构成

煤炭资源作为一种非再生的矿产资源，其价值由哪些部分组成，是研究资源收益分配首先要解决的问题。市场中商品的价值通过其价格表现出来，一般均衡理论已经比较成熟地证明了均衡价格的市场决定机制，在满足一定理论假定的条件下，商品价值的分配与补偿在市场交换中会合理地完成，并实现帕累托最优。而自然资源的价值构成与普通商品的价值构成相比更为复杂。

对于资源价值的研究可以追溯到 Hotelling 1931 年在《政治经济学杂志》上发表的《可耗尽资源的经济学》一文，这奠定了不可再生资源经济学的基础。Hotelling 第一个提出在完全竞争条件下，矿产资源在开采成本不变时，资源的"租"须以相当于实际利率的速率增长，即"Hotelling 法则"。后来，DasguPta（1979）等学者从不同方面丰富和完善了 Hotelling 的结论。此类研究有一个共同的特点，即，资源的价格分为成本和资源租金两个部分，但是，这一结论无法解释在所有权和矿业经营权分离的制度下各自的权利内容以及政府、居民在资源收益中所应被赋予的分配权利。

为了说明煤炭资源的收益分配问题，本章采用资源价值的边际机会成本理论来说明煤炭资源的价值构成。章铮（1996，1998）和雷明（1999）分别对自然资源的价值构成进行了专门的讨论，他们以资源经济学和机会成本理论为基础，认为资源产品的价格应该等于其边际机会成本（Marginal Opportunity

Cost，MOC），MOC反映了自然资源的真实价值，它由边际生产成本（Marginal Productive Cost，MPC）、边际使用者成本（Marginal User Cost，MUC）和边际外部成本（Marginal External Cost，MEC）三部分构成。其中，边际生产成本就是一般经济理论中所说的边际成本，在煤炭资源开发中主要表现为勘探、开采成本。煤炭开采企业在古典经济学的生产理论下，其生产就是要使开采的边际成本等于边际收益。边际使用者成本是指把所有代人共享的资源在有限期内开采完所产生的机会成本。边际外部成本则是资源开发过程中引起的对生态环境系统的损害以及其他外部不经济。

边际使用者成本主要是由于有用性、稀缺性以及所有权的存在而产生的，在数额上是资源在当代开采给后代带来的机会成本，在性质上是资源的稀缺性租金。Serafy（1981）通过一种考虑真实收入的方法计算了使用者成本。这种方法事实上是把可持续发展的理念考虑进去，认为非可再生资源的开采收入不应该完全看做收益，而是资源损耗与资源开采的增加值之和，毛收入减去资源损耗后的增加值才是真实收入，即不减少资源的资产（货币表示）存量，并能无限期维持的消费水平。用公式表示如下：

$$\sum_{t=1}^{\infty}\frac{X}{(1+r)^t}=\sum_{t=1}^{T}\frac{R}{(1+r)^t} \Leftrightarrow \frac{X}{r}=R\frac{1}{r}\left(1-\frac{1}{(1+r)^T}\right) \Leftrightarrow X=R-\frac{R}{(1+r)^T}$$

上式中 $r$ 为利率，$R$ 为每年的毛收入，$X$ 为每年的真实收入。我们可以看到，按真实收入开采的理想开采方式将给所有期（包括所有后代）带来收益，而按毛收入开采资源在 T 期之后资源将会枯竭。令这两种方法计算出来的资源收益的现值相等，则得到了真实收入与毛收入的关系等式，其中，$\frac{R}{(1+r)^T}$ 就是使用者成本。对照经济学中"租"的概念，这里的使用者成本其实就是资源使用者应该付给资源所有者的租金，从公式形式上来看，$\frac{R}{(1+r)^T}$ 是为了保证后代都能享受到稳定的资源收益，资源使用者应该在当期补偿的损耗。

边际生产成本由勘探和开采两个前后相继的生产成本构成。勘探成本的公式是 $C\times[1+r\times(1+\rho)]$，其中，$C$ 为历年勘探投入的现值，$r$ 为投资回报率用来衡量机会成本，$\rho$ 是风险系数。开采成本则是收获自然资源所应该支付的生产成本，如原材料、动力、工资、设备等。

边际外部成本的衡量最早是由 Pigou（1928）提出的。Pigou 最早关注到外部性现象，并提出对外部性制造者征税，使其私人边际成本等于社会边际成本。而科斯开创的产权经济学则提供了衡量外部成本的另一种方法，即，明确产权后通过自愿谈判的方式对产权（如排污权）进行市场交易。

## 二、资源收益分配的权利类型与权利主体

产权经济学认为：一个社会中稀缺资源的配置就是对资源的使用权利的安排，在其他情况不变时，任何物品的交换价值都取决于交易中所包含的产权束。所以，任何一种收入的分配都需要凭借一定的权利，例如地租是凭借对土地的所有权取得的收入，利润是凭借对生产资料的占有权而取得的收入，利息是凭借对资金的占有而取得的收入。资源收益的分配本质上是相关权利拥有者利益实现的过程，是资源开发的利益相关者之间利益冲突和协调的过程。

李国平等（2005）基于边际机会成本所定义的矿产资源的价值构成，以矿产资源的价值补偿渠道为切入点，把矿产资源的产权主体分为矿产资源所有者、矿业权所有者和资源所在地的居民，这三类产权主体分别掌握着矿产资源的所有权、矿业权和居住地的环境权。不过，李国平等所研究的是由于产权而产生的对矿产资源开发的价值补偿，并不是关注资源收益的全面分配，而本章的研究目标是所有有权对资源收益提出分配要求的权利主体，而不仅仅限于要求对其产权进行价值补偿的主体。在现实经济中，矿产资源收益的分配去向也不仅限于这三类产权主体。譬如，政府作为行政管理和公共服务的提供者，还拥有对煤炭开发主体要求相关税费的权利，而这种权利并不属于所有权的范畴。

因此，本章将资源收益的权利主体分为资源的所有者、矿业权所有者、发展与环境权所有者、公共管理与服务者。对这四种权利主体的分析可以分

别采用产权理论、委托代理理论、外部性理论和财政税收理论的分析方法。

**（一）资源所有权及其所有者**

除英美等少数国家规定私人土地上的矿产资源归私人所有之外，绝大多数国家都将非再生资源作为战略性资源归国家所有。我国现行《宪法》规定："矿藏、水流、森林、山岭、草原、荒地、滩涂等资源，都属于国家所有，即全民所有；由法律规定属于集体所有的森林和山岭、草原、荒地除外。"现行《矿产资源法》也规定："矿产资源属于国家所有，由国务院行使国家对矿产资源的所有权。地表或者地下的矿产资源的国家所有权，不因其所依附的土地的所有权或者使用权的不同而改变。"可见，在我国矿产资源的唯一所有者就是国家。

经济学中，所有权收益是通过转让所有物的租金实现的，或称作产权使用费。在成熟的市场经济国家，矿产资源所有者权益收益的主要形式是矿山地租，具体形式有权利金（royalty）、矿山租金、资源超额利润税等。具体的征收方式可以是事前的矿业权出让金，也可以是开采过程中的权利金，前者可以采用非竞争的专业机构估价的方式也可以采用竞争性的市场定价的方式，而后者则可以从量计征、从价计征或者以利润为基础进行计征。不过，无论基于所有权收益的形式和渠道有多少种，从矿产资源所有者权的收益数额上来看，都应该等于前面所讨论的使用者成本。（汪丁丁，1993；王育宝，2005）

**（二）矿业权及其所有者**

矿业权是指矿产资源使用权，包括探矿权和采矿权。国家或全体人民不可能亲自去开发利用国有矿产资源，解决这一矛盾的方案就是让所有权和经营权分离，由非所有权人向所有人申请并支付一定的费用，取得对矿产资源进行勘探并开采的权利。矿业权是对矿产资源进行勘探、开采等一系列活动并享有由此所得收益的一种排他性权力。矿业权所有者一般为资源开采企业，其中包括中央直属企业、地方所有企业、集体企业以及民营企业等。

在计划经济时代，国家作为资源所有者，通过下属分支机构和生产企业直接组织非再生资源的勘探开发、生产经营，因而并不存在所有权和矿业权的分离。在我国 1996 年修订的《矿产资源法》安排了探矿权、采矿权的交易制度，初步建立了矿业权体系。矿业权的取得需要向资源所有者支付一定的费用，在我国表现为探矿权和采矿权使用费、探矿权和采矿权价款以及相关土地的土地价款等。

同时，矿业权的价值是潜在的，需要通过勘探才能由潜在价值转化为现实的价值，所以在勘探过程中的成本也包含在矿业权的价值之中，需要对勘探主体进行补偿；另外，资源收益对矿业权的补偿还体现在企业经营的净利润上面。

### （三）发展与环境权及其所有者

发展权和环境权是第三代人权[①]的重要内容，蕴含着保护社会公共利益之义。发展权是指公民享有在社会中良性发展的权利，环境权则是指公民个人所依法享有的在安全舒适的环境中生存和生活的权利。民法中规定"公民享有生命健康权"、"违反国家保护环境防止污染的规定，污染环境造成他人损害的，应当依法承担民事责任"，明确了公民个人享有在安全舒适的环境中生存和发展的权利。

在煤炭资源富集的欠发达地区，发展权和环境权则被赋予了更加鲜明的含义：矿业企业雇佣当地劳动力，提供工资和社保，是对居民发展权的一种维护和保障，但同时由于产业结构的单一等原因，有可能对当地居民未来的产业选择、经济发展权带来影响，由于资源枯竭、环境破坏等原因，有可能对当地居民的生命健康带来影响等。因此，资源收益对发展权和环境权的所有者的分配实质上是对矿区居民发展权和环境权以及价值损失的补偿。在我国资源开发中征收的矿山环境治理恢复保证金、环境补偿费、水土资源保持费、排污费、可持

---

[①] 在当代国际社会中，发展权与环境权被视为人权新阶段（也即第三代人权）的重要内容，是与以政治权为核心内容的第一代（19 世纪）人权和以社会权为核心内容的第二代（20 世纪）人权相区别。（《世界人权宣言》，1948；《社会进步和发展宣言》，1969；《维也纳宣言》，1993 等。此处定义转引自百度百科对发展权和环境权的词条解释）

续发展基金、煤炭转产发展基金等税费则在政策制定的目标上，就是针对资源开发地区的发展权和环境权征收的资金。

需要说明的，对发展权的补偿是指现阶段由于产业结构扭曲、环境破坏等因素对当代居民的发展有着直接影响的补偿；而资源所有权所对应的补偿则由使用者成本确定，而使用者成本包含了为后代补偿的资源损耗，所以资源收益对所有者权主体的分配包含了对可持续发展的支撑和补偿。以上两种补偿的性质是有区别的。

### （四）公共管理与服务者

公共管理与服务的提供者是政府，对这种管理和服务的利益分配不是基于矿产的所有权而是基于国家的政治权力，其价值并不包含在资源价值本身而是体现在政府对经济和市场的管理与服务中，政府按照相关法律规定向经济单位和个人的剩余收益征收一定的税费。

由于基于权利的性质不同，公共管理权的收益分配的目的不像所有权诉求那样追求对所有权价值的补偿，而是为了实现国家职能所需要掌握的资金，是要满足政府进行公共管理的需要，用于调节收益分配，用于政府管理和宏观调控目的的实现，我国政府所掌握的税收、财政资金也是投资和建设资金的重要来源。

对公共管理与服务的补偿主要是通过各类税收和费用的征收实现的。例如煤炭开采企业的增值税、企业所得税等，都体现了煤炭资源收益对于这种权利的补偿。对于政府的公共管理与服务权的补偿额度是最优税收理论和财政学的研究对象，所应该遵循的原则也是不同的。资源所有权、矿业权、发展与环境权的分配额度的理论基础是对不同权利诉求的充分补偿，而公共管理与服务权对资源收益的分配诉求则基于税收对市场经济活动的有效调节，在兼顾效率和公平的基础上，提高社会的整体福利。

基于以上对不可再生资源的权利类型和权利所有者的理论分析，结合张云（2007）对矿产资源价值补偿渠道的分析，图 5.1 给出了我国煤炭资源的分配渠道的框架。

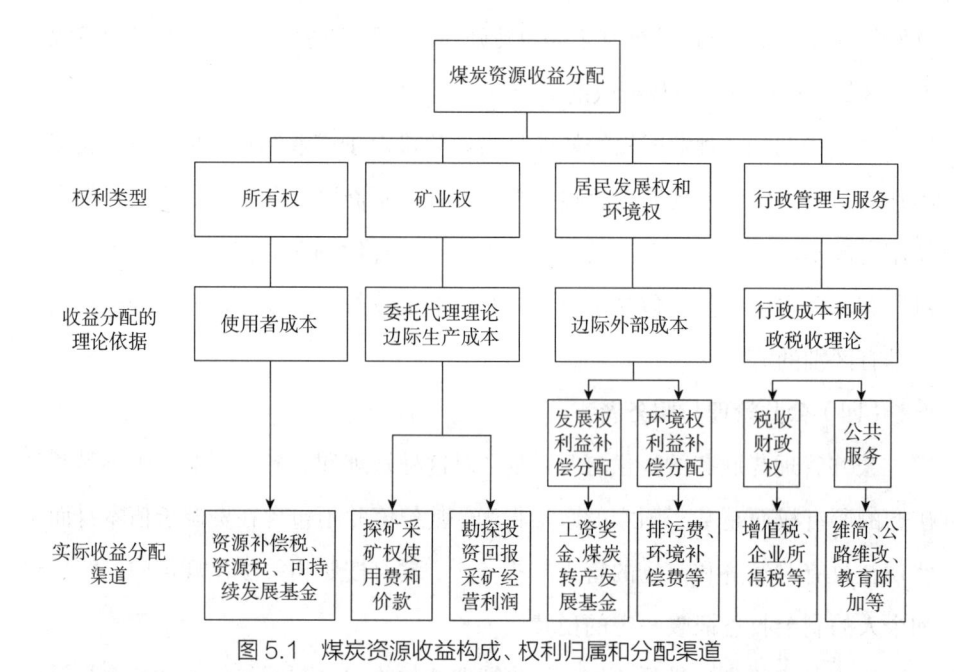

图 5.1 煤炭资源收益构成、权利归属和分配渠道

## 第二节 当前煤炭资源的权利安排以及收益分配

### 一、煤炭资源收益分配体系

运用上面关于矿产资源价值构成、权利主体和分配的理论分析，我们接下来具体讨论煤炭资源的收益安排。表 5.1 详细总结了目前我国存在的煤炭资源收益分配手段体系。

在对资源产权界定比较明确的经济体制中分配取向比较明确，争议主要来自于资源国有制度下收益在中央政府、地方政府与当地居民之间的分配关系。在中国产权界定仍有待完善的情况下，本章将从以下两个方面来探讨资源收益的分配：一方面，从不同权利类型来看，我们根据上面所谈论的四种收益索取权把目前所存在的与煤炭资源相关的大大小小的租、税、费分门别类地进行归纳和总结，进而讨论资源收益朝各类权利的流动方向和额度的合理性；另一方面，从权利主体类型来看，同一种性质的权利也可能存在多种类型的权利主体，例如，中央政府和地方政府同时拥有对资源的管理权，中央企业、地方企业、民营企业等都可以拥有矿业权，而流向相同权利的收益在不同权利主体之间的分配也是不一致的，所以也需要对这种层面的收入分配进行研究。

表5.1 我国当前煤炭资源收益分配体系

| 收益分配手段 | 性质 | 资金使用者 | 所属权利 |
| --- | --- | --- | --- |
| 资源税 | 调节级差收入 | 地方财政支配 | 使用者成本 |
| 矿产资源补偿费 | 相当于绝对地租，用于资源耗竭补偿 | 中央与地方分成 | 使用者成本 |
| 土地使用税 | 煤矿未利用采煤沉陷土地使用税 | 各级政府统筹 | 使用者成本 |
| 探（采）矿权使用费 | 国家将矿产资源探矿权出让给探矿权人，按规定向探矿权人收取的使用费 | 国家与地方分成 | 矿业权价值 |
| 探（采）矿权价款 | 国家将其出资勘查形成的探矿权出让给探矿权人，按规定向探矿权人收取的价款 | 国家与地方分成 | 矿业权价值 |
| 探（采）矿回报和利润 | 煤炭企业获利 | 各级政府统筹 | 矿业权价值 |
| 煤炭价格调节基金 | 外运煤向当地火电厂供应电煤的企业补贴 | 省市县分成 | 边际外部成本 |
| 生态环境补偿费 | 用于区域性环境治理 | 地方财政安排 | 边际外部成本 |
| 煤炭生产安全费 | 用于煤矿安全生产 | 存入政府监督下的专门账户、企业自提 | 边际外部成本 |
| 维简费 | 维持煤矿简单再生产，新技术推广，公用工程建设 | 大部门煤矿使用，少部分省市县分成 | 矿业权价值或公共服务 |
| 煤矿安全生产风险抵押金 | 作为煤炭安全生产的保证金 | 存入政府监督下的专门账户、企业自提 | 边际外部成本 |
| 排污费 | 环境保护专项资金，污染治理 | 省市县分成 | 边际外部成本 |
| 水土资源保持费 | 补偿水土保持设施，治理水土流失 | 省市县分成，水土部门使用 | 边际外部成本 |

续表

| 收益分配手段 | 性质 | 资金使用者 | 所属权利 |
|---|---|---|---|
| 县乡运煤公路维改费 | 县乡运煤公路的改造和养护 | 市30%，县70% | 公共服务 |
| 增值税 | 生产环节增加值的流转税（销项税额 – 进项税额） | 中央与地方分成 | 公共管理服务 |
| 企业所得税 | 对生产经营所得征税 | 按企业属地征收 | 公共管理服务 |
| 教育费附加 | 凡缴纳产品税、增值税、营业税的单位和个人需要缴纳附加性费用 | | 公共管理服务 |
| 城市维护建设税 | | | 公共管理服务 |
| 矿山环境治理恢复保证金 | 主要用于矿区范围内的环境治理、恢复和保护 | 省市县分成 | 边际外部成本 |
| 煤矿转产发展基金 | 产业、就业转移科研培训保障投入 | 市县分成，专款专用（山西） | 边际外部成本 |
| 煤炭可持续发展基金 | 主要用于矿区外的生态环境综合治理和保护 | 省级地税（山西） | 边际外部成本 |

注：煤炭转产发展基金和煤炭可持续发展基金目前在山西省进行试点。

基于我们目前的资源收益分配体系，以及贵州省毕节市具体政策法规及数据，本章接下来将对煤炭资源富集的欠发达地区当前的资源收益分配所存在的问题和改进方向进行深入讨论。

## 二、基于权利类型的煤炭收益分配

### （一）收益分配涉及面广，但是税费征收制度不系统、不完善

从表5.1中我们可以看到，目前针对煤炭生产的各类税收和规费有二十多种，并且涵盖了所需要分配的各类权利和利益主体。但是我们并没有发现税费制定中系统性的标准和逻辑，目前仍处于"零敲碎打"的征收阶段，利益机制没有理顺。

首先，收费项目越来越多，收费标准越来越高，而缺乏收费项目之间的有机配合与协调，收费随意性比较强，容易出现标准模糊、立法分散、多头执法等规制不利的问题。其次，资源税费关系不合理，税费重复交叉。例如，在煤炭

行业需要缴纳生态环境补偿费、排污费、水土资源保持费等与外部性成本相关的税费，这些税费的性质趋同，并不利于统一管理，而且容易产生寻租等腐败行为。再次，税费支出的流向和监督机制不完善。一些专项税费在规则制定中要求企业在指定金融机构缴纳或存储税费，并且由当地政府的相关部门进行监管，专款专用。这种浮于表面的监管模式一方面缺乏可操作性，另一方面无法保证监管者本身（地方政府）不会把相关资金挪作他用，因为，对于欠发达地区的政府来讲，财政收入要么入不敷出而主要用于人员工资发放，要么用于基础设施建设和一些大项目，而难以起到对资源开发和环境保护的调节作用。

### （二）产权主体不清，所有者权益没有得到充分体现

能够作为所有者收益的税费过少，只有资源税和资源补偿费以及探（采）矿权管理费和价款可以作为资源所有权的收益。而这些税费的数额无法达到所有者权分配要求：国家规定的资源税税率和资源补偿费费率过低，而且资源税长期以来采取从量的征收方式，大大降低了资源税、资源补偿费对资源开采的调控程度和收益分配的调节；另外，我国过去长期采取行政手段无偿授予矿业权，而当前探（采）矿权费用和价款的征收数额也远远低于资源价值。因此，煤炭资源的所有者权益难以得到补偿。另外，资源所有权收益得不到合理分配的重要原因在于产权分配的不清楚，存在着同一主体代表多种权利或者一种权利由多个主体共享的情况。

政府身兼资源所有者的代理人、行政管理者、公共服务提供者以及国有企业投资者等多重身份，所以，政府既作为资源所有者征收租金，又作为国企投资者参与煤炭企业利润分配，还作为社会管理者征收税费，其资源收益的性质是多元化的。按照权利和收益对等的原则，政府收入的多元化并不存在收入是否合理分配的问题，问题在于不同性质收入的使用途径也应该是不同的，而这一点在统收统支的财政体制下是难以实现的。作为资源所有者的收益应该作为可持续发展的基金储存，作为央企投资者的收益则应该用于推动企业的技术升级和扩大再生产，作为社会管理者所征收的税费则应该通过税收杠杆对经济进行合理的调控和用于公共服务的提供。而目前统收统支的做法很容易导致不同

补偿渠道收入的挪用，带来政府的长期储备和短期投资的不一致、不匹配。

另外，现行《矿产资源法》也规定："矿产资源属于国家所有，由国务院行使国家对矿产资源的所有权。"但是在实际中，资源税是一种地方性税种，资源补偿费由中央和地方分成，矿业权出让收益也是向地方倾斜的。所以，地方政府也在一定程度上具有了资源所有者的身份，这本身有利于地方的发展，但是资源产权制度的不清晰甚至扭曲也导致了收益分配在不同利益主体中分配时出现的一系列问题。

**（三）税收扭曲严重，行政管理权越位**

政府通过税收、补贴、配额等管理职能一方面可以对资源开发和当地经济的发展带来必要的公共服务，另一方面也对市场造成了扭曲。尽管政府作为资源所有者的权益没有得到充分补偿，但事实上，无论是中央政府还是地方政府的收益都从其他方面得到了弥补，那就是它们作为公共管理与服务者通过对煤炭企业征收增值税和企业所得税所获得的收益。增值税、企业所得税和营业税是我国的主体税种也是政府收入的主要来源，这在煤炭经济中也不例外，但此类税种的设计仍然存在问题。

世界上各主要矿产国普遍将矿业划为第一产业，实行低税率，对矿产品不征收增值税，只有少数国家对矿产品征收增值税或类似增值税性质的税收，而且普遍实施"消费型"增值税或"收入型"增值税。而我国煤炭行业实行的是生产型增值税，税率为13%，不予抵扣固定资产所含的增值税。这对西部资源开发地区的经济发展的影响有：（1）煤炭企业税赋过重。煤炭企业外购资产中原材料所占的比重很小，固定资产所占的比重很大，可计算抵扣的购进额仅占煤炭销售收入的20%左右，远远低于一般工业产品70%左右的比重，导致煤炭开采企业税负较高。（2）加剧地区分配不均。相比较煤炭开发地区，东部发达地区产业结构相对较"轻"，在增值税抵扣上占有优势，增值税的返还办法也不利于税收增长慢的落后地区，加之增值税分配中中央政府拿大部分，使得这种分配方法明显有利于中央，有利于经济发达地区。

税收政策的一项重要任务是能够保证政府履行调控经济的职能，而该职能的重要原则就是应该依据行业的重要性、风险性和盈利能力在税收方面区别对待。基于矿业投资的高投资、波动性大的特征，以及基于能源安全的考虑，各国均注意减少相关行业的税基和实际税收，而我国却由于税制制定中的"一刀切"，加大了对相关产业的税收扭曲。

**（四）环境和社会补偿不足，发展权和环境权得不到充分实现**

煤炭资源开发过程中的污染主要来自于"三废"的排放。煤炭废渣排放一般是其产量的40%。矿山建设和生产过程中的矿坑排水、洗选过程中加入有机和无机药剂而形成的尾矿水、排矿堆、尾矿和矸石堆受雨水淋滤，渗透溶解矿物中可溶成分的废水等，这些废水大部分未经处理，排放后又直接或间接污染了地表水、地下水和周围农田，从而影响到农业生产和建设用地。废水和废渣中的有害成分挥发还会污染空气，造成大气污染。这些对自然环境和生产空间的破坏又影响了欠发达地区发展的内在动力，而且生态破坏带来的成本以及事后的维护成本也会进一步侵占本来就不太充裕的发展资金，这使得欠发达地区的经济发展更加雪上加霜。

从表5.1中可以看到，煤炭生产需要补偿的环境费税有生态环境补偿费、排污费、水土资源保持费、矿山环境治理恢复保证金、煤炭可持续发展基金，其中后两种目前只有在山西省实行，而没有得到广泛应用。目前在环境税费补偿方面的问题在于补偿额度不够，达不到专款专用于对环境切实保护的要求。

另外，政府对企业在环境责任方面的管制失灵，不能有效地防止污染的发生，矿区居民的环境权得不到有效的救济。居民和采矿企业发生环境纠纷后，在要求赔偿无果的情况下，转向采用上访的方式要求政府解决，而政府和社会并不存在完善的社会补偿和救济的体系。所以，构建规范化、法制化的环境成本补偿模式势在必行。

## 三、基于利益主体的煤炭收益分配

**（一）中央政府和地方政府的资源收益分配**

在当前煤炭资源"资源统一所有、收益多元化"的产权制度下，各级政府身兼资源所有者、国企投资者以及社会管理和公共服务者多重身份，所以，政府之间的资源收益分配也体现了对各类身份所对应的权利的补偿，也就产生了中央和地方政府对各项税费的分成的要求（如表5.2所示）。而各方的利益纷争也源于同一利益主体身兼不同权利以及同一权利由不同利益主体共享等现象的存在。

表 5.2　贵州省煤炭经济相关的税费分成比例（部分）　　（单位：%）

| 税费类型 | 中央政府 | 省政府 | 地区政府 | 县政府 | 乡政府 |
| --- | --- | --- | --- | --- | --- |
| 增值税 | 75 | 10 | | 15 | 完成一定财政收入指标后超出部分按5%返还 |
| 资源税 | | 30 | | 70 | |
| 矿产资源补偿费 | 50 | 30 | | 20 | |
| 排污费 | 10 | 10 | 20 | 60 | |
| 水土资源保持费 | | 10 | 5 | 85 | |
| 煤炭价格调节基金 | | 30 | 20 | 50 | |
| 探矿权采矿权价款 | 20 | 40 | 10 | 30 | |
| 县乡运煤公路维改费 | | | 30 | 70 | |

注：数据由毕节地区相关部门提供，另外县级政府还享有全额的煤炭企业所缴纳的城市维护建设税、教育费附加等。

### 1. 从资源的所有权、发展权和环境权来看

由于非再生资源是与土地紧密相连又不可流动的要素，资源所在地政府与资源利益的联系程度要大于中央政府，本着权责与财权一致的原则，地方政府和居民应分享更多的收益。而我国目前在所有权、发展权和环境权方面的收益分配是向地方政府倾斜的。

不考虑中央和地方政府作为企业投资者以及社会管理者的身份，即不考虑煤炭企业的增值税、企业所得税以及政府对企业利润的分成而只计算所有权收益和与环境相关的各项费税的情况下，粗略估算了毕节金沙县每吨煤炭收益在各级政府中的分配，如图5.2所示。

从整体上来看，各地方政府所获得的收益分配比例不同，地方政府分到了绝大多数的税费，其中，县级政府能够分配到的资源收益最高。因此，从分配

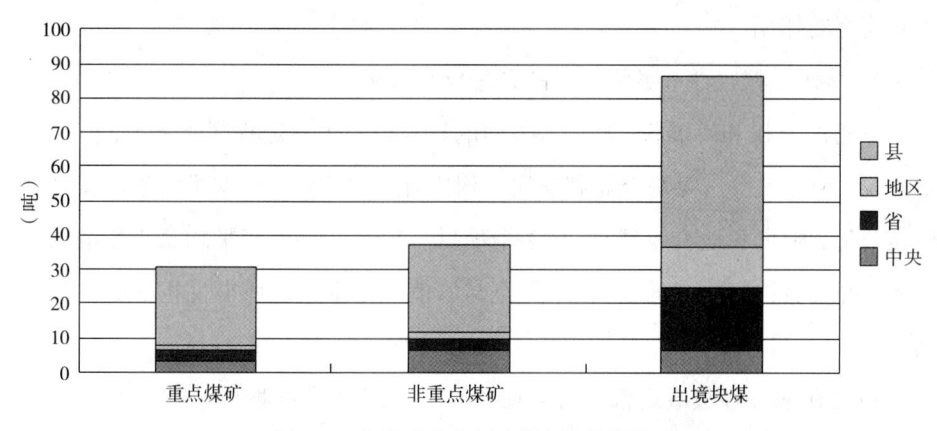

第五章 煤炭收益分配与居民生活——基于权利和分配制度的研究 | 151

图 5.2 各级政府在每吨煤炭的收益情况

注：重点煤矿是年产煤量 30 万吨以上的煤矿，非重点煤矿是年产煤量 30 万吨以下的煤矿。

比例上来看，地方政府的利益在所有权、发展和环境权方面得到了很大程度的照顾。

资源收益在不同级的地方政府之间的分配是不平衡的，利益最没有保障的是乡镇一级政府，乡镇收入是在完成县政府下达的财政收入指标基础上按增收的 5% 返还。可见，尽管处于煤炭开发地的乡镇在创造较多财税收入的同时也承担了更多的资源开发带来的负面效应，但是当前地方政府财政管理体制并不利于保障乡镇发展的基本权利。

从不同性质的煤矿来看，地方政府从非重点煤矿中得到的收益分配比重点煤矿要高，而如果直接输出境外的话，由于煤炭价格调节基金[①]的征收，地方政府的收益将迅速提高，而煤炭企业的收益相应减少，这种利益安排有可能使地方政府更偏重于非重点煤矿和出境煤炭的生产。

不过作为偏向地方性的税收，资源税费能否起到平衡地区经济差距的作用，还取决于该部分税收的使用方向。而往往资源税费份额相对较多的落后地区，地方财政极为紧张，资源税费用于政府消费性支出的可能性更大，从而起

---

① 发给煤炭价格调节基金：从事煤炭开采、洗煤、炼焦的企业要缴纳煤炭价格调节基金，主要用于补贴向火电厂供应电煤的企业。按照贵州省政府的规定，省内煤炭企业销往省外的煤炭每吨需要缴纳 30 元的价格调节基金。

不到应有的作用。

2. 从矿业权收益和各级政府的管理权收益来看

尽管所有权和发展权、环境权方面的权利得到了一定程度的满足，但是与增值税、企业税等占煤炭企业利润比重相比有很大差距。根据贵州省盘江煤矿公司公告，中央和地方收费有 20 多个项目。2004—2006 年平均每年缴纳 32.5 亿元，占煤炭销售收入的 2.51%，但是与增值税税率以及所得税相比则差距仍然很大。

中央和地方各级政府都有各自所管辖的煤炭开采企业，表现为中央企业、地方国有企业和民营企业三类主体的并存，而中央企业的垄断经营权占据主导地位。由于分税制的存在，国税和地税的征收对象和分配比例大不相同。表 5.3 是毕节地区历年与煤炭和电力行业相关的国税收入，表 5.4 是毕节金沙县历年与煤炭和电力产业相关的地税收入情况。

表 5.3　毕节地区 2001—2007 年与煤炭相关的国税收入情况

| 税费类型（万元） | 2001 年 | 2002 年 | 2003 年 | 2004 年 | 2005 年 | 2006 年 | 2007 年 |
| --- | --- | --- | --- | --- | --- | --- | --- |
| 税收收入（万元） | 755 097 | 815 994 | 946 354 | 1 563 618 | 208 199 | 274 415 | 328 736 |
| 其中：中央 | 646 365 | 688 681 | 796 536 | 1 269 864 | 170 544 | 223 368 | 261 603 |
| 地方 | 108 732 | 127 313 | 149 818 | 293 764 | 37 655 | 51 047 | 67 161 |
| 增值税 | 434 952 | 469 420 | 563 326 | 981 365 | 141 965 | 180 609 | 219 605 |
| 其中：电力 | 60 939 | 71 239 | 133 514 | 357 784 | 51 344 | 66 264 | 92 057 |
| 煤炭 | 35 097 | 65 640 | 82 919 | 114 176 | 38 999 | 51 310 | 58 852 |
| 企业所得税 | 9 190 | 6 767 | 9 759 | 105 910 | 3 652 | 12 192 | 29 021 |
| 国有企业 | 8 524 | 5 762 | 8 306 | 103 717 | 3 404 | 8 916 | 21 971 |

数据来源：《毕节地区国税主要税种、税目完成情况表》，毕节地区国税局。

表 5.4　金沙县 2001—2006 年与煤炭资源相关的地方税收收入情况

| 税费类型（万元） | 2001 年 | 2002 年 | 2003 年 | 2004 年 | 2005 年 | 2006 年 |
| --- | --- | --- | --- | --- | --- | --- |
| 税收收入 | 9 572 | 9 403 | 9 912 | 13 680 | 16 751 | 18 812 |
| 增值税（15%） | 1 092 | 1 430 | 1 985 | 4 071 | 6 213 | 6 723 |

第五章 煤炭收益分配与居民生活——基于权利和分配制度的研究 | 153

续表

| 税费类型（万元） | 2001年 | 2002年 | 2003年 | 2004年 | 2005年 | 2006年 |
| --- | --- | --- | --- | --- | --- | --- |
| 其中：电力* | 153 | 217.02 | 470.47 | 1 484.2 | 2 247.04 | 2 466.62 |
| 煤炭* | 88.12 | 199.96 | 292.18 | 473.64 | 1 706.76 | 1 909.97 |
| 营业税 | 1 390 | 2 368 | 2 563 | 3 191 | 2 146 | 2 001 |
| 企业所得税 | 1 449 | 595 | 356 | 127 | 178 | 373 |
| 资源税 | 35 | 43 | 51 | 261 | 761 | 1 274 |
| 排污费收入 | 71 | 42 | 59 | 97 | 546 | 554 |
| 矿产资源补偿费收入 |  |  |  | 32 | 80 | 90 |

注：（1）*以毕节地区电力和煤炭各自所占增值税比重估算；（2）以上材料来源于毕节地区财政局和金沙县财政局；（3）数据来自于《金沙县2001—2006年财政收入完成情况表》，金沙县财政局。

由于数据的局限，我们无法得到煤炭和电力行业的企业所得税在国税与地税中分别占的比重以及具体的数额，但是从2006年的数据我们可以看到，国税中国有企业的所得税是地税中企业所得税的近24倍，而在毕节地区的国有企业有相当一部分属于资源开采和电力产业，所以资源开发的收益主要流入了企业和上级财政，财税分配体制有不合理的成分。

在其他煤炭资源富集地区，尤其是国有垄断企业处于支配地位的资源开发地区，这种情况更为严重。神华集团是在榆林市影响巨大的国有企业，2005年其煤炭产量占榆林市煤炭总产量的50%左右，按现有财政体制，增值税部分中央、市、县级分配比例为75%：12.5%：12.5%。2003年神华集团在榆林神木县境内实现增值税6.2亿元，但按照级次比例分配后留到神木县的部分只有0.77亿元，占神木县财政收入不足12.5%。企业所得税中，2003年神华集团在神木县境内仅生产环节的利润就达10亿元，按企业所得税率为33%计算，地方每年应得3亿元，但因现行财税体制的原因，地方实际上得不到直接的收益。（谢美娥等，2005）

上面分析了煤炭资源收益在不同权利之间分配时所存在的产权不清、补偿不充分以及税制不合理的问题，这些问题的存在也是目前在中央、地方、居民之间分配不合理的根源之一。

### （二）不同类型企业的收益分配

由于占到开采量一半左右的大型天然气和煤炭企业均为中央企业，考虑到安全生产因素和规模效益等原因，国家又鼓励中央和省级大型企业积极参与资源开发，但是这些企业的注册地往往在北京、上海或省会城市，根据现行税收政策，其所应交的地方税种大都交给了注册地。比如，由于中央企业是煤炭开发的主力，2005 年榆林市 67 亿的财政收入中，地方财政收入只占 23.8 亿元，2/3 都上缴给中央和省级财政了。府谷县的地方财政收入也只占到总财政收入的 23%（刘健等，2006）。资源的转移导致了税收的转移，这加剧了利益分配的不合理。

### （三）地区之间的收益分配

在地区之间的分配所存在的问题，主要有两种观点和倾向：一是由于资源富集地区通过资源相关的收益，获得了大量财富，导致区域间财政能力不平衡，招致其他地区的不满。在毕节地区也存在这样的问题，缺乏煤炭资源或者开发起步较晚的地区政府，往往抱怨地区发展机会和收入之间的不平衡。二是矿业城镇或区域的租金流失问题。采矿业产生的财富随着煤炭大量外运而大部分流到了东部发达地区，最终导致这些矿区经济的衰退和人口的大量外迁。

从地区间的收益分配来看，资源收益分配不合理的原因在于两个方面：一是由于前面提到的中央或发达地区的企业到当地开发资源，通过税费和资本收益把当地的资源收益转移出去；二是由于目前不合理的价格和资源输出机制造成的。毕节地区发电的主要输入地是珠江三角洲等南部发达地区，而毕节所发的电在广东的落地价超过 0.4 元/度。毕节当地的工业用电价格 0.5 元/度，居民用电价格 0.48 元/度，而服务业的用电价格为 0.8—1 元/度，甚至某些行业用电价格高于输入地的用电价格。[①] 这种生产与消费成本倒挂的情况进一步造成了对煤炭开发地区的不利分配格局。

---

① 数据来源于毕节地区发展与改革局，2008 年 1 月。

从产业价值链的角度来看,如果各个地区协调分工开发资源的话,将会有一些地区处于产业链的上游,一些地区处于产业链的下游,而前者作为初级产品的生产方,所得到的生产增加值将会少于后者。"西电东送"政策的实施,使得欠发达资源富集区大量地进行资源开发以满足东部省市电煤的需要,然而,资源输入区往往凭借较高的技术水平利用资源输出区的资源创造远高于资源输出区的经济产值,资源输出区得到了一定的收益,却牺牲了本地的资源、环境。

## 第三节 煤炭资源收益分配与居民生活

收益分配是否合理的最终标准是资源收益是否能够有效地落实在居民福利的提高上面。从外部性理论上来看,矿区居民承担着资源开发带来的外部性,资源收益对外部性成本的补偿应更多地由矿区的居民所享有,上文所讨论的发展权和环境权主要就是资源开发地区居民的发展权和环境权。煤炭资源开发对居民的收益分配主要来自于两个渠道:一种是通过行业内从业人员的工资、奖金以及相关的社会保障来为居民提供收入来源,这属于矿业权收益自身的分配问题;另一种则是通过对当地发展权和环境权的税费补偿,以间接的方式对当地居民的生活生产条件进行补偿和改善。

作为农业人口占绝大多数的贫困地区,农村劳动力的脱贫和就业是当地反贫困工作的重点,而煤炭资源产业作为当地现阶段的重点产业,其产业发展与当地农村居民的就业以及地区反贫工作的关系是下面重点关注的内容。在以下的分析中,将主要基于毕节地区八个县(市)在 2007 年的农调中 680 个农户(2 680 个农民)的数据进行研究。

### 一、煤炭开发地区居民的收入与就业特征

**(一)收入来源与收入差距**

农业户是指在农村住户家庭中收入来源完全依靠农业生产等家庭经营性

活动所得。农业兼业户是指这些农村居民家庭收入中主要是来自农业生产活动中所得，非农业所得的比重非常小。非农业兼业户是指在这些农村居民家庭的收入中主要是来源于工资性收入，农业生产所的是很小的一部分。非农业户则是指农村居民家庭的收入来源完全依靠农业生产。

表 5.5　毕节农户从业类型、收入水平与收入差距

| 类　型 | 户数 | 平均收入 | 标准差 | 变异系数 |
|---|---|---|---|---|
| 农业户 | 115 | 11 001.16 | 7 000.459 | 0.636 3 |
| 农业兼业户 | 330 | 13 316.13 | 6 517.445 | 0.489 4 |
| 非农业兼业户 | 235 | 14 123.45 | 7 619.249 | 0.539 5 |

由表 5.5 可见，从平均收入上来看，非农业兼业户的平均收入最高而农业户的收入最低；从变异系数上来看，农业兼业户之间的收入差距最小，而农业户之间的收入差距最大。说明，非农产业在提高农村居民收入以及平抑收入波动方面有着重要的作用。

收入差距反映了一个地区分配的不平等程度，通常我们用变异系数和基尼系数来衡量收入差距。变异系数的计算公式为：$V=S/\bar{Y}$。其中，$V$ 为变异系数，$S$ 为样本农户收入的标准差，$\bar{Y}$ 为样本农户的平均收入。

基尼系数的主要计算方法有多种，这里采用其中一个常用公式：$G=\dfrac{1}{2n^2\mu}\sum_{i=1}^{n}\sum_{j=1}^{n}|x_i-x_j|$ 来进行计算，其中 $x_i$ 为第 $i$ 个人的收入，$n$ 为人数，$\mu$ 为平均收入。该公式的含义也很明确，它测度了任意两个人相比较而言的平均相对收入差距。如果我们设 $n$ 个人的收入分别为 $x_1、x_2、\cdots、x_n$，且 $x_1\leqslant x_2\leqslant\cdots\leqslant x_n$，该计算公式经过简单变换可以得到另一个等价的公式：$G=\dfrac{2\mathrm{cov}(x_i,i)}{n\mu}$，这就是通常所说的计算基尼系数的协方差公式。

表 5.6 给出了毕节农户不同类型收入的收入差距情况。我们发现在所研究类型的收入中，农业收入所导致的收入差距是最大的，其次是家庭型收入、第一产业收入，收入差距最小的是第二、三产业收入。所以，农村居民参与第二、

三产业对缩小收入差距，提高农民收入方面有积极作用。

表 5.6　毕节农户分类型收入的收入差距

| 指标 | 总收入 | 家庭经营性收入 | 第一产业收入 | 农业收入 | 第二、三产业 |
| --- | --- | --- | --- | --- | --- |
| 变异系数 | 0.535 2 | 0.683 8 | 0.709 3 | 0.785 8 | 0.694 5 |
| 基尼系数 | 0.273 4 | 0.349 4 | 0.363 3 | 0.393 0 | 0.293 9 |
| 占总收入的比重 | 1.000 0 | 0.642 9 | 0.562 3 | 0.308 2 | 0.080 6 |

注：根据毕节地区 2007 年农调数据和上面公式计算。

需要说明的是，第二、三产业的收入本身的差距较小，有平抑收入差距的作用，但是由于参与机会不等，导致有机会参与第二、三产业与无机会参与的两类居民之间收入分配的差距较大，这是造成收入分配不公的重要因素。

（二）居民从业类型与受教育程度

自从 Becker（1964）和 Mincer（1958，1974）在人力资本及其对收入和劳动力市场绩效的影响方面做出开创性研究以来，对教育收益率的研究就被许多经济学家所关注。对教育收益率的估算可以帮助人们认识教育对提高人们收入的重要性程度，尽管估计的数值不同，大多数文献都得到了教育水平与收入的正相关关系。

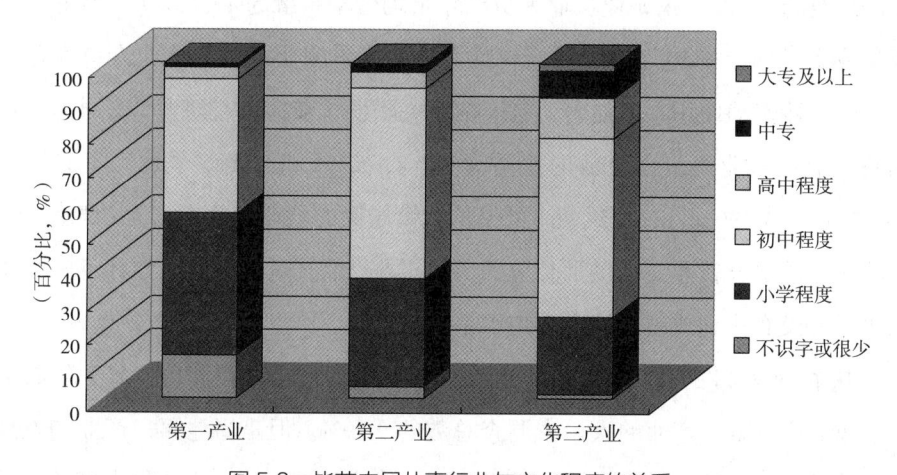

图 5.3　毕节农民从事行业与文化程度的关系

从图 5.3 可以看到，从事第二、三产业的居民教育水平明显高于第一产业，综合前面对不同产业收入状况的考察，可以得到两个方面的启示：教育水平的提高，可以促进居民就业朝第二、三产业发展，从而提高整体收入水平；有意识地引导第二、三产业的发展也可以拉动居民的教育水平，提高他们获得更多收入的能力。对于煤炭富集的欠发达地区，针对人口超载严重的问题，我们需要进一步提高当地第二、三产业带动居民收入和就业的能力，提高居民整体素质。

## 二、矿区居民资源收益分配机制现状

### （一）煤炭收益分享机制缺失，对收入和就业的带动性小

国企改革之后，尤其是国家对地方中小型煤矿进行全面的关井压产清理整改之后，从事煤炭一次性开采的国有企业很少考虑地方产业的发展规划，尤其是中央企业的生产经营与地方经济的隔离更为严重：从原料采购、劳动力雇佣到产品出售，都自成体系，资金门槛和技术门槛高，当地老百姓难以介入，与地方经济的关联效应只限于对生活服务业的带动，当地很难利用或依靠大型企业发展出可使地方经济获益的后续延伸产业。

从城镇职工的收入和就业来看，2005 年毕节地区采矿业从业人员占从业人员总数的 5.63%，采矿业从业人员的年平均劳动报酬为 12 137 元，略低于全部从业人员的年平均劳动报酬 12 931 元，说明采掘业对当地从业人员就业和收入的直接带动作用并不显著。与采掘业关联度比较大的建筑业、交通运输业和餐饮业的从业人员占总数的比重为 2.7%、2.5% 和 0.5%，平均工资分别为 6 667 元、13 390 元和 6 824 元，可见从城镇居民的就业和收入来看，煤炭采掘尽管解决了部分就业并提供了相应的劳动报酬，但其吸纳就业人数和工资数额的水平并没有达到或超过社会平均水平。

从农村人口的收入和就业来看，从事第二产业的人口占调查总数的 13.96%，从事第三产业的人口占调查总数的 9.29%。但是当地第二产业的发展对经济的带动作用很不理想，从对毕节地区农户第二、三产业的收入来源的考

察中我们发现,区域内的第二、三产业对农村剩余劳动力吸纳力度十分有限,在贵州省内从事第二、三产业的人数仅分别占从事第二、三产业从业总人数的4.8%和14.06%,大部分从事第二、三产业的剩余劳动力都是外出务工人员。另外,当地在第一产业发展的组织化程度也非常低,毕节2007年农调中的680个农户中,参加专业性合作经济组织的户数仅有1户。

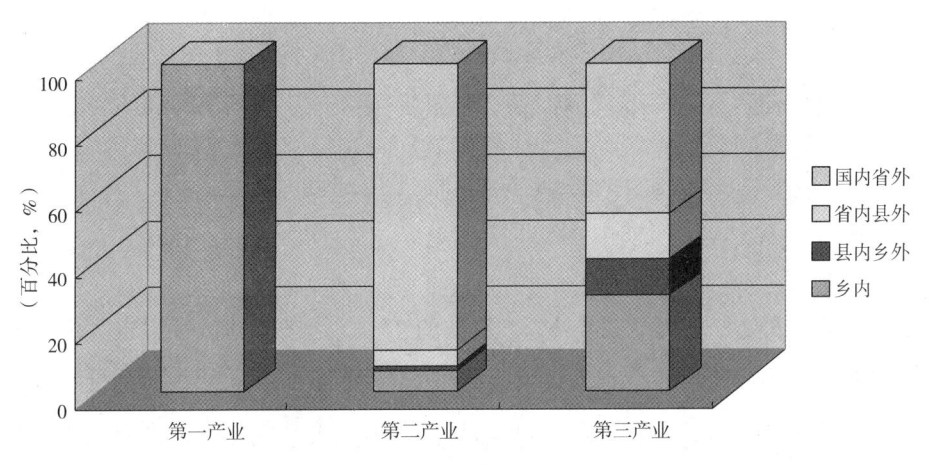

图5.4 毕节农民从事产业的区域分布

**(二)煤炭开发给生存环境和生活保障带来的问题**

1. 从生存环境上来看

首先,采掘业的发展大量侵占耕地,威胁到居民赖以生存的基础。毕节地区1996—2005年的十年间,耕地面积平均以每年0.94%的速度递减,而人均耕地面积则以每年2.57%的速度减少。这使得本来就已经很脆弱的农业生产条件更加恶化,给农村居民的生活保障造成严重威胁。

其次,资源开采带来了一系列地质灾害。从地形地貌上来看,毕节地区属于典型的喀斯特地形地貌,山区面积占57.9%,丘陵面积占34.1%,山间平坝面积仅占8.0%,相对高差一般为100—800米,山高坡陡,容易发生滑坡、崩塌、泥石流等地质灾害。根据毕节地区地质灾害应急调查及地质灾害防治工作的统计资料,截至2007年9月30日,全区地质灾害隐患点共2 284处,潜在威胁165 929人,潜在经济损失143 329.67万元。从灾害隐患类型来看,滑坡1 513

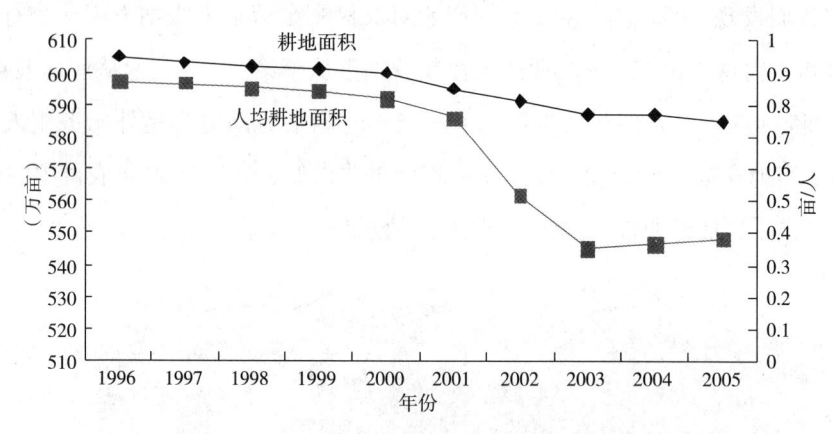

图 5.5　毕节地区历年耕地面积和人均耕地面积

资料来源：《毕节地区统计年鉴》，1996—2005 年。

处、崩塌 355 处、地裂缝 260 处，占总数的 93%，是毕节地区危害最大的地质灾害类型。均属于突发性地质灾害。截至 2007 年 9 月 30 日，毕节地区共发生各类地质灾害 38 起，基本各县市均有发生。绝大多数灾害是由自然因素引起的，共发生 29 起，占 76%，人为因素造成的灾害 9 起，占 24%。[①] 目前，整个毕节地区因受到地质灾害威胁需要实施避让搬迁的居民有 23 957 户、107 094 人。由于长时期的开采，因采矿引发的破坏环境、地质灾害现象越来越严重。尤其是煤炭开采开发造成地表沉陷、水土流失、地下水破坏、周边环境污染，造成了部分矿山生态难以恢复，在生产建设中引发社会纠纷，引起群体性事件。

再次，近年来由于供给结构失衡在毕节出现了守着煤矿却只能望煤兴叹的矛盾现象。其中的原因是多方面的：一是由于今年来煤炭开采成本提高导致了煤价上涨，增加了居民的生活和生产成本；二是由于大量资源满足了外运需要之后，留在区内的存量却供不应求，甚至不能满足生活需要而导致一系列社会问题；三是由于国家对小煤矿的限制，导致合法煤矿生产多去供应区外，也没有中小煤矿为当地居民提供零星生产。农民生产生活用煤的问题已对县市经济

---

① 数据来源于毕节试验区专家顾问组调研材料：《毕节地区国土资源基本情况汇报》，2008 年 1 月 6 日。

的发展、社会安定产生影响。

最后,居民的环境权得不到制度性的保障。尽管煤炭企业有着"谁开发、谁保护,谁污染、谁治理,谁破坏、谁恢复"的开采原则,但是没有制度上的保证。在这些原则得不到落实的时候,社会补偿机制缺失,居民的基本生活权得不到保证。

### 三、煤炭资源收益的合理分配与欠发达地区居民福利增进

中央政府、地方政府和当地居民如何分配矿业开发带来的财富是资源富集地区普遍遇到的问题。目前,煤炭资源的税费收益都归政府所有,而矿业的市场利润则归企业所有,居民个人难以直接从资源开采中获得收入,获取资源收益的渠道无外乎政府和企业两个渠道。在政府方面,首先需要解决各级政府如何获取收益并协调分配的问题,进而再研究政府如何满足所服务范围内居民的收益诉求;在企业方面,需要解决的是居民如何参与到矿业权所占有的收益的分配,也就企业对居民就业和收入的带动问题。

**(一)资源收益的获取、分配和使用**

1. 资源收益的获取[①]

足额征收资源租金和各项费税是资源收益能够合理分配的第一步,资源收益合理分配则是各方权利主体的利益得到实现的下一个关键环节。

从资源收益的获取上来看,煤炭费税征收的绝对数额在目前中国能源生产体系中是相对充分的。所谓相对充分是与我国能源供应体系产业链中的其他环节相比较而言的。我们可以从两个层面来说明这个问题:第一,煤炭行业综合税负与国内其他工业行业以及国外煤炭行业相比都是很高的,表现在增值税与所得税的抵扣额度过低、税基过大、优惠过少等方面,同时高税负还表现在目前国内煤炭价格高于国际煤价的现象。第二,在我国能源生产的价值链中,煤炭趋于市场化运行,其价格更多在市场上决定,而电价则是依据国家的定价,

---

[①] 关于采用基金的形式收取资源收益的方式,将在后面具体分析。

这种价格传导机制的差异导致了煤炭相对于电力的高价位。在目前提高煤炭相关费税将继续推动煤价上涨，这对于能源生产链来讲也是不恰当的（于立宏，2007）。

2. 资源收益的分配

通过上面的分析也可以看到，煤炭富集地区政府和居民收益无法足额实现，其原因并非税费的绝对值不足，而是由资源开发没有承担起发展当地经济的责任、资源所有权制度和收益分配体制的不合理以及资源产品收益转移流出所造成的。我们应该分别从分配制度和开发企业两个层面来改进目前的煤炭收益分配格局。

第一，在政府的收益和分配方面。基于税费过高而所有权、环境权和发展权拥有主体利益补偿不足的问题，应该或者降低增值税和所得税税率，或者增加税收的补贴和返还额度，或者采取其他类型的优惠政策降低政府公共管理权所对应的收益，同时相应提高资源租金、资源税、资源补偿费以及其他与环境保护和区域可持续发展相关的税费。这样的改革要避免增加煤炭企业的税费负担，而是把增值税等税收合理地转变为可以用来弥补所有权、环境权和发展权主体的利益要求的资金，并为这种转变提供制度基础。

以上政策是在能源生产价值链的价格形成机制不变的情况下，所应采取的短期策略。从长期来看，需要进一步完善煤电产业价值链的纵向安排，协调各环节的价格形成机制，实现各类能源比价的合理化，从整体上提高我国能源收益。

第二，在产业和企业的收益与分配方面。目前我国煤炭产业的发展仍应是以提高产业集中度、加强产业整合力度以及培育大型煤炭企业为方向，但是我们应该避免这种发展方向带给煤炭开发地区的弊端。应该实现中央企业的收益在中央和地方多主体之间进行利益兼顾，建立中央企业和地方企业平等开发的经营体制，应该下放资源管理权和开发权，降低中央企业的"超国民待遇"和改变符合标准的中小企业的"非国民待遇"。在中央煤炭企业经营税费和利润分配中，应尽量提高地方分配比重，地方所获得的收益则应该向基层倾斜。

应该打破西部开发输出资源、东部加工制造的垂直分工格局，帮助资源开发地区发展特色优势产业，把资源开发项目延伸和转化为产业发展项目。资源开发企业应主动积极帮助开发地区寻找好项目。欠发达地区弱小的工业体系需要临时性的保护政策，以获得与相对发达经济同样的发展机会，避免在不平等的贸易中丧失竞争优势，这也是发展欠发达地区经济的基本思路和必要措施。

3. 资源收益的管理和使用

权利和收益在制度上一一对应、分配上合理执行后，下一个环节则是对收益的合理使用。资金的使用者也是政府和企业两个主体。在政府方面应该加强收益使用的科学性和透明度，把资源收益和相关税费作为一种特殊的政府收入从一般的公共财政中分离出来，坚持"收支两条线"，确保当地的居民当前和长远的利益能够得到科学管理和有效保障。如果是企业来使用资源收益，可以允许矿业企业从应缴的税收中扣除投资于矿区基础设施的费用，用于发展当地教育、卫生、供水、交通和治安等。在具体落实过程中，应该让地方政府、企业和居民充分协商，确保各方利益能够得到保障，共同分享到矿业开发的收益。

地方政府所分配到的资源收益，在使用时要放在提高地区居民福利和增强可持续发展能力方面。目前地方财政的资源收益主要用于人员工资、办公经费以及城市和道路基础设施的投入，这都是与资源收益所对应的权益性质相错位的，需要进一步加强管理。对于人口超载严重而又贫穷落后的资源富集区，有一个适合生活和生产的生态环境是非常重要的，所以收益的第一个投向应该是环境修复和保护；居民长期的收入保障是需要技能水平提高、人力资本的积累来实现的，扶贫方式从输血式发展为造血式教育的作用是不容忽视的，所以收益的第二个投向应该是教育和职业技能培训。煤炭资源是非可再生资源，开发时间是有限的，资源枯竭后的经济发展与人民生活需要提前筹划，所以收益第三个投向应该是对产业转型和后续产业的引导与储备。

以上三个方面是针对长期的可持续发展的资源使用，当前资源收益在增进人们福利上最直接的体现是用于对居民收入和就业的带动方面，这将在接下来讨论。

### （二）产业发展对居民收入和就业的带动

矿业作为矿区的支柱产业，应该在吸纳当地劳动力、创造产值、提高居民收入方面起到支撑作用。从毕节地区的情况来看，矿业的发展并没有显著提高当地居民尤其是农村剩余劳动力的就业水平，原因在于矿区缺乏其他产业，而又由于资本有机构成的提高以及工作的专业化，绝大多数居民不能参与到现代化的煤炭开采业中来，对就业的带动作用小，难以显著提高当地的可支配收入。增强煤炭产业对居民收入和就业的带动作用，可以从以下几个方面进行。

第一，在区域内部解决劳动力的就业。欠发达地区发展的初始要求就是反贫困、解决城乡居民的温饱问题。我国的扶贫模式经历了从"救济式"扶贫到"开发式"扶贫再到"参与式"扶贫的过程。对于煤炭资源富集的欠发达地区则需要有针对性地把矿区居民的就业纳入到"参与式"扶贫计划之中去。首先，围绕煤炭自身生产、装载、清洁等相关工作，政府以及相关中介机构应该成为煤炭企业与当地居民之间信息流通的纽带和桥梁，一方面向企业争取就业指标，另一方面向居民发布就业信息，政府需要起到联络和信息传达的作用，消除劳资双方信息的不对称。其次，围绕产业集群的周边服务，政府需要为当地居民创造参与服务资源产业的平台和机会，加强相关服务技能的培训，在交通运输、批发零售、餐饮住宿、机械维修等领域创造就业。再次，在资源开发地区的公共设施建设以及生态环境维护等领域，政府也应该积极为当地居民创造就业机会。此外还应认识到，后两种就业带动能力的提高主要依靠的是产品和服务适销对路的民营企业的发展。

第二，加强劳务输出的引导和培训。本书第一章计算了毕节地区剩余劳动力达到近300万人，而农村剩余劳动力超过200万人。而本章又通过农调数据说明了毕节当地的第二、三产业目前能够提供的就业岗位是有限的，而毕节地区的农村剩余劳动力在外地从事第二、三产业的报酬成为当地居民增收的主要途径。目前毕节地区有130万人在全国各地打工，2005年，毕节地区劳务输出人均收入达到532元，占到人均纯收入的1/3。2007年，毕节外出务工人员平均每人寄钱回家6 000元，仅此一项，就为当地增加近80亿元的收入，成为毕节地区农居民的主要收入来源。[①]

不过，从毕节各县的农调数据还可以发现，在 2007 年由政府单位组织介绍的外出务工人员仅占到总数的 6%，由社会中介组织介绍外出人数占 14%，而由亲属等私人关系介绍外出人数占总数的 80%，说明目前当地对外出务工的组织程度仍处于很低的水平。另外，毕节地区的外出务工人员的培训经费有限，劳动者素质普遍偏低，就业中介服务不足，这些方面都是当地资源优势应该加强的方向。

第三，支持和引导区域内民营企业的发展。民营经济是一个地区经济活力的衡量指标，是地区经济能否可持续发展的标志，民营企业也是吸纳当地劳动力的主要力量。第二章的研究提到，欠发达地区在开发煤炭资源的时候仅仅关注与煤炭产业相关的中央和地方国有企业的发展，而这些国有企业往往挤占了当地民营经济的发展空间，也就说"资源诅咒"不单表现为对其他产业的挤出效应，而更多表现在对其他产业发展机会的剥夺上面，这都不利于当地经济走向健康、持续的发展道路。因此，资源开发对当地民生的支持还应该具体体现在对当地民营经济发展的支持，通过降低进入壁垒、提供信息服务和政策扶持等方式，推动民营企业的发展。

第四，林权制度改革。在煤炭资源富集区中，毕节自身的特殊性在于地处山区，林地丰富而耕地有限。上面也谈到农业户的收入低、波动大等特点，而林业经济进入稳定生产周期之后其收入将是稳定的。从制度方面，应该加强相关地区林权制度改革的试点，明确林地使用权，林木的所有权、经营权、收益权以及处置权等（厉以宁，2009）。在生产方面，林业的生产周期相对较长，需要政府有关部门的政策扶持和资金支持。煤炭资源收益在这个过程中可以起到一举两得的作用：资源费税在环境恢复和保护方面的支出可以成为帮助林农初始经营的启动资金，把环境保护资金的运用纳入微观经济主体内生性优化决策的过程，采取这种做法的同时也通过对林业的扶持带动了矿区林农的就业和收入的

---

[①] 数据来源：毕节地区劳动局。

提高，推动了林权制度的改革和执行。

**（三）资源基金——保障社会福利的前行方向**

上面从政府和企业两个渠道分析了煤炭资源富集的欠发达地区居民获得收益的方式。目前国际上的资源富集地区，尤其是没有陷入资源陷阱的地区比较常用的措施之一就是在资源繁荣时期征收国家资源基金（National Resource Fund，简称NRF）。

目前我国尚未建立资源基金[①]，现有的国家主权基金主要在金融资产方面，而尚未涉及资源领域。事实上资源基金的设立是与国家整体发展阶段和经济特征相一致的。目前成功运作资源基金的地区，其资源产品主要用于出口而非本国的生产，因此不会因为基金的征收、资源价格的上涨而对本国制造业的发展产生太大的负面影响。但是我国的煤炭资源主要用于国内的生产和生活，煤价的上涨会直接影响我国在世界产业价值链中的低成本的竞争优势。基于这个矛盾，即使将来我国在煤炭产业设立资源基金，其资金来源也不应该在生产环节征收，而应该从消费环节提取，也可以尝试从我国国家的储备金或者现有资源的税费中进行计提，并进行专门管理。

2006年4月国务院批准山西作为煤炭工业可持续发展试点，其中的重要举措是批准山西省收取煤炭可持续发展基金、矿山环境治理恢复保证金和煤矿转产发展基金。其中煤炭可持续发展基金用于单个企业难以解决的跨区域生态环境治理、支持资源型城市转型和重点接替产业发展、解决因采煤引起的社会问题；矿山环境治理恢复保证金用于治理矿区周围的环境；煤矿转产发展基金则是主要用于煤炭企业转产、职工再就业、职业技能培训和社会保障等。

从满足的权利类型上来看，这种试点主要是用于对发展权和环境权进行保障。而可持续发展的核心理念是要求不因当代人的发展而危害到子孙后代发展的权利。不可再生资源是只能在有限期限存在的资源，而从所有权上来看，应

---

[①] 2009年1月5日很多主流媒体称，我国正筹划设立政府石油稳定基金以稳定石油供求，并且可能参照挪威模式。参见新华网（www.xinhuanet.com）、人民网（www.people.com.cn）等。

该是属于全体当代以及后代的国民。在我国现阶段，即使条件不成熟，也可以考虑在不提高煤价的条件下，在现有资源税费中提取部分资金用于保值增值，为长久的可持续发展储备资金。

从目前试点的煤炭基金（资金）的管理模式上来看，其实是相当于对环境治理、产业转型等的一种储蓄行为，而没有成熟资源基金的那种资本运作模式，并不属于标准的资源基金而是一种变相的用于补偿发展权和环境权的资源税费。因此，在对我国资源税费以及各类基金的管理上，应该借鉴国际先进的基金管理经验，科学地统筹资金增值和风险控制。

在煤炭基金（资金）的使用方向上。作为社会主义国家，显然不能像西方国家那样采取分派到个人的手段，但在使用时也应该提高资金使用效率，增强扶贫开发过程中的针对性和瞄准群体的精确性。按不同层次的福利水平，分门别类地对资源收益进行分配，例如，直接参与资源开采工作并从中获益的居民不给予分配，其他有就业能力的居民可以把资金合理使用在引导就业和带动收入方面，而对于无就业能力和极端贫困的居民可以以保障最基本的生存权和环境权为目标，配合反贫困政策中的资金使用。

另外，理论界对资源基金的效率也存在着一定的质疑，包括：基金对经济的作用可能还没有当期财政支出的乘数效应大；一些基金过于追求平衡财政收支，阻碍了财政体系的改革；基金独立于预算体系之外，有产生腐败的可能；基金的独立运行增加了政府经济调控的困难和复杂性；基金给人一种资源保险的假象，而实际上是对税基的侵蚀。这些都是在实际操作中需要避免的。

## 小　结

本章基于产权理论、利益相关者原则以及权利主体的分析构建了煤炭资源收益分配的理论框架，明确了以所有权主体、矿业权主体、发展与环境权主体以及公共管理权主体为利益相关者的收益分配模式，为煤炭资源收益的分配提供了分析框架。

本章基于上述收益分配的框架系统研究了我国现行煤炭收益分配体系,从权利类型和利益主体两个方面深入分析了目前分配机制的合理与不合理的地方,并提出了改进方向。

本章通过对毕节地区居民的收入构成和就业区域的分析,研究了矿区居民利益分享机制的现状。在此基础上,提出了完善煤炭资源收益分配制度、居民参与机制以及资源基金的管理机制等方面的政策建议和未来的努力方向。

# 结论与展望

## 一、全文结论

本书以贵州省毕节地区为例,通过对煤炭开发地区经济增长和发展动力的主要因素(供给因素、结构因素和制度因素)的分析,剖析了资源富集的欠发达地区在资源开发、经济发展、福利提升和环境保护等方面的规律性。本书从以下几个方面得到了有意义的结论。

### (一)关于资源承载力

通过经济资源的相对承载力与土地资源的相对承载力的比较分析,本书说明了,资源富集的欠发达地区的落后不只是在生态环境、土地资源方面的落后,更重要的是由于经济整体发展水平的承载能力不足,而且经济资源承载力低于土地承载力的差距越来越大。也就是说,在类似毕节地区的欠发达资源富集区,从资源相对承载力上来看,并没有因为煤炭资源的开发缩短了与全国平均水平的差距,甚至还有了扩大的趋势。因此,有必要尽快创新地区发展思路,在合理利用自身资源优势的同时,更加注重利用区域外的各种力量消化吸收剩余劳动力,控制人口与环境的矛盾,提高区域可持续发展的内在动力。

### (二)关于"资源诅咒"和传导机制

通过对贵州省的资源开发与经济增长的面板数据分时段的实证研究,发现我国煤炭开发政策以及价格因素对煤炭地区经济发展的外生影响高于煤炭资源开发本身的经济影响。在1997年之前,煤炭开发对经济的负效应源于不利的煤炭价格体系,但是"资源诅咒"的传导机制并不显著;近十年资源的强力开发政策推动了经济增长,但是资源诅咒的传导机制则开始有了显现。

我国煤炭资源开发对欠发达地区发展的影响除了通过一般意义上的传导

机制发挥作用外，在我国还存在特有的发生机制。过去反市场的政策抑制了煤炭开发地区的发展，当前煤炭供求逐渐走向市场化，但是在对资源的强力开发的过程中，更应该避免传统的"资源诅咒"传导机制的发生——保证合理的产业结构、经济结构和就业结构，通过发展教育和技能培训加强人力资本的积累。

### （三）经济增长的供给因素

通过对贵州地区层面 TFP 的分解，发现：（1）技术效率和技术进步效率之间显著的消长关系，说明资源开发地区提高生产可能性边界后由于对技术的消化吸收滞后，导致开发的粗放化；（2）在煤炭价格市场化之前，煤炭开发地区的生产可能性边界受到前两期煤炭产量的正相关影响，而在煤炭价格市场化之后，煤炭开发地区的生产可能性边界更多受到市场价格的正相关影响；（3）1998 年煤炭行业限产压库的宏观政策导致了区域生产可能边界的退步，这种退化趋势一直延续到 2002 年，不过提高了资源开发的集约化水平；（4）西部大开发之后，随着对毕节地区煤炭资源的大规模的开发，生产可能性边界的下降趋势得到抑制并从 2003 年开始回升，但是，由于生产可能边界的迅速扩张，生产规模也随之扩张，引起了生产规模利用效率的下降，进而导致了技术效率的下降趋势；（5）从生产效率对经济增长的作用来看，规模效率的刺激作用不显著，而技术进步效率和纯技术效率与经济增长有着较强的正相关关系，所以需要借这个契机提高生产可能性边界并且积极消化吸收新技术，建立经济规模扩张与生产效率提高的协调机制。

通过对毕节工业行业层面的 TFP 的分解，对资源开发地区结构红利的存在性提出了质疑，认为资源产业发展的同时并没有实现区域资源的优化配置，资源产业主导的经济没有很好地促进人力和资本从低效率行业向高效率行业的流动，资源产业只是通过自身产值的增长来实现对经济增长的带动。所以，优化工业增长结构、延长产业链、促进产业集聚，提高行业之间的关联效应是相关地区产业发展的必由之路。

### （四）经济增长的结构因素

基于对毕节地区产业结构演进规律的把握，甄别了资源型经济的支柱产业和主导产业,并提出了资源型主导产业和区域性优势产业之间的协调发展思路。现代经济的发展需要主导产业带动产业集群共同形成推动经济发展的合力,资源富集的欠发达地区的经济发展还需要依靠以循环经济为发展理念、以生态工业为经济载体的产业集群发展模式。

在对煤炭开发地区生态工业链初步探讨的基础上,研究了相关地区循环经济和生态工业发展的运行模式和支撑体系。本书认为资源型地区应该走嵌套型的产业网络布局模式,以抵御资源开发的波动和风险。另外,本书认为资源富集的欠发达地区发展循环经济应该遵循"受益者付费"的原则,需要中央和其他生态获益地区的补偿与投入,完善相关政策和法规,需要建立对工业生产副产品的专业管理组织以及多元化的融资渠道等以保证循环经济的启动和运转。

### (五) 经济增长的制度因素

基于制度经济学中的产权理论、利益相关原则以及权利主体的分析,本书构建了煤炭资源收益的分配体系,明确了所有权主体、矿业权主体、发展与环境权主体以及公共管理权主体共同构成的收益分配模式。

本书研究了我国现行煤炭收益分配体系,从权利类型和利益主体两个方面分析了目前分配机制的合理与不合理的地方,并提出了改进方向。通过对毕节地区居民的收入构成和收入来源地的分析,研究了矿区居民利益分享机制的现状,在此基础上,讨论了收益分配制度、居民参与机制和能源基金等相关分配机制的完善方向。本书认为,资源收益的合理分配需要从前后相继的三个方面进行改革和创新:相关权利主体的科学界定以及相关制度的完善,资源收益的足额征收以及合理分配,资源收益对居民收入就业的带动和长期福利的保证。

## 二、研究的不足之处与展望

鉴于资源富集的欠发达地区经济发展的复杂性以及对数据的大量要求,本书存在下列不足之处以及后续的研究方向。

第一,研究区域所处发展阶段的局限和拓展方向。本书以贵州省毕节地区为研究区域,对相关区域的政策和经济运行数据进行了比较深入的挖掘,而毕节地区是处于成长期的煤炭开发地区,一种阶段类型的煤炭经济并不能完全代表整个煤炭产业生命周期的所有特征。譬如,东北地区老工业基地面临着资源枯竭和产业转型的挑战,而基于毕节的研究只能对产业转型问题给予预见性的分析,而缺乏实际数据和案例的支撑。因此,对处于产业生命周期其他阶段的地区,应该在后续研究中给予更加深入的探讨。

第二,研究数据的局限和完善空间。由于我国地区经济数据的不完整性,导致在对一些问题的研究中只能基于现有数据进行探讨,而无法采用精确的数学工具进行科学的评估。比如在结构红利的研究中,由于不同年份统计年鉴统计的工业行业不一致甚至缺失,无法采用严格的 Shift-share 方法来计算毕节地区的结构效应;又如在对资源收益分配制度的研究中,由于数据的不全面或者实际操作中的模糊性,无法精确计算各类权利主体的收益所得等。但是我们认为目前数据已为得到结论和启示提供了较为可靠的证据,只是更为精确的结构效应和计量结果还需要将来更完善的数据库的支撑。

第三,研究关注内容的局限和后续研究。全书基于经济增长动力和源泉的三大因素(供给因素、结构因素和制度因素)所对应着的全要素生产率、产业结构聚集以及资源收益的分配制度等对资源富集的欠发达地区给予了研究,而这三大因素的内涵并不止于本书所涉及的方面。例如,除了经济效率反映了经济运行质量外,另一种较为宽泛的衡量经济质量的指标是经济效益,经济效益衡量的是所有费用与产出之间的质量关系,这是本书中没有涉及的。再比如在制度因素方面,除了分配制度外,还有很多其他影响经济发展的制度因素,都是需要在后续的研究中深入探讨的方向。

# 参考文献

## 专 著

[1] 程工、张秋云、李前程、李云峰、李淑慧，2006：《中国工业园区发展战略》，社会科学文献出版社。

[2] 陈秀山等，2007：《西电东送工程区域效应评价》，中国电力出版社。

[3] 邓可蕴，2001：《中国农村能源综合建设理论与实践》，中国环境科学出版社。

[4] 丁任重等，2005：《西部经济发展与资源承载力研究》，人民出版社。

[5] 郭克莎，1993：《中国改革中的经济增长与结构变动》，上海三联书店、上海人民出版社。

[6] 江小涓，1996：《经济转型时期的产业政策——对中国经验的实证分析与前景展望》，上海三联书店、上海人民出版社。

[7] 雷明，1999：《可持续发展下绿色核算》，地质出版社。

[8] 李东升等，2008：《资源城市循环经济发展对策——基于河南鹤壁市循环经济发展的实证研究》，中国经济出版社。

[9] 李金华等，2007：《中国产业：结构、增长及效益》，清华大学出版社。

[10] 李京文、钟学义，1998：《中国生产率分析前沿》，社会科学文献出版社。

[11] 厉以宁，1990：《非均衡的中国经济》，经济日报出版社。

[12] 厉以宁、章铮，1995：《环境经济学》，中国计划出版社。

[13] 厉以宁，2001：《区域经济发展新思路》，经济日报出版社。

[14] 厉以宁，2005：《厉以宁经济评论集》，北京，经济科学出版社。

[15] 厉以宁，2007：《厉以宁论民营经济》，北京大学出版社。

[16] 刘培林，2003：《发展战略与增长的源泉：中国经验的研究》，经济科学出版社。

[17] 刘卫东等，2003：《中国西部开发重点区域规划前期研究》，商务印书馆，第3页。

[18] 麻朝晖，2008：《贫困地区经济与生态环境协调发展研究》，浙江大学出版社。

[19] 王宏英，2003：《山西能源开发战略与可持续发展》，经济管理出版社。

[20] 王文长等，2006：《西部资源开发与可持续发展研究》，中央民族大学出版社。

[21] 王兆华，2007：《循环经济：区域产业共生网络——生态工业园区发展的理论与实践》，经济科学出版社。

[22] 杨继红、王庆，2005：《中国试验区——科学发展观的"冶炼炉"》，社会科学文献出版社，第12页。

[23] 徐琼，2006：《区域技术效率论——基于技术效率的区域经济竞争力提升研究》，中国经济出版社。

[24] 闫军印、赵国杰、孙卫东，2008：《区域矿产资源开发生态经济系统》，中国物资出版社。

[25] 于立宏，2007：《中国煤电产业链纵向安排与经济规制研究》，复旦大学出版社。

[26] 张复明，2007：《资源型经济：理论解释、内在机制与应用研究》，中国社会科学出版社。

[27] 张培刚，2007：《发展经济学教程》，经济科学出版社。

[28] 张思锋等，2007：《循环经济：建设模式与推进机制》，人民出版社。

[29] 张云，2007：《非再生资源开发中价值补偿的研究》，中国发展出版社。

[30] 赵海东，2007：《资源型产业集群与中国西部经济发展研究》，经济可续出版社。

[31] 郑易生等，2008：《中国西部减贫与可持续发展》，社会科学文献出版社。

[32]〔美〕R. 科斯、A. 阿尔钦等，1994：《财产权利与制度结构——产权经济学与新制度经济学派译文集》，上海三联书店、上海人民出版社。

[33]〔美〕H. 钱纳里、S. 鲁宾逊、M. 赛尔奎因著，吴奇、王松宝等译，1995：

《工业化和经济增长的比较研究》,上海三联书店、上海人民出版社。

[34] 〔美〕H. 钱纳里,1991:《结构变化与发展政策》,经济科学出版社。

[35] 〔美〕费希曼著,曹征海、潘照东译,1991:《经济发展战略》,经济科学出版社。

[36] 〔美〕D. W. 乔根森著,李京文等译,2001:《生产率》,中国发展出版社。

[37] 〔美〕S. 库兹涅茨著,常勋等译,1985:《各国的经济增长:总产值和生产结构》,商务印书馆。

[38] 〔美〕W. 罗斯托著,郭熙保、王松茂译,2001:《经济增长的阶段非共产党宣言》,中国社会科学出版社。

[39] 〔美〕杰弗里·M. 伍尔德里奇,2004:《计量经济学导论现代观点》,清华大学出版社。

[40] 〔日〕大塚启二郎、刘德强、〔日〕村上直树著,2000:《中国的工业改革——过去的成绩和未来的前景》,上海三联书店、上海人民出版社。

[41] Bureau for Resources and Strategic Partnerships, UNDP., 2006: *Meeting the Challenge of the "Resource Curse"——International Experiences in Managing the Risks and Realising the Opportunities of Non-Renewable Natural Resource Revenues*, programme on Business and Development Performance, Overseas Development Institute.

[42] Dasgupta P.S., Heal G.M., 1979: *Economic theory and exhaustible resources*. London: Cambridge University Press.

[43] Gavin Wright, Jesse Czelusta, 2003:*Mineral Resources and Economic Development*, Prepared for the Conference on Sector Reform in Latin America Stanford Center for International Development November 13—15.

[44] Hirschman Albert, 1958: *The Strategy of Economic Development*, New Haven: Yale University Press.

## 论　文

[1] 蔡昉、王德文，1999：《中国经济增长可持续性与劳动贡献》，《经济研究》，第 10 期。

[2] 陈佳贵、黄群慧、钟宏武：《中国地区工业化进程的综合评价和特征分析》，《经济研究》，2006 年第 6 期。

[3] 陈蓉、杨瑞东，2007 年：《贵州省煤炭资源开发利用现状与对策》，《发展论坛》，第 2 期。

[4] 陈尚全，2007：《君子爱财、取之有道——挪威石油基金传奇》，《人民日报》，7 月 27 日第 8 版。

[5] 陈志武，2005：《过时的"地大物博"财富观》，《新财富》，第 6 期。

[6] 程志强，2006：《对我国新兴煤炭开发地区经济高速增长现象的思考》，《宏观经济研究》，第 9 期。

[7] 程志强，2007：《煤炭资源开发与欠发达地区发展研究》，武汉大学博士学位论文。

[8] 邓学芬、姚世斌、杨小杰，2007：《谈政府在实现循环经济发展中的作用》，《工业技术经济》，第 8 期。

[9] 董安先，2004：《浅析中国地区收入差距：1952—2002》，《经济研究》，第 9 期。

[10] 傅晓霞、吴利学，2006：《技术效率，资本深化与地区差异——基于随机前沿模型的中国地区收敛分析》，《经济研究》，第 10 期。

[11] 郭庆旺、贾俊雪，2005：《中国全要素生产率的估算：1979—2004》，《经济研究》，第 4 期。

[12] 龚六堂、谢丹阳，2004：《我国省份之间的要素流动和边际生产率的差异分析》，《经济研究》，第 4 期。

[13] 高梁等（国家发改委《我国循环经济发展战略研究》课题组），2005：《发达国家发展循环经济的基本经验》，《宏观经济研究》，第 4 期。

[14] 韩荣培，2002：《贵州经济文化类型的划分及其特点》，《贵州民族研究》，

第 4 期。

[15] 韩亚芬、孙根年、李琦，2007：《资源经济贡献与发展诅咒的互逆关系研究——中国 31 个省区能源开发利用与经济增长关系的实证分析》，《资源科学》，第 6 期。

[16] 胡鞍钢、郑京海，2004：《中国全要素生产率为何明显下降？》，《北京大学中国经济研究中心政策性研究简报》，第 15 期（总第 431 期）。

[17] 胡援成、肖德勇，2007：《经济发展门槛与自然资源诅咒——基于我国省际层面的面板数据实证研究》，《管理世界》，第 4 期。

[18] 李国平、张云，2005：《矿产资源的价值补偿模式及国际经验》，《资源科学》，第 5 期。

[19] 厉以宁，2009：《新阶段改革的第一声春雷：集体林权制度改革》，《当代财经》，第 1 期。

[20] 梁昭，2000：《国际经济持续增长的主要因素分析》，《世界经济》，第 7 期。

[21] 林毅夫、李永军，2003：《比较优势、竞争优势与发展中国家的经济发展》，《管理世界》，2003 年 7 月。

[22] 林毅夫，2005：《比较优势与中国经济发展》，《经济前沿》，2005 年 11 期。

[23] 刘健、秦亚洲、刘军：《透视富煤地区环境恶化百姓贫穷》，《环境经济杂志》，2006 年 7 月，总第 31 期。

[24] 罗丽丽，2005：《浅析卡伦堡生态工业模式》，《企业活力》，第 12 期。

[25] 吕铁，2002：《制造业结构变化对生产率增长的影响研究》，《管理世界》，第 2 期。

[26] 马凯，2004：《贯彻和落实科学发展观大力推进循环经济发展》，《宏观经济管理》，第 10 期。

[27] 邵帅、齐中英，2008：《西部经济的能源开发与经济增长——基于"资源诅咒"假说的实证分析》，《经济研究》，第 4 期。

[28] 沈能，2006：《中国制造业全要素生产率地区空间差异的实证研究》，《中国软科学》，第 6 期。

[29] 苏立功，2007：《关于煤炭企业税制改革的思考》，《煤炭经济研究》，第 9 期。

[30] 孙育红、张志勇，2007：《国外促进循环经济发展的技术支持体系》，《宏观经济管理》，第 4 期。

[31] 汤建影，2003：《基于 DEA 模型的矿业城市经济发展效率评价》，《煤炭学报》，总第 28 期。

[32] 汤建影、周德群、周笑，2007：《中国煤炭城市全要素生产率变动的实证研究》，《中国矿业大学学报》，第 36 卷，第 6 期。

[33] 涂正革、肖耿，2005：《中国的工业生产率革命——用随机前沿生产模型对中国大中型工业企业全要素生产率增长的分解及分析》，《经济研究》，第 3 期。

[34] 王德文、王美艳、陈兰，2004：《中国工业的结构调整、效率与劳动配置》，《经济研究》，第 4 期。

[35] 汪丁丁，1991：《资源的开采、定价和租》，《管理世界》，第 3 期。

[36] 王舒曼等，2000：《自然资源定价方法研究》，《生态经济》，第 4 期。

[37] 王志刚、龚六堂、陈玉宇，2006：《地区间生产效率与全要素生产率增长率分解（1978—2003）》，《中国社会科学》，第 6 期。

[38] 席旭东，2006：《煤炭矿区生态经济系统中生态产业链结构与功能分析》，《煤炭经济研究》，第 1 期。

[39] 肖霆、王国顺，2006：《中国六省 1998—2003 年工业全要素生产率的变动分析》，《统计观察》，第 9 期。

[40] 谢美娥、谷树忠，2006：《资源税改革与我国欠发达资源富集区发展研究》，《生态经济》，第 3 期。

[41] 徐康宁、韩剑，2005：《中国区域经济的"资源诅咒"效应：地区差异的另一种解释》，《经济学家》。

[42] 徐康宁、王剑，2006：《自然资源丰裕程度与经济发展水平关系的研究》，《经济研究》，第 1 期。

[43] 晏智杰，2003：《自然资源价值刍议》，《北京大学学报》，第 6 期。

[44] 杨伦超，2006：《资源枯竭型城镇困境凸现、贫困加剧成因的思考》，《生态经济》，第 12 期。

[45] 杨晓光、樊杰、赵燕霞，2002：《20 世纪 90 年代中国区域经济增长的要素分析》，《地理学报》，总第 57 期。

[46] 赵梦楠、周德群，2007：《煤炭行业全要素生产率的区域差异》，《统计观察》，第 3 期。

[47] 张宝成、国锋，2006：《自然资源承载力问题研究综述》，《经济经纬》，第 6 期。

[48] 张春林，2006：《资源税率与区域经济发展研究》，《中国人口·资源与环境》，第 16 卷，第 6 期。

[49] 张军，2002：《资本形成、工业化与经济增长：中国的转轨特征》，《经济研究》，第 6 期。

[50] 张军、章元，2003：《对中国资本存量 K 的再估计》，《经济研究》，第 7 期。

[51] 张菲菲、刘刚、沈镭，2007：《中国区域经济与资源丰度相关性研究》，《中国人口、资源与环境》，第 4 期。

[52] 张文红、陈淼发、向文武，2003：《我国工业园区发展生态工业的模式及途径》，《管理世界》，第 3 期。

[53] 章铮，1996：《边际机会成本定价——自然资源定价的理论框架》，《自然资源学报》，第 2 期。

[54] 章铮，1998：《边际使用者成本：资源产品定价与国际贸易》，《世界经济》，第 11 期。

[55] 郑京海、刘小玄，2002：《1980—1994 年期间中国国有企业的效率，技术进步和最佳实践》，《经济学季刊》，第 1 卷第 3 期。

[56] 郑玉歆、许波，1992：《经济增长研究中的资本度量》，《数量经济技术经济研究》，第 7 期。

[57] 周仁、任一鑫，2004：《煤炭循环经济发展模式研究》，《发展论坛》，第 1 期。

[58] 朱钟棣、李小平，2005：《中国工业行业资本形成、全要素生产率变动及其

趋异化：基于分行业面板数据的研究》，《世界经济》，第 9 期。

[59] Auty, R. M., 1990:*Resource-Based Industrialization: Sowing the Oil in Eight Developing Countries*, New York: Oxford University Press.

[60] Auty, R. M., 1994: "Industrial Policy Reform in Six Large Newly Industrializing Countries: The Resource Curse Thesis", *World Development*, 22,11—26.

[61] Black, D., Mckinnish, T. and Seth G. Sanders, 2005: "Tight Labor Market and the Demand for Education: Evidence from the Coal Boom and Bust", *Industrial and Labor Relations Review*, Oct.

[62] Black, D., Mckinnish, T. and Seth G. Sanders, 2005: "The Economic Impact of the Coal Boom and Bust", *the Economic Journal*, April, 449—476.

[63] Barro. R., Xavier Sala-I-Martin, 1995: *Economic Growth*, McGraw–Hill Inc.

[64] Caves, D. W., Christensen, L. R. and Diewert, W. E., 1982: "The Economic Theory of Index Numbers and the Measurement of Input, Output, and Productivity", *Econometrica*, 50（6）, 1393—1414.

[65] Caves, D. W., Christensen, L. R., Diewert, W.E., 1982: "Multilateral Comparisons of Output, Input and Productivity Using Superlative Index Numbers", *The Economic Journal*, 92, 73—86.

[66] Chow G. C., 1993: "Capital Formation and Economic Growth in China", *Quarterly Journal of Economics*, August, 809—842.

[67] Coelli T.J., 1996: "A Guide to DEAP Version 2.1: A Data Envelopment Analysis (Computer) Program", CEPA Working Paper, Department of Economics, University of New England, Armidale, NSW 2351, Australia.

[68] Coelli T.J., 1996, "A Guide to FRONTIER Version 4.1: A Computer Program for Stochastic Frontier Production and Cost Function Estimation", CEPA Working Paper, Department of Economics, University of New England, Armidale, NSW 2351, Australia.

[69] Conrad, J.M., Colin Clark, 1987:*Natural Resource Economics:Notes and Problems*, Cambridge University Press, New York.

[70] Corden, W. M. and J. P. Neary, 1982: "Booming Sector and De-Industrialization in a Small Open Economy", *Economic Journal*, 92, 825—848.

[71] Corden W. M., 1984: "Booming and Dutch Disease Economics: Survey and Consolidation", *Oxford Economic Papers*, 36（2）, 359—380.

[72] Fare, R., S. Grosskopf, M. Norris and Z. Zhang, 1994: "Productivity Growth, Technical Progress, and Efficiency Changes in Industrialised Countries", *American Economic Review*, 84, 66—83.

[73] Fare, R., Grosskopf, S. and Norris, Mary, 1997: "Productivity Growth, Technical Progress, and Efficiency Change in Industrialized Countries: reply", *American Economic Review*, 87（5）, 1040—1044.

[74] Fare R, et al., 1993: "Measuring the Efficiency of Multiunitbanking: an Activity Analysis Approach", *Journal of Banking and Finance*, 17（2—3）, 539—544.

[75] Fare R., Grosskopf, S., Lingren, B., Roos, P., 1992: "Productivity changes in Swedish Pharmacies 1980—1989: a Nonparametric Malmquist Approach", *Journal of Productivity Analysis*,（3）, 85—101.

[76] Farrell, M.J., 1957: "The Measurement of Productive Efficiency", *Journal of the Royal Statistical Society*, A CXX, Part 3, 253—290.

[77] Gylfason, T., Herbertsson, T. T., Zoega, G., 1999: "A Mixed Blessing: Natural Resources and Economic Growth", *Macroeconomic Dynamics*, 3, 204—225.

[78] Gylfason, T., 2001: "Natural Resource, Education, and Economic Development", *European Economic Review*, 45, 847—859.

[79] Hodler, R., 1999: "The Curse of Natural Resources in Fractionalized Countries", *European Economic Review*, 50（2006）, 1367—1386.

[80] Hotelling H., 1931: "The Economics of Exhaustible Resources", *Journal of Political Economy*, 39.

[81] Jean-Philippe C. Stijn, 2004: "Natural Resource Abundance and Human Capital Accumulation", Economics Working Paper Series 04-006, Northeastern University, Boston, MA, 1—35.

[82] Jean-Philippe C. Stijns, 2005: "National Resource Abundance and Economic Growth Revisited", Economics Working Paper Series 05-002. Northeastern University, Boston, MA, 1—35.

[83] Nishimizu, M., Page, J. M., 1982: "Total Factoer Productivity Growth, Technological Progress and Technical Efficiency Changes: Dimension of Productivity Change in Yugoslavia, 1965—1978", *The Economic Journal*, (92): 920—937.

[84] Roland Hodler, 1999: "The Curse of Natural Resources in Fractionalized Countries", *European Economic Review*, 50 (2006), 1367—1386.

[85] Romer, P. M., 1990: "Endogenous Technological Change", *Journal of Political Economy*, 98 (2): 71—102.

[86] Rosser, A., 2004: "Why did Indonesia Overcome the Resource Curse?" *IDS Working Paper*, 222, Brighton: Institute of Development Studies.

[87] Sachs, J. and A. Warner, 1995: "Natural Resource Abundance and Economic Growth", *NBER Working Paper*, No. 5398.

[88] Sachs, J. and A. Warner, 1997: "Fundamental Source of Long-run Growth", *American Economic Review*, 87, 184—188.

[89] Sachs, J., 2000: "Globalization and Patterns of Economic Development", *Review of World Economics*, 136 (4), 360—365.

[90] Sachs, J. and A. Warner, 2001: "The Curse of Natural Resources", *European Economic Review*, 45, 827—838.

[91] Sala-I-Martin, X. and A. Subramanian, 2003: "Addressing the Natural

Resource Curse: An Illustration from Nigeria", Working Paper 9804, Cambridge, MA: National Bureau of Economic Research.

[92] Sarraf, M. and Jiwanji, M., 2001: "Beating the Resource Curse: The Case of Botswana", Environmental Economics Series, Paper No. 83.

[93] El Serafy. Absorptive Capacity, 1981: "the Demand for Revenue and the Supply of Petroleum", *Journal of Energy and Development*, 1981（1）.

[94] Solow, R. M., 1957: "Technical Change and Aggregate Production Function", *American Economic Review*,（11）, 278—296.

[95] Brabury, J. H., 1985: "International Movements and Crises in Resource-oriented Companies", *Economic Geography*.

[96] Wright, Gavin, 1990, "The Origins of American Industrial Success, 1879—1940," *American Economic Review*, 80, 651—668.

# 附 录

### 附表1 贵州各地区相对土地资源承载力（以全国平均水平为参照区）

（单位：万人）

| 年份 | 毕节 | 贵阳 | 遵义 | 安顺 | 黔南 | 六盘水 | 黔东南 | 黔西南 | 铜仁 |
|---|---|---|---|---|---|---|---|---|---|
| 1978 | 339.88 | 46.55 | 331.6 | 231.23 | 220.92 | 161.17 | 319.9 | 170.43 | 281.9 |
| 1979 | 272.78 | 37.7 | 352.05 | 214.57 | 187.63 | 135.64 | 280.58 | 158.65 | 237.04 |
| 1980 | 250.08 | 37.37 | 338.93 | 203.01 | 227.93 | 135.5 | 239.26 | 162.21 | 243.32 |
| 1981 | 351.14 | 43.03 | 406.93 | 215.68 | 227.5 | 128.95 | 209.61 | 153.28 | 183.39 |
| 1982 | 354.48 | 44.98 | 443.28 | 235.65 | 266.7 | 134.95 | 233.17 | 158.59 | 225.19 |
| 1983 | 325.96 | 42.69 | 384.14 | 211.98 | 250.75 | 127.88 | 232.72 | 138.16 | 201.68 |
| 1984 | 315.55 | 47.12 | 414.81 | 238.8 | 264.32 | 145.89 | 238.59 | 150.48 | 264.07 |
| 1985 | 303.76 | 51.59 | 404.19 | 194.06 | 255.46 | 158.22 | 217.34 | 152.12 | 235.94 |
| 1986 | 302.74 | 52.89 | 445.02 | 199.19 | 257.38 | 162.06 | 246.06 | 140.06 | 238.43 |
| 1987 | 325.61 | 58.76 | 479.28 | 187.55 | 273.33 | 154.51 | 241.47 | 152.96 | 230.77 |
| 1988 | 383.67 | 67.58 | 557.55 | 189.99 | 337.26 | 141.1 | 234.79 | 167.28 | 202.04 |
| 1989 | 378.47 | 57.57 | 547.06 | 189.04 | 317.01 | 114.75 | 262.88 | 176.64 | 206.78 |
| 1990 | 346.56 | 58.48 | 476.01 | 179.1 | 270.65 | 120.76 | 275.79 | 155.87 | 226.71 |
| 1991 | 381.09 | 61.81 | 678.35 | 240.14 | 302.68 | 127.62 | 287.5 | 165.29 | 276.65 |
| 1992 | 367.72 | 63.99 | 583.47 | 235.79 | 316.91 | 115.95 | 276.13 | 155.65 | 295.4 |
| 1993 | 447.68 | 55.66 | 635.99 | 235.63 | 316.45 | 102.95 | 274 | 152.56 | 278.31 |
| 1994 | 406.63 | 79.83 | 626.7 | 253.76 | 322.9 | 92.57 | 259.41 | 149.35 | 301.46 |
| 1995 | 402.62 | 78.05 | 628.54 | 253.08 | 292.1 | 90.84 | 250.82 | 144.44 | 316.64 |
| 1996 | 472.39 | 185.58 | 668.24 | 152.38 | 260.88 | 104.18 | 257.09 | 152.6 | 354.95 |
| 1997 | 459.1 | 186.99 | 665.63 | 149.32 | 308.16 | 107.65 | 269.57 | 163.86 | 351.88 |
| 1998 | 475.72 | 187.24 | 659.14 | 145.47 | 320.13 | 110.69 | 280.07 | 173.8 | 346.81 |
| 1999 | 513.87 | 194.51 | 713.06 | 148.31 | 275.68 | 122.54 | 283.43 | 182.62 | 359.03 |
| 2000 | 523.64 | 210.82 | 759.79 | 145.08 | 300.97 | 129.39 | 318.72 | 194.94 | 371.16 |
| 2001 | 506.2 | 209.3 | 710.82 | 148.95 | 305.22 | 127.36 | 321.98 | 206.17 | 346.78 |
| 2002 | 513.16 | 207.24 | 722.25 | 123.49 | 274.16 | 121.85 | 306.89 | 207.72 | 349.06 |
| 2003 | 506.98 | 223.57 | 666.11 | 143.18 | 278.66 | 123.47 | 271.72 | 209.92 | 383.76 |
| 2004 | 417.59 | 206.87 | 635.36 | 144.19 | 273.27 | 115.34 | 256.31 | 192.74 | 358.62 |
| 2005 | 438.74 | 209.12 | 621.1 | 144.51 | 274.47 | 113.48 | 259.61 | 192.17 | 346.03 |

附表2 贵州各地区相对经济资源承载力（以全国平均水平为参照区）

（单位：万人）

| 年份 | 毕节 | 贵阳 | 遵义 | 安顺 | 黔南 | 六盘水 | 黔东南 | 黔西南 | 铜仁 |
|---|---|---|---|---|---|---|---|---|---|
| 1978 | 170.37 | 215.24 | 245.26 | 173.73 | 120.2 | 106.02 | 147.95 | 69.52 | 102.84 |
| 1979 | 155.64 | 229.36 | 265.01 | 172.42 | 115.19 | 104.44 | 145.04 | 68.25 | 95.84 |
| 1980 | 143.53 | 234.23 | 273.6 | 174.85 | 129.06 | 95.89 | 152.77 | 70.01 | 111.11 |
| 1981 | 160.06 | 230.91 | 318.37 | 174.77 | 154.84 | 95.8 | 149.78 | 76.33 | 94.49 |
| 1982 | 174.86 | 235.92 | 353.75 | 188.37 | 161.62 | 104.73 | 149.59 | 80.29 | 115.52 |
| 1983 | 167.61 | 269.55 | 371.21 | 190.07 | 154.22 | 106.19 | 149.58 | 74.22 | 107.76 |
| 1984 | 175.73 | 290.65 | 354 | 185.7 | 155.31 | 113.45 | 151.94 | 75.57 | 123.58 |
| 1985 | 163.45 | 303.51 | 321.8 | 170.31 | 142.67 | 112.91 | 135.59 | 72.49 | 106.08 |
| 1986 | 168.88 | 304.4 | 330.1 | 161.46 | 146.07 | 114.57 | 140.15 | 69.62 | 101.51 |
| 1987 | 161.76 | 294.86 | 344.8 | 155.79 | 145.48 | 108.16 | 134.23 | 72.46 | 98.76 |
| 1988 | 172.74 | 256.62 | 394.5 | 166.93 | 154.19 | 105.26 | 136.34 | 70.26 | 91.59 |
| 1989 | 172.15 | 271.76 | 363.87 | 180.5 | 155.84 | 98.02 | 132.42 | 68.38 | 86.36 |
| 1990 | 164.42 | 288.69 | 352.31 | 181.05 | 161.08 | 107.79 | 136.59 | 70.48 | 96.67 |
| 1991 | 167.94 | 300.01 | 365.95 | 172.79 | 164.65 | 107.38 | 126.48 | 68.5 | 95.15 |
| 1992 | 154.67 | 294.62 | 321.05 | 158.37 | 163.33 | 106.73 | 117.22 | 64.45 | 89.74 |
| 1993 | 158.77 | 268.73 | 298.26 | 139.64 | 146.06 | 105.68 | 103.33 | 67.5 | 79.21 |
| 1994 | 139.76 | 246.94 | 300.38 | 139.83 | 126.02 | 109.47 | 95.18 | 66.53 | 80.08 |
| 1995 | 137.29 | 237.31 | 289.56 | 136.42 | 126.54 | 99.94 | 90.17 | 64.82 | 79.33 |
| 1996 | 158.29 | 294.36 | 297.23 | 75.2 | 126.16 | 97.61 | 88.44 | 64.9 | 82.18 |
| 1997 | 154.96 | 309.19 | 303.65 | 75.03 | 128.63 | 99.23 | 88.44 | 71.45 | 81.75 |
| 1998 | 164.6 | 324.53 | 319.67 | 78.21 | 131.24 | 101.77 | 94.64 | 74.12 | 80.98 |
| 1999 | 169.07 | 333.26 | 310.6 | 79.2 | 131.97 | 104.54 | 96.17 | 78.24 | 83.32 |
| 2000 | 154.46 | 338.29 | 302.49 | 74.68 | 129.38 | 104.17 | 96.81 | 76.5 | 81.29 |
| 2001 | 148 | 352.37 | 293.96 | 73.91 | 123.4 | 105.34 | 99.99 | 78.22 | 78.31 |
| 2002 | 148.01 | 359.07 | 294.77 | 75.5 | 122.9 | 107.94 | 99.86 | 81.08 | 78.49 |
| 2003 | 149.96 | 362.42 | 292.59 | 74.93 | 120.53 | 111.39 | 99.64 | 81.49 | 81.81 |
| 2004 | 159.38 | 360.69 | 294.62 | 71.38 | 119.16 | 122.85 | 94.11 | 82.96 | 82.17 |
| 2005 | 165.69 | 376.96 | 292.3 | 76.04 | 120.45 | 148.85 | 104.28 | 86.01 | 91.84 |

附表3 参数方法（Solow 剩余法）计算的 TFP 增长率

（单位：%）

| 年份 | 毕节 | 贵阳 | 遵义 | 安顺 | 黔南 | 六盘水 | 黔东南 | 黔西南 | 铜仁 |
| --- | --- | --- | --- | --- | --- | --- | --- | --- | --- |
| 1979 | −0.076 | 0.05 | 0.110 73 | 0.018 1 | −0.028 1 | 0.007 8 | −0.006 | 0.008 1 | −0.051 5 |
| 1980 | −0.053 | −0 | 0.060 07 | 0.052 6 | 0.173 46 | −0.039 | 0.098 5 | 0.046 4 | 0.211 81 |
| 1981 | 0.175 8 | −0.1 | 0.238 4 | 0.061 6 | 0.256 15 | 0.077 4 | 0.038 | 0.148 | −0.093 3 |
| 1982 | 0.011 2 | −0 | 0.048 72 | 0.019 4 | −0.021 1 | 0.053 9 | −0.05 | -0.006 | 0.172 65 |
| 1983 | −0.015 | 0.25 | 0.151 52 | 0.101 5 | 0.023 11 | 0.123 6 | 0.095 4 | 0.013 1 | 0.024 58 |
| 1984 | 0.131 5 | 0.14 | 0.042 71 | 0.073 9 | 0.118 16 | 0.204 5 | 0.136 6 | 0.141 7 | 0.285 77 |
| 1985 | −0.055 | 0.11 | −0.000 2 | −0.138 | 0.019 07 | 0.119 3 | 0.004 1 | 0.078 7 | −0.059 8 |
| 1986 | −0.016 | −0 | 0.024 98 | −0.026 | 0.038 19 | 0.04 | 0.074 6 | −0.024 | −0.036 7 |
| 1987 | −0.022 | −0 | 0.094 11 | −0.013 | 0.038 32 | −0.014 | 0.006 | 0.081 1 | 0.006 23 |
| 1988 | 0.038 9 | −0.1 | 0.147 17 | 0.070 6 | 0.065 79 | −0.01 | 0.026 8 | −0.011 | −0.062 6 |
| 1989 | −0.041 | 0.05 | −0.108 | −0.064 | −0.001 | −0.039 | −0.025 | −0.029 | −0.082 4 |
| 1990 | −0.041 | 0.06 | −0.040 1 | −0.036 | 0.002 37 | 0.142 7 | 0.046 6 | 0.046 7 | 0.110 76 |
| 1991 | 0.090 2 | 0.1 | 0.100 31 | 0.023 6 | 0.070 55 | 0.080 1 | −0.003 | 0.052 8 | 0.044 79 |
| 1992 | 0.028 | 0.09 | −0.043 9 | −0.016 | 0.052 99 | 0.134 2 | 0.042 | 0.052 8 | 0.063 |
| 1993 | 0.134 | 0 | 0.007 54 | −0.077 | −0.046 5 | 0.098 7 | −0.023 | 0.153 1 | −0.023 8 |
| 1994 | −0.021 | 0 | 0.127 01 | 0.077 1 | −0.062 4 | 0.171 5 | 0.024 5 | 0.125 7 | 0.131 5 |
| 1995 | 0.045 1 | 0.01 | 0.045 73 | 0.037 9 | 0.049 88 | −0.063 | 0.020 5 | 0.047 8 | 0.056 13 |
| 1996 | 0.236 4 | −0.2 | 0.094 23 | −0.163 | −0.005 5 | 0.068 6 | 0.023 8 | 0.096 5 | 0.115 69 |
| 1997 | 0.011 4 | 0.12 | 0.080 17 | 0.054 | 0.016 76 | 0.07 18 | 0.065 3 | 0.155 2 | 0.038 87 |
| 1998 | 0.046 1 | 0.11 | 0.087 12 | 0.091 6 | 0.047 83 | 0.074 2 | 0.123 1 | 0.043 5 | −0.000 7 |
| 1999 | −0.008 | 0.02 | −0.040 4 | 0.026 1 | 0.021 04 | 0.119 4 | 0.026 7 | 0.034 8 | −0.012 6 |
| 2000 | −0.103 | 0.04 | 0.003 93 | −0.012 | 0.030 13 | 0.131 6 | 0.010 6 | −0.018 | −0.020 5 |
| 2001 | −0.069 | 0.07 | −0.035 8 | −0.009 | 0.004 46 | −0.082 | 0.046 9 | 0.029 7 | −0.063 3 |
| 2002 | −0.025 | 0.04 | 0.005 27 | 0.073 9 | 0.051 45 | 0.101 2 | 0.038 1 | 0.034 7 | 0.010 64 |
| 2003 | −0.047 | 0 | −0.014 | 0.033 7 | 0.007 62 | 0.045 6 | −0.019 | 0.007 2 | 0.032 03 |
| 2004 | 0.044 6 | 0 | 0.007 99 | 0.009 4 | 0.017 45 | 0.082 6 | −0.039 | 0.030 4 | −0.011 3 |
| 2005 | 0.004 7 | 0.04 | −0.0435 | 0.094 3 | 0.031 33 | 0.193 5 | 0.133 1 | 0.015 4 | 0.093 27 |

## 附表 4 非参数方法（DEA 方法）计算的 TFP 增长率

（单位：%）

| 年份 | 毕节 | 贵阳 | 遵义 | 安顺 | 黔南 | 六盘水 | 黔东南 | 黔西南 | 铜仁 |
|---|---|---|---|---|---|---|---|---|---|
| 1979 | −0.062 | 0.05 | 0.111 | 0.017 | −0.027 | −0.007 | −0.004 | 0.008 | −0.053 |
| 1980 | −0.033 | 0.008 | 0.057 | 0.058 | 0.169 | −0.063 | 0.099 | 0.046 | 0.203 |
| 1981 | 0.214 | −0.033 | 0.231 | 0.064 | 0.244 | 0.076 | 0.038 | 0.141 | −0.097 |
| 1982 | 0.042 | −0.039 | 0.047 | 0.019 | −0.013 | 0.064 | −0.049 | −0.009 | 0.166 |
| 1983 | −0.106 | 0.244 | 0.156 | 0.088 | 0.035 | 0.122 | 0.092 | 0.012 | 0.026 |
| 1984 | 0.057 | 0.126 | 0.042 | 0.061 | 0.113 | 0.204 | 0.132 | 0.136 | 0.279 |
| 1985 | −0.151 | 0.099 | 0.004 | −0.109 | 0.022 | 0.118 | 0.005 | 0.077 | −0.047 |
| 1986 | −0.097 | −0.015 | 0.023 | −0.04 | 0.038 | 0.052 | 0.076 | −0.023 | −0.035 |
| 1987 | −0.066 | 0.001 | 0.091 | −0.02 | 0.039 | −0.003 | 0.006 | 0.077 | 0.006 |
| 1988 | 0.021 | −0.111 | 0.138 | 0.069 | 0.062 | −0.008 | 0.024 | −0.012 | −0.06 |
| 1989 | −0.038 | 0.053 | −0.1 | −0.109 | −0.001 | −0.039 | −0.025 | −0.028 | −0.079 |
| 1990 | −0.064 | 0.057 | −0.034 | −0.07 | 0.003 | 0.14 | 0.042 | 0.045 | 0.118 |
| 1991 | 0.073 | 0.099 | 0.095 | −0.009 | 0.06 | 0.08 | −0.004 | 0.052 | 0.057 |
| 1992 | 0.015 | 0.083 | −0.037 | −0.05 | 0.023 | 0.128 | 0.04 | 0.051 | 0.052 |
| 1993 | 0.117 | 0.004 | 0.01 | −0.083 | −0.049 | 0.093 | −0.023 | 0.148 | −0.022 |
| 1994 | −0.039 | 0.004 | 0.11 | 0.064 | −0.069 | 0.154 | 0.028 | 0.111 | 0.114 |
| 1995 | 0.028 | 0.013 | 0.041 | 0.016 | 0.021 | −0.051 | 0.021 | 0.036 | 0.048 |
| 1996 | 0.19 | −0.13 | 0.091 | −0.22 | −0.047 | 0.064 | 0.029 | 0.094 | 0.106 |
| 1997 | −0.021 | 0.134 | 0.077 | 0.052 | 0.027 | 0.068 | 0.059 | 0.151 | 0.032 |
| 1998 | −0.007 | 0.129 | 0.071 | 0.089 | 0.053 | 0.067 | 0.095 | 0.011 | −0.025 |
| 1999 | −0.055 | 0.034 | −0.051 | 0.028 | 0.025 | 0.101 | −0.004 | 0.005 | −0.033 |
| 2000 | −0.123 | 0.048 | −0.023 | −0.015 | 0.019 | 0.095 | −0.016 | −0.04 | −0.051 |
| 2001 | −0.139 | 0.073 | −0.064 | −0.019 | −0.012 | −0.045 | −0.023 | −0.024 | −0.11 |
| 2002 | −0.131 | 0.041 | −0.045 | 0.054 | 0.011 | 0.09 | −0.037 | −0.042 | −0.072 |
| 2003 | −0.153 | 0.008 | −0.066 | 0.015 | −0.033 | 0.024 | −0.088 | −0.072 | −0.075 |
| 2004 | −0.081 | 0.009 | −0.038 | −0.023 | −0.04 | 0.049 | −0.125 | −0.061 | −0.114 |
| 2005 | −0.095 | 0.045 | −0.065 | 0.063 | −0.025 | 0.11 | 0.035 | −0.078 | −0.037 |

附表5  Malmquist 指数所衡量的技术效率

| 年份 | 毕节 | 贵阳 | 遵义 | 安顺 | 黔南 | 六盘水 | 黔东南 | 黔西南 | 铜仁 |
| --- | --- | --- | --- | --- | --- | --- | --- | --- | --- |
| 1979 | 0.993 | 1 | 1.082 | 1 | 0.95 | 0.936 | 0.964 | 0.979 | 0.926 |
| 1980 | 0.901 | 1 | 1.039 | 1 | 1.135 | 0.895 | 1.104 | 1.038 | 1.168 |
| 1981 | 1.117 | 1 | 1.219 | 1 | 1.207 | 1.158 | 1.069 | 1.147 | 0.875 |
| 1982 | 1 | 1 | 1.05 | 1 | 0.98 | 1.121 | 0.971 | 0.999 | 1.156 |
| 1983 | 0.869 | 1 | 1.013 | 1 | 0.916 | 0.936 | 0.94 | 0.883 | 0.911 |
| 1984 | 1.02 | 1 | 0.949 | 1 | 1.019 | 1.074 | 1.024 | 1.033 | 1.173 |
| 1985 | 0.94 | 1 | 1.078 | 1 | 1.126 | 1.088 | 1.043 | 1.15 | 1.059 |
| 1986 | 0.972 | 1 | 1.041 | 1 | 1.051 | 1.085 | 1.099 | 0.994 | 0.976 |
| 1987 | 0.968 | 1 | 1.03 | 1 | 1.009 | 0.996 | 0.966 | 1.017 | 0.985 |
| 1988 | 0.953 | 1 | 1 | 1 | 0.957 | 1.018 | 0.941 | 0.87 | 0.857 |
| 1989 | 1.162 | 1 | 1 | 1 | 1.077 | 0.989 | 1.06 | 1.082 | 0.974 |
| 1990 | 1.067 | 1 | 1 | 1 | 1.026 | 1.125 | 1.066 | 1.082 | 1.191 |
| 1991 | 1.08 | 1 | 1 | 1 | 1.016 | 0.987 | 0.906 | 0.977 | 1.112 |
| 1992 | 1 | 1 | 0.951 | 0.944 | 1 | 1.08 | 1.025 | 1.011 | 1.056 |
| 1993 | 1 | 1 | 1.045 | 0.962 | 1 | 1.118 | 1.011 | 1.22 | 0.933 |
| 1994 | 1 | 1 | 1.006 | 1.06 | 0.922 | 1.095 | 0.979 | 1.12 | 1.135 |
| 1995 | 1 | 1 | 1 | 0.98 | 0.985 | 0.932 | 0.985 | 0.999 | 1.009 |
| 1996 | 1 | 1 | 1 | 0.71 | 0.863 | 1.001 | 0.92 | 0.966 | 0.931 |
| 1997 | 1 | 1 | 1 | 0.971 | 0.954 | 0.981 | 1.002 | 1.099 | 1.014 |
| 1998 | 1 | 1 | 1 | 0.998 | 0.965 | 0.983 | 1.049 | 0.973 | 0.95 |
| 1999 | 1 | 1 | 1 | 1.056 | 1.053 | 1.121 | 1.064 | 1.066 | 1.004 |
| 2000 | 1 | 1 | 1 | 0.981 | 1.021 | 1.087 | 1.059 | 1.041 | 1.052 |
| 2001 | 1 | 1 | 1 | 1.016 | 1.078 | 0.964 | 1.087 | 1.088 | 1.001 |
| 2002 | 1 | 1 | 1 | 1.08 | 1.104 | 1.104 | 1.058 | 1.058 | 1.044 |
| 2003 | 1 | 1 | 1 | 1.126 | 1.083 | 1.063 | 1.028 | 1.058 | 1.08 |
| 2004 | 0.971 | 1 | 1 | 1.026 | 1 | 1.074 | 0.914 | 0.988 | 0.934 |
| 2005 | 0.94 | 1 | 0.981 | 1.085 | 1 | 1.093 | 1.072 | 0.953 | 0.999 |

附表6 Malmquist 指数所衡量的技术进步效率

| 年份 | 毕节 | 贵阳 | 遵义 | 安顺 | 黔南 | 六盘水 | 黔东南 | 黔西南 | 铜仁 |
| --- | --- | --- | --- | --- | --- | --- | --- | --- | --- |
| 1979 | 0.944 | 1.05 | 1.027 | 1.017 | 1.023 | 1.062 | 1.033 | 1.03 | 1.023 |
| 1980 | 1.073 | 1.01 | 1.017 | 1.058 | 1.03 | 1.047 | 0.996 | 1.008 | 1.03 |
| 1981 | 1.087 | 0.97 | 1.009 | 1.064 | 1.031 | 0.929 | 0.971 | 0.995 | 1.032 |
| 1982 | 1.042 | 0.96 | 0.998 | 1.019 | 1.007 | 0.95 | 0.979 | 0.991 | 1.009 |
| 1983 | 1.029 | 1.24 | 1.141 | 1.088 | 1.13 | 1.199 | 1.162 | 1.147 | 1.127 |
| 1984 | 1.036 | 1.13 | 1.097 | 1.061 | 1.092 | 1.12 | 1.105 | 1.099 | 1.091 |
| 1985 | 0.903 | 1.1 | 0.931 | 0.891 | 0.907 | 1.028 | 0.963 | 0.936 | 0.901 |
| 1986 | 0.929 | 0.99 | 0.983 | 0.96 | 0.987 | 0.969 | 0.979 | 0.983 | 0.988 |
| 1987 | 0.965 | 1 | 1.059 | 0.98 | 1.03 | 1.001 | 1.041 | 1.058 | 1.021 |
| 1988 | 1.071 | 0.89 | 1.138 | 1.069 | 1.109 | 0.974 | 1.088 | 1.135 | 1.097 |
| 1989 | 0.828 | 1.05 | 0.9 | 0.891 | 0.928 | 0.972 | 0.92 | 0.899 | 0.945 |
| 1990 | 0.878 | 1.06 | 0.966 | 0.93 | 0.978 | 1.013 | 0.977 | 0.966 | 0.939 |
| 1991 | 0.993 | 1.1 | 1.095 | 0.991 | 1.043 | 1.095 | 1.099 | 1.076 | 0.951 |
| 1992 | 1.015 | 1.08 | 1.012 | 1.006 | 1.023 | 1.045 | 1.014 | 1.04 | 0.996 |
| 1993 | 1.117 | 1 | 0.966 | 0.953 | 0.951 | 0.978 | 0.966 | 0.942 | 1.047 |
| 1994 | 0.961 | 1 | 1.103 | 1.004 | 1.01 | 1.054 | 1.05 | 0.991 | 0.981 |
| 1995 | 1.028 | 1.01 | 1.041 | 1.037 | 1.037 | 1.018 | 1.037 | 1.037 | 1.038 |
| 1996 | 1.19 | 0.87 | 1.091 | 1.099 | 1.104 | 1.063 | 1.118 | 1.133 | 1.188 |
| 1997 | 0.979 | 1.13 | 1.077 | 1.084 | 1.077 | 1.089 | 1.057 | 1.047 | 1.018 |
| 1998 | 0.993 | 1.13 | 1.071 | 1.091 | 1.092 | 1.085 | 1.043 | 1.039 | 1.027 |
| 1999 | 0.945 | 1.03 | 0.949 | 0.974 | 0.973 | 0.982 | 0.937 | 0.943 | 0.963 |
| 2000 | 0.877 | 1.05 | 0.977 | 1.004 | 0.998 | 1.008 | 0.929 | 0.922 | 0.903 |
| 2001 | 0.861 | 1.07 | 0.936 | 0.966 | 0.916 | 0.991 | 0.899 | 0.896 | 0.889 |
| 2002 | 0.869 | 1.04 | 0.955 | 0.976 | 0.916 | 0.987 | 0.91 | 0.906 | 0.889 |
| 2003 | 0.847 | 1.01 | 0.934 | 0.901 | 0.893 | 0.963 | 0.887 | 0.877 | 0.857 |
| 2004 | 0.947 | 1.01 | 0.962 | 0.953 | 0.96 | 0.976 | 0.958 | 0.951 | 0.948 |
| 2005 | 0.963 | 1.05 | 0.953 | 0.979 | 0.975 | 1.016 | 0.966 | 0.968 | 0.963 |

# 后 记

又是一年毕业时节，缤纷花瓣早已飘落，枝头绿意正由淡转浓，掩映着湖光塔影间的每一个角落。光华一纪、弹指而过，却已让母校于我故土般亲切。成年之后，从始至终都以光华楼为圆心，努力延展着生命的半径。人的成长需要机缘，需要超越，需要给予对未来比对过去更多的尊重。很庆幸成为北大人、成为光华人，无论是求学还是工作，母校都给了我这份契机，这份超越自我的能力。

本书是在厉以宁教授的悉心指导下进行的。欠发达地区的经济发展是厉老师这些年来最关注的课题之一，83岁高龄的厉老师多年来身体力行投身于中国的反贫困事业。自2003年以来，厉老师担任贵州省毕节试验区专家顾问组的组长，每年都会亲自带领各民主党派的专家们远赴这片西南山区，访贫问苦、协调资源、智力扶贫。本书的选题正是在老师的引导和支持下确定的。从选题到拟定提纲再到实地调研整理资料，直至完稿都浸透着厉老师的心血。记忆里，厉老师对提纲反反复复的推敲，在初稿中留下的密密麻麻的修改和批注以及对论文观点性语言一句句的严谨与"苛求"，都带给我一次又一次的震撼，我被厉老师认真严谨、耐心负责的治学和教学精神深深感动。

经师易得，人师难求。即便说治学与教学的严谨是每位导师的分内事，而厉老师教给我的更重要的是那份经世济民、修齐治平的情怀，感染着我在扎实掌握理论知识基础上，更加注重自身实践经历的积累，社会责任心的培养以及对实际经济问题的思考。厉老师最为打动我的是他对学生的真诚、谦和和负责的态度。在写作此书期间，几乎每周都有与先生见面的机会，无论是细致入微地请教学术问题，还是海阔天空地汲取渊博智慧，都是不同形式的阅读。从厉老师身上读懂的大智慧、大气魄和大格局，都是未来人生路上的不竭动力和力量源泉。

同时，还要深深感谢我的师母何玉春老师。何老师对学生的关心呵护可以说是无微不至的。三年来，小到饮食起居大到人生发展都会得到何老师的细致关怀与谆谆教诲。衷心地祝愿厉老师与何老师健康长寿。

在成长和成熟路上每迈出一小步都离不开诸多良师益友的帮助，都凝聚着亲朋好友的无限关爱。首先要衷心感谢的是我的父母，感谢他们哺育培养之恩，为了我能够学有所成，他们在生活和事业上都付出了巨大的牺牲，再多的语言也无法表达我对父母的感激之情，唯有通过不懈努力取得成绩才能实现对父母的些许回报。

感谢写作阶段给予过我无私帮助的朱善利教授、靳云汇教授、蔡洪滨教授、龚六堂教授、李晓西教授、杨再平教授、雷明教授，他们在本书的写作、修改阶段给与了我重要的指导；还有杨岳全教授、范培华教授、胡健颖教授和李九兰老师在我写作初期也给予了很多有意义的指导意见。没有各位老师的指导和帮助，本书的写作将会面临很多困难，学术水平也一定会大打折扣。

正是依托于贵州省毕节地区的各类统计数据，才使得论文言之有物，才使书中的实证分析成为可能。在此，要感谢时任毕节市市长的王彬学长、毕节行署政策研究室的吴愿学主任、谭齐贤副主任，毕节地区统计局王允铎局长，以及其他为数据的搜集、整理工作提供过诸多帮助的毕节地区的领导和朋友。另外，我所参与的"毕节地区工业化与资源开发研究"的课题成员——中国农业大学的常近时教授、中科院谷树忠研究员——也为本书的写作提供了有意义的启发，在此一并感谢。

在学习和本书的写作中，离不开师兄弟、同窗以及朋友的切磋砥砺。再次感谢师兄弟杨东宁老师、梁鸿飞老师、白彦老师，程志强博士、钱士春博士、罗青博士、刘建兴博士、黄国华博士、刘玉铭博士、赵锦勇博士、郑少武博士，以及我的同学吴玉立、严成樑、于洪霞、吴应军、万芊。与他们的交流总能碰撞出思想的火花，与他们的友谊将是我最大的人生财富。

十二载，从光华的会计系到应用经济系再到目前的工作岗位，一路走来，每一位老师都曾给与我无私的帮助,他们都是我需要用一生去感谢的师长。北大给予了我最广阔的成长空间,在实际工作能力的培养方面,北大的老师、兄长也都给予了我莫大的关心和帮助,是他们让我在书本和课堂之外最大程度地获取了母校的滋养。

  本书的完成是一个阶段的结束和新生活的开始。我曾经为之骄傲的成绩和荣誉,为之彷徨的失败和挫折将重归于原点。未来的日子,更加努力!